# Les filles de Mme Day

Mary E. Mann

Writat

Cette édition parue en 2024

ISBN : 9789359945071

Publié par
Writat
email : info@writat.com

# Contenu

# CHAPITRE I

Leurs grandes heures

Il était trois heures du matin lorsque les invités dansèrent Sir Roger de Coverley lors de la fête du Nouvel An de Mme William Day. Ils auraient plutôt songé à souper sans bagatelles, sans gâteau ivre et sans programme, à cette époque, qu'à finir la soirée sans Sir Roger. La danse avait commencé à sept heures trente. La dame au piano tombait de lassitude. Le violon et le violoncelle bâillaient sur leurs archets ; ce n'est que par spasmes et sans enthousiasme que le vrombissement et le tintement du tambourin tombèrent sur l'oreille.

Ce dernier était un instrument qui ne faisait pas partie du petit groupe de musiciens professionnels, mais qui avait été tordu, secoué et frappé sur les mains, les genoux et les pieds par un amateur non moins que M. William Day lui-même.

Le maître de maison était trop gros pour danser, d'un tempérament trop agité et irritable pour jouer le rôle de spectateur. Il aimait le bruit, depuis toujours ; surtout le bruit fait par lui-même. Il ne pensait pas qu'il y ait de divertissement vraiment réussi dans lequel on puisse s'entendre parler. Il aurait préféré un gros tambour pour inspirer les danseurs, mais à défaut, les cloches du tambourin résonnaient à leurs oreilles.

"Le tambourin est tellement amusant !" disaient toujours les danseurs qui, essoufflés par la polka, ou la schottische, ou le galop, s'arrêtaient à ses côtés. "Une danse chez vous ne serait pas du tout la même chose sans votre tambourin, M. Day."

Il le frappait plus fort pour de pareils compliments, le tournait sur son large pouce, le secouait au-dessus de sa grosse tête avec sa touffe de cheveux couleur sable et gris ; faisant, comme le confiaient les plus saturnins de ses invités, « une querelle des plus infernales ».

Mais un exercice de huit heures est assez long même pour la performance la plus agréable, et au moment où Sir Roger de Coverley terminait le programme, le fracas et le cliquetis du tambourin ne se faisaient plus entendre que par intermittence. S'apercevant que Deleah Day, fille cadette de la maison, une petite fille de seize ans, aux cheveux noirs et aux yeux noirs, quittait sa place sur l'un des deux côtés de la figure, s'étendant sur presque toute la longueur de la pièce, courut vers elle. père, et lui prenant le tambourin, il lui tira sur les mains.

"Oui, papa ! Oui !" le pressa-t-elle. "Chaque année, depuis que je suis capable de marcher, vous dansez Sir Roger avec moi - et vous le ferez!"

Il criait sa protestation, riait aux éclats lorsqu'il cédait, et tout cela d'une manière bruyante qui, à son avis, contribuait au plaisir. A présent, debout en face de la jolie et droite silhouette de sa fille, il lui criait à quel point elle était coquine et prenait à témoin qu'il allait se montrer pour le plaisir de son tyran, son petit Déleah. Puis, se retournant, les mains posées sur les épaules du jeune homme devant lui, il courut à travers la pièce pour joindre la main de Deleah qui riait à la fin du cortège, baissant sa tête lourde au cou court, pour serrer son large silhouette avec son petit sous l'arcade des bras levés, se précipitant à nouveau vers sa place en face de sa fille au sommet de la pièce. À bout de souffle, en riant, en bafouillant, en trépignant, il a tout enduré.

Et maintenant, lui et son petit partenaire forment eux-mêmes un couple parfait et doivent danser sur toute la longueur de la pièce pour se faire faire pivoter par le couple qui danse à leur rencontre ; doit être balancé de la main droite, de la gauche, des deux mains ; il faut danser pour s'incliner, danser pour gambader avec le couple opposé, dos à dos. Et William Day, qui avait aimé danser jusqu'à devenir trop gros pour danser, et qui était extraordinairement léger pour un homme aussi grand et aussi lourdement bâti, n'a jamais imploré pitié, mais a encouragé ses compagnons et a marché jusqu'au bout. .

"Plus jamais!" » déclara-t-il une fois la danse terminée, et il se frappa la poitrine, haletant, luttant pour reprendre son souffle pour souhaiter bonne nuit à ses invités, « Vous ne me surprendrez plus jamais à me ridiculiser à ce point.

"Eh bien, papa, tu l'as magnifiquement dansé ! Chaque année, tu danseras Sir Roger de Coverley, et tu le danseras toujours avec moi."

Il a crié qu'il ne le ferait pas. Il criait toujours. Il se serait senti à la traîne dans cette occasion festive s'il avait été moins tapageur jusqu'au bout.

"Je pense que ça a été la plus belle de toutes nos fêtes", a déclaré Deleah à sa sœur, alors que les filles se dirigeaient vers leur chambre.

"C'est certainement celui qui a le plus apprécié", a déclaré Bessie. "Et Reggie l'a dit aussi."

"Tu as dansé six fois avec Reggie, Bess. J'ai compté."

"C'est dommage que vous n'ayez pas été mieux employé. Vous vouliez danser avec lui vous-même, je suppose ?"

"Eh bien, je l'ai fait !" Deleah a pleuré et a ri "J'ai dansé les Lanciers avec lui - *deux fois* . Et dans la grande chaîne, il m'a soulevé de mes pieds. Il est d'une force magnifique, Reggie l'est ! Est-ce qu'il t'a soulevé de tes pieds, Bess ?"

"Reggie ne devrait pas prendre une telle liberté", a déclaré Bess, qui n'était pas brune et *petite* comme sa sœur, mais ronde et blonde et quelque peu lourdement bâtie. "Et tu es trop vieille pour de telles ébats, toi-même, Deleah ; et tu as gentiment gâté ta robe avec ça !"

"Des mètres de fioritures ont disparu", dit joyeusement Deleah, comme si la perte de tant de matériel était un mérite. "Juste un tout petit morceau s'est détaché au début ; Tom Marston s'est coincé l'orteil dedans et est parti au galop sur toute la longueur de la pièce en le portant avec lui et son partenaire avant que je puisse l'arrêter. Oh, *comme* j'ai ri !"

"Maman ne rira pas ! Elle a dit que tu devais porter la même robe au bal des Arkwrights la semaine prochaine."

"La soie blanche, en dessous, va bien, regarde ! Seulement une nouvelle jupe en filet par-dessus. Maman n'y verra pas d'inconvénient."

" Si tu as une nouvelle surjupe en filet, j'en aurai une aussi. Tu ne dois pas avoir de robe de soirée plus que moi. Alors viens ! J'aurai encore du bleu. Tarlatane bleu avec des volants blancs sur les volants. Le bleu est mon couleur. Reggie l'a dit ce soir.

« Je suppose qu'il t'admirait dans cette couronne de myosotis ?

"Il n'a pas dit que je devais te le dire, s'il le faisait ! Va te coucher et dors, Deleah ; et n'interviens pas."

"J'enlève mes vêtements aussi vite que possible. Pourquoi tu n'enlèves pas les tiens, Bess ?"

"Je ne vais pas encore me coucher. J'attends maman. J'ai quelque chose à lui dire."

"Et pourquoi ? Oh, Bess, dis-le ! Je te dis toujours tout."

Elle s'arrêta, ôta sa robe qui gisait sur le sol avec un tas de soie brillante et de filet gonflé, regarda sa sœur. "C'est quelque chose à propos de Reggie", déclara-t-elle avec un vif intérêt. "Oui, ça l'est ! Oh, Bessie, dis-le-moi d'abord. Ton visage est aussi rouge que rouge ! Dis-le-moi d'abord !"

Occupez-vous de vos affaires, Deda ; et brosse-toi les cheveux."

"Je ne vais pas le brosser ce soir : je ne peux pas. C'est tellement emmêlé. Je vais juste dire mes prières et me coucher."

"Maman n'appréciera pas que tu ne te brosses pas les cheveux. Si tu ne le fais pas, je lui dirai, Deda."

« Alors, dis-lui ! Deda le défia et se dépêcha d'enfiler sa chemise de nuit, se jeta à genoux au bord de son lit et cacha son visage dans ses mains, se préparant à faire ses dévotions.

Un léger coup sur la porte avant qu'elle ne s'ouvre, et Mme Day, chandelier à la main, apparut. Une jolie femme de taille moyenne, d'âge moyen, comme les femmes se permettaient de l'être franchement, il y a cinquante ans. Elle portait une belle robe de satin vert, une coiffe de dentelle blanche, de velours vert et de roses roses recouvrant presque ses abondants cheveux noirs.

"Pas encore au lit ?" » murmura-t-elle, et elle regarda la petite silhouette blanche agenouillée de la plus jeune fille, ses cheveux pendant dans une masse sombre de vagues, de boucles et d'enchevêtrements sur son dos. Deleah se hâtait consciencieusement de suivre la forme établie de ses oraisons, essayant d'atteindre la somme prescrite de ses supplications avant le départ de sa mère.

"Puis-je te parler une minute, maman?" » demanda Bess, d'un air important. "Pas ici", jetant un coup d'œil à Deleah ; "Dehors, juste une minute."

"Priez que Dieu bénisse mes chers papa et maman, sœurs, frères et amis. Rendez-nous tous bons et emmenez-nous enfin sains et saufs au paradis. Amen", babillait Deleah, le visage sur la couette blanche, les oreilles ouvertes.

"Certainement, chérie." Mme Day recula et ferma la porte derrière sa fille et elle-même.

"Je ne veux pas que Deda le sache. Elle est tellement bavarde, maman."

"Oh, ma chérie, je n'aime pas t'entendre dire ça !"

"Mais elle l'est. Et elle écoute les choses." Ici, Bessie poussa la porte derrière elle, révélant le coupable dans sa chemise de nuit blanche de l'autre côté. "Je devrais avoir honte d'être un Paul Pry !" » dit Bessie avec indignation et mépris.

Deleah n'était pas du tout déconcertée. "Maman, je ne vois pas pourquoi, quand des choses agréables et intéressantes arrivent, je ne les connaîtrais pas aussi bien que Bessie !" elle s'est plainte.

Cependant, elle fut envoyée au lit, et y fut couchée, embrassée, et une mère indulgente et réprobatrice lui enjoignit d'être une bonne fille et de s'endormir tranquillement. Quelle mère pourrait être en colère contre Deleah, en regardant son visage rose et blanc au milieu du tumulte des boucles sombres jetées sur son oreiller !

Alors Bessie conduisit sa mère dans une pièce inoccupée, juste à côté, sur le palier, et commença à raconter son histoire.

"Maman, il s'agit de Reggie." La pièce n'était éclairée que par la flamme de la bougie que tenait Mme Day, mais il y avait suffisamment de lumière pour montrer les rougeurs sur les jeunes joues rebondies de Bessie. "Maman, il a encore dit quelque chose à *ce sujet . Tu* sais."

"A propos de ses fiançailles avec toi ?"

Bessie, les joues et les yeux brillants et brillants, hocha la tête avec extase ; sa belle poitrine dans sa garniture de tulle blanc et de myosotis, montait et descendait. "Quelles deux jolies filles j'ai !" » se dit Mme Day et, étant une femme pieuse, elle remercia en conséquence.

"Eh bien, chérie, et qu'as-tu dit ?"

" J'ai dit… je ne sais pas ce que j'ai dit, maman. Nous étions en train de danser ce dernier galop – celui d'Orlando Furioso, tu sais – et la salle était si pleine, et d'autres couples se précipitaient sur nous – les gens sont si horriblement égoïstes quand ils dansent, et certains d'entre eux dansent si bruyamment. »

"Ce seraient de très belles fiançailles pour vous, Bessie. Je suppose qu'il n'y avait pas une seule fille ici ce soir qui ne l'accepterait pas avec plaisir."

"Je le sais. Je le sais, maman. Lui aussi… Reggie."

"Il ne l'a pas dit, j'espère ?"

"Non. Reggie n'a pas toujours envie de *dire exactement* les choses."

"Mais que t'a-t-il dit, ma chérie ? L'affaire est-elle plus ancienne que la dernière fois que tu m'en as parlé ?"

"Eh bien, je suppose que oui, maman."

"Vous voulez dire que vous et Reggie Forcus vous considérez comme fiancés ?"

"Je le pense. Mais c'était tellement difficile de saisir chaque mot dans ce galop. S'il ne disait pas les *mots exacts,* il en disait autant."

« Est-ce qu'il a parlé de parler à papa ?

"Non. Mais je l'ai dit."

« *Tu* l'as dit, Bessie ? »

"Eh bien, maman ! Reggie ne semblait pas vouloir être dérangé."

"Je vois."

"Pas encore, tu comprends."

"Je vois."

Dans la pause qui suivit les grands yeux de la mère, entourés de cernes sombres et enfoncés assez profondément dans la pâleur sombre de son visage bien dessiné, elle s'arrêta pensivement sur les joues rondes de sa fille à la peau claire et lisse, sur ses yeux gris-vert, et lisser les cheveux blonds.

"Ce n'est pas très satisfaisant, j'en ai bien peur, Bessie", dit-elle enfin à contrecœur.

Le visage de Bessie tomba. "Je pensais que je ferais mieux de te le dire."

"Certainement, ma chère."

"Je me demande ce que nous devrions faire, maman ?"

« À faire, Bessie ?

"Je pensais, peut-être, que si Reggie ne parle pas à papa, ce papa pourrait peut-être parler à Reggie ?"

Mme Day secoua une tête nettement dissidente. "Ce ne serait pas du tout la même chose, ma chère enfant."

" Que devrions-nous faire, alors ? Je pensais que vous le sauriez. Les mères doivent arranger ces choses, n'est-ce pas ? "

"Eh bien, tu vois, Bessie, généralement le jeune homme—"

"Je sais. Mais Reggie ne veut pas. Si tu veux savoir, maman, il l'a dit, en tant de mots."

"Alors, Bessie—!"

"Mais je pense qu'il faut faire quelque chose. Tu devrais faire quelque chose... ou papa. *Tout* ne peut pas m'être laissé !"

Le bout du nez de Bessie est devenu rose, sa lèvre a tremblé, des larmes sont apparues dans ses yeux bleu pâle. Mme Day posa une main apaisante sur son bras.

"Nous n'en parlerons plus maintenant", a-t-elle déclaré. "Nous sommes tous les deux fatigués. Nous allons dormir dessus, Bessie. Va te coucher, ma chérie, et laisse tout jusqu'au matin."

Son chandelier d'argent à la main, Mme Day traîna son riche satin vert à travers le palier, s'arrêtant à la porte de Bernard, son deuxième-né, s'interposant entre Bessie et Deleah. Elle écouta un instant, puis frappa à la porte. « Au lit, chérie ?

"Oui mère."

"Couvre-feu?"

"Il y a une demi-heure."

"Tu ne fumes pas, Bernard ?"

"Bien sûr que non. Va-t'en."

Elle se rendit ensuite au chevet du plus jeune enfant. Franky, qui avait été envoyé au lit plusieurs heures avant les autres, dormait profondément. Il y avait neuf ans entre cet enfant et Deleah ; Franky était le bébé, le chéri de tous. La mère, fatiguée par les devoirs et les responsabilités de la soirée, resta longtemps debout pour regarder le visage endormi du garçon. Ses cheveux noirs, laissés, grâce à la fierté de sa mère pour leur beauté, pousser plus longtemps qu'il ne convenait à un garçon, s'enroulaient humidement autour de son front, ses petits traits sombres, délicatement aquilins, ressemblaient à ceux de la jolie Deleah. L'aîné, garçon et fille, de peau claire, aux cheveux raides d'un or pâle et sans éclat, ressemblait à leur père ; Mme William Day n'était pas tellement aveuglée par l'amour de son mari qu'elle ne se réjouissait pas en secret qu'au moins deux de ses enfants se « favorisaient ».

La mère s'est assise quelques minutes sur le lit, sa bougie à l'ombre de la main, pour observer la respiration régulière de l'enfant. "Mon cher Franky !" elle a chuchoté à haute voix ; et elle se dit : « Si seulement ils pouvaient toujours garder l'âge de Franky ! Elle sourit en soupirant, pensant à Bessie et à son histoire d'amour, sur laquelle elle doutait beaucoup ; de Bernard, qui, malgré les prières et les réprimandes, fumait au lit et avait un jour mis le feu à ses draps ; de Deleah, même, qui, écolière comme elle était, avait et tenait à ses propres idées, et n'était pas aussi facile à gérer qu'elle l'était. Si une mère pouvait toujours garder ses enfants près d'elle, ne pas être plus âgée, pas plus difficile à rendre heureuse que Franky !

Elle soupira, embrassa l'enfant, repoussa de son visage les boucles admirées, puis traîna ses riches et volumineuses draperies jusqu'à sa propre chambre, où son mari dormait déjà, à son silence, jugeait-elle.

Il y avait une verrière dans la grande chambre joliment meublée. Mme Day y aperçut son reflet alors qu'elle s'approchait et s'arrêta devant lui. Bessie avait pensé que son nouveau satin vert aurait pu être plus ample d'un mètre environ au niveau de la jupe. Avait-il vraiment besoin de cette modification, se demanda-t-elle ? Elle alluma les bougies qui sortaient du long verre et, debout devant le verre, débattit sérieusement de ce point avec elle-même. S'éloignant du verre, la tête tournée sur l'épaule, elle examina l'effet de dos ; marcha vers elle, encore gravement dubitative ; elle rassembla l'ampleur de la jupe dans sa main, la relâcha, étalant les riches plis. Puis, quelque chose lui faisant tourner brusquement la tête vers le grand lit aux rideaux rouges qui pendaient droit à côté de ses quatre montants sculptés, ses yeux rencontrèrent les yeux grands ouverts de l'homme étendu là.

"Oh!" elle a pleuré. "Comme tu m'as surpris, William ! Je pensais que tu dormais.
Comme tu as dû me trouver stupide !"

"Pas plus que d'habitude," grogna William. Il soutenait l'idée – peut-être plus répandue à cette époque qu'à cette époque – que les femmes étaient mieux placées pour être snobées et insultées.

"Je me demandais si je devais ou non modifier ma robe de soirée."

"Vous n'avez jamais besoin d'excuse pour vous poser devant la vitre. Qu'importe à votre époque de la vie l'apparence de votre robe ? Viens au lit et donne-moi une chance de m'endormir."

Mme Day éteignit de nouveau les bougies qu'elle avait allumées et commença docilement à se déshabiller. Ce faisant, elle parla.

« Tout s'est très bien passé ce soir, je pense, William ?

"De premier ordre. Il n'y a plus de coupe de champagne."

"Il aurait dû y en avoir assez. Les Barkers à leur fête ne boivent jamais de champagne du tout."

"Quand vous y êtes, faites bien les choses. Qu'est-ce que quelques kilos de plus ici et là, quand la fin viendra !"

"La fin, William ?"

"La fin de l'année. Quand les factures arrivent."

« À votre avis, à quoi ressemblait Bessie ce soir ?

"Je pensais que ma petite Deleah était la belle du bal."

"Deleah n'est qu'une enfant. Tu n'as d'yeux que pour Deleah."

"Bess allait bien."

"Je pensais qu'elle avait l'air si belle et si douce. Son cou et ses bras sont comme                                  du                                  lait, William. Je me demande si Reggie Forcus... veut dire quelque chose ?"

"Ba-a ! Pas lui ! Pas de chance."

"Je ne vois vraiment pas pourquoi. Je ne vois pas pourquoi nos filles ne devraient pas avoir autant de chance que celles des autres. Reggie épousera quelqu'un, je suppose."

"Maintenant, ne soyez pas idiot si vous pouvez l'empêcher; et n'encouragez pas la jeune fille à s'énerver devant de telles absurdités. Francis Forcus ne permettra pas plus à son frère d'épouser votre fille que la reine ne le lui permettra. épouser une des siennes, je vous l'ai déjà dit.

"Mais Bessie, pauvre enfant, pense différemment."

« Dites à Bessie de ne pas être un âne, alors ; et viens au lit. »

Elle s'est couchée; et, malgré ses pensées troublantes sur Bessie et son histoire d'amour, elle s'endormit.

"Oh cher!" dit-elle en s'allongeant. "Quelle peine pour les domestiques de remettre la maison en ordre, demain; et ils se couchent si tard! Le tapis du salon à reposer, et tous les meubles à remettre en place. Et ce n'est que Il me semble que c'est l'autre jour puisque nous avons vécu la même chose le soir du Nouvel An dernier.

"Mettre la maison sens dessus dessous, c'est ce que les femmes aiment. C'est pour cela qu'elles sont faites."

"Je me demande combien de danses nous devrons encore donner avant que les deux filles soient mariées et hors de nos mains ! Je suis sûr que je ne prendrai jamais la peine d'en donner une pour les garçons."

"Et vous, en effet !"

"Pourquoi parles-tu comme ça, William ? Je ne sais pas si j'ai dit quoi que ce soit qui puisse te moquer."

"Oh, va dormir ! Et espérons que tu n'auras pas de pires ennuis que de poser ou de remonter un tapis."

La vieille servante Emily, qui vivait avec les Day depuis leur mariage, et qui était autant l'amie que la servante de sa maîtresse et des jeunes gens, avait un jour, en parlant de son maître, fait la déclaration mémorable qu'il était « des pommes à l'étranger et des crabes à la maison." Ce discours, interprété, signifiait que la bonne humeur bruyante et turbulente et la bonne humeur dont ses connaissances étaient témoins en lui ne caractérisaient pas toujours le comportement du chef de maison au sein de sa famille.

Il resta allongé un moment, regardant le feu mourant qui se trouvait de son côté de la pièce. Il resta immobile, pour laisser croire à sa femme qu'il dormait, mais il était trop irritable et agité pour rester ainsi longtemps. Il se retourna sur son oreiller, avec précaution d'abord, pour ne pas la réveiller ; pourtant, comme elle ne se réveillait pas, elle était désolée et l'appelait brusquement par son nom.

"Tu dors comme un cochon", dit-il. "Je n'ai pas fermé les yeux depuis que je me suis couché."

Le fait qu'elle puisse dormir et lui pas était pour lui un grief qui datait de leur mariage, il y a vingt ans. La pauvre Mme Day en était venue à penser que sa prédilection à s'endormir lorsqu'elle se couchait était un manquement dont il fallait s'excuser et le cacher, si possible. Elle était souvent poussée fictivement à protester contre le fait qu'elle était également restée éveillée. Il reçut une déclaration similaire lorsqu'elle la fit maintenant dans un silence méprisant.

"J'ai réfléchi à ce que tu me dis de Bess et du jeune Forcus", dit le père. "Bien sûr, s'il y avait, par hasard, quelque chose dedans, ce serait une très bonne chose pour la jeune fille."

"Je suis heureux que tu le voies enfin sous cet angle, William. J'ai toujours, bien sûr, su que ce serait une bonne chose."

"Ce que j'ai pensé, c'est que je ferais peut-être mieux d'aller voir Francis Forcus à ce sujet."

"Le frère de Reggie ? Oh, non, William ! Je ne ferais pas ça."

" Et pourquoi pas, je vous prie ? Vous et moi ne pouvons jamais regarder une chose sous le même angle pendant deux minutes d'affilée. Si je veux me reposer sur mes rames, vous me harcelez pour que je sois debout. Si je commence à tu vois, il est temps pour moi d'intervenir, c'est 'Oh, non, William !' Il n'y a jamais eu votre égal pour la contradiction. »

"Tout de même, je ne devrais pas aller chez Sir Francis."

" Et pourquoi pas ? Quelle est votre raison ? Qu'y a-t-il contre ? Si son frère, qui dépend de lui pour le moment comme s'il était son fils, veut épouser ma fille, lui et moi devrons en discuter. , Je suppose?"

"Oui. Mais pas avant que Reggie ne vous ait parlé. Pour le moment, il n'a pas dit un mot, sauf à Bessie. Je pense que Reggie devrait le faire. Je pense..."

"Peu importe ce que vous pensez. Venons-en aux faits. Y a-t-il ou n'y a-t-il rien de sérieux dans cette affaire ?"

"Bessie dit que oui."

"Ne peux-tu pas donner une réponse claire à une question simple ? Le jeune Forcus, qui traîne toujours dans les parages, fait-il l'amour à ma copine ou non ?"

"Il a certainement prêté attention à elle."

"Est-il fiancé à elle ?"

"Bessie se considère fiancée. Mais comme je le dis à Bessie…"

"Je ne veux pas de ça. Ce que tu penses, ou ce que tu dis à Bessie. Je veux que les faits soient confirmés. Sans faits, tu ne peux pas t'attendre à ce que j'agisse."

"Je ne souhaite vraiment pas que tu agisses, William."

"Laissez-moi faire. Je ne vous demande pas ce que vous souhaitez," lui lança William; puis se tournant sur le côté, il parut s'endormir.

# CHAPITRE II

Quelque chose ne va pas au bureau

Mme Day avait décidé de consacrer la première matinée du Nouvel An à surveiller le remontage du tapis du salon et à remettre sa maison à son ordre habituel après la danse. Bessie en avait décidé autrement. Elle avait décidé qu'elle serait conduite en voiture, sa mère à ses côtés, dans des prairies inondées et gelées, à trois milles de la ville, où beaucoup des jeunes qui avaient dansé la nuit dernière s'étaient arrangés pour aller patiner. Deleah et les garçons avaient commencé à s'y rendre immédiatement après le petit-déjeuner. Bessie, qui ne savait pas patiner, souhaitait être là aussi, mais n'a pas choisi de marcher et ne pouvait pas être autorisée à être seule dans la voiture.

La jeune fille, très blonde et jolie dans sa veste de velours au col et aux poignets d'hermine, assise dans la victoria aux côtés de sa mère, scrutait avec impatience la vaste étendue de glace à la recherche de la silhouette familière du jeune homme qui lui avait prêté une attention si particulière pendant le galop mémorable. Elle a regardé en vain. Plusieurs des partenaires de la nuit dernière sont venus à côté de la voiture et ont demandé la santé des dames après la fatigue de la danse, et sont descendus sur leur propre liberté, ou autrement, par lassitude. Deleah, son visage couleur d'églantine, ses cheveux noirs dénoués frisés dans l'air glacial, criait ses salutations à sa mère alors qu'elle passait, une petite silhouette droite et gracieuse gardant son équilibre élégant avec l'aisance des jeunes et intrépides. . De temps en temps, on la voyait fuir, en riant, la poursuite d'un patineur qui souhaitait faire un tour dans la prairie inondée en tenant la main de Deleah. La fille était à la fois folle et timide. Elle riait avec des yeux dansants alors qu'elle volait devant elle ; mais capturée, avait un regard effrayé et anxieux, ses yeux faisant appel à sa mère alors qu'elle passait en signe de protestation et de protection.

"Deleah sera une coquette quand elle sera grande", a déclaré Bessie, qui savait que sa mère regardait la jolie enfant avec admiration.

"Tu le penses, ma chérie ? J'espère que non, Bessie."

"Elle le fera ! Et elle veut qu'on s'occupe d'elle. Je pensais que, pour une fille qui n'était pas encore sortie, elle était très impatiente hier soir. Reggie le pensait aussi."

"J'ai bien peur que tu lui ai mis ça dans la tête, Bessie."

" Comme si Reggie n'avait pas eu ses propres idées ! Sans même que je le *laisse entendre,* il a dit qu'il supposait qu'elle savait qu'elle était jolie. "

"Reggie n'est pas là aujourd'hui, Bessie."

"Je pense qu'il viendra. Il a dit qu'il viendrait, et comme je ne pouvais pas patiner, il a promis de me pousser sur une chaise sur la glace. Nous n'avons pas encore besoin de rentrer à la maison, maman. J'aime regarder patiner."

Mais elle ne surveillait que les arrivées ; et Reggie Forcus n'en faisait jamais partie.

"Peut-être qu'il est allé parler à papa", dit-elle gaiement après un silence. "Nul doute qu'il pensait, après tout, qu'il valait mieux régler les choses. J'imagine que c'est ce que Reggie a fait, maman."

"Je n'y penserais pas tellement si j'étais vous, ma chère. Attendez que les choses se soient arrangées d'elles-mêmes."

"Oui, mais ne devrions-nous pas faire quelque chose pour les arranger ?" Bessie a insisté.

"Ce n'est pas habituel, Bessie."

"Mais, maman, dois-je perdre Reggie pour des bêtises de ce genre ? Habituel ou pas habituel, je pense que toi ou papa devriez lui parler."

Pour l'apaiser, la mère a admis que son père avait même pensé à le faire.

"Alors j'espère que papa aura le bon sens de le faire et de régler le tout", a déclaré Bessie.

Elle attendait avec une attente fébrile le retour de son père de son bureau, ce soir-là, l'accueillant avec des yeux brillants et des regards avides, essayant de lire sur son visage ce qu'elle désirait entendre de ses lèvres. Mais M. Day était rentré chez lui dans un état d'esprit qui n'était pas encourageant. Dans un silence sombre, il assista au repas que les familles de la haute bourgeoisie prenaient alors en lieu et place du dîner à l'heure du dîner. Un repas confortable et informel au cours duquel un grand plateau à thé en argent, une grande urne à thé en argent et des services à thé fortement gaufrés prirent une part importante ; où étaient présents des petits pains, des galettes, d'énormes jambons et des langues très décorées ; et des toasts chauds, des muffins et de nombreux gâteaux. Aucun domestique n'attendait ; il n'y avait pas de fleurs au centre ; mais le gaz des nombreuses branches du grand lustre de verre taillé scintillant au-dessus brillait d'une manière très agréable sur l'argenterie, la porcelaine et les mets appétissants auxquels les Jours rendaient toujours si amplement justice.

Mais ce soir, le maître de la maison, assis en face de sa femme devant son plateau à thé, n'a rien mangé de ce repas généreux. Il avait un air noir sur son visage lourd, et des réponses brèves et hargneuses à ceux qui osaient s'adresser à lui. Une telle humeur n'était pas tout à fait inhabituelle chez lui ; quand il fut compris entre eux que quelque chose n'allait pas au bureau et qu'il était plus sûr de le laisser tranquille. Mais Bessie, dont la particularité était de ne jamais oublier un seul instant, quelles que soient les circonstances, ses propres intérêts individuels, ne cessait de murmurer à sa mère, à côté de laquelle elle était assise, la pressant de demander à son père ce qu'elle désirait. savoir.

"Demande-lui, maman. Demande-lui!"

« Chut, ma chérie ! un froncement de sourcils et un regard averti en direction du visage renfrogné.

Le pied de Bessie sur celui de sa mère sous la table. "Maman, pourquoi es-tu si stupide ? Demande-lui ! Demande-lui !"

La mère n'a jamais été longtemps à l'abri des supplications ou des ordres de sa progéniture. « Avez-vous vu quelque chose de Reggie Forcus aujourd'hui, William ? » demanda-t-elle à présent.

L'homme à l'autre bout de la table la regarda un instant avec des yeux furieux. "Non!" tonna-t-il. "Mais j'ai vu Francis Forcus, ce qui m'a largement suffi."

Un silence tomba. Le cœur de Bessie battait fort, la couleur quitta son visage. Son père se tourna vers elle alors qu'il prononçait les derniers mots. "Oui, papa ?" elle a hésité.

"Ta mère m'a envoyé chez lui pour une mission insensée", dit-il. Puis, jetant un regard renfrogné à l'égard de sa fille et de sa femme, il avala une tasse de thé, repoussa bruyamment sa chaise et quitta la pièce.

Alors que la porte se refermait derrière lui, Bessie fondit en larmes.

Les garçons et Deleah la regardèrent avec consternation. "Qu'est-ce qui se passe maintenant ?" se demandèrent-ils en haussant les sourcils.

"Bessie, ma chère enfant ! Il ne faut pas céder ainsi. Il faut vraiment faire preuve d'un peu de fierté", réprimanda la mère.

"Tout va très bien pour toi!" Bessie rétorqua d'une voix étouffée et continua à sangloter. Elle chercha son mouchoir et, n'ayant aucun des siens, attrapa sans aucun remerciement celui que Deleah jeta sur la table. Deleah, choquée par le spectacle, regardait sa sœur. « Quoi qu'il arrive, je ne pleurerais pas ainsi devant tout le monde », se disait-elle. Bernard, l'aîné des garçons, qui vivait dans un état chronique de dispute avec Bessie, riait ouvertement. Franky, après avoir rapproché le visage de sa mère du sien, murmurait : « Qu'est-ce qu'il y a, maman ? Qu'est-ce qu'il y a avec Bessie, maintenant ? Est-ce qu'elle se sent malade ? Se sentir malade était l'idée que Franky se faisait de la plus grande misère terrestre.

Après avoir essuyé ses yeux sur le mouchoir de Deleah, Bessie le roula en boule et le lança sur la table, avec plus de force de volonté que de précision de visée, au visage de Bernard. "Espèce de bête !" elle s'étouffa. "Maman, Bernard se moque de moi. Bernard ne devrait-il pas savoir comment mieux se comporter ? Ce n'est pas parce que je suis si malheureuse qu'il faut se moquer de moi."

Ce à quoi ils rirent tous : Bessie était si ridicule, pensèrent-ils ; et Mme Day, tendant une main aimable à la jeune fille qui sanglotait de colère, la conduisit hors de la pièce. "Vous êtes tous trop mauvais", dit-elle en se retournant vers le groupe qui ricanait. "Bernard, tu devrais le savoir."

"Bessie est vraiment une vieille conne !" le garçon s'excusa. "Je veux encore du thé, maman. Je ne veux pas que son mouchoir trempé tombe dedans. Toutes ses larmes bestiales dans ma tasse !"

"Deleah doit le verser pour toi", dit la mère en fermant la porte derrière elle et sa fille.

" Bernard ne me traitera pas d'idiot ! Tous ne se moqueront pas de moi ! " Bessie a pleuré. "Tu devrais y retourner et les punir, maman."

Mme Day, murmurant des paroles apaisantes, la conduisit au pied de l'escalier et regarda la jeune fille monter lentement vers sa chambre, pleurant de manière audible, d'une manière enfantine, tandis qu'elle s'en allait. "Vous devez essayer d'avoir plus de contrôle sur vous-même", a-t-elle déclaré.

"Mais pourquoi papa m'a-t-il regardé d'une manière si horrible ?"

"Tu sais ce qu'est ton père, Bessie. Si souvent irritable à la maison quand les choses tournent mal au bureau. Va dans ta chambre jusqu'à ce que tes larmes soient sèches; je verrai ton père et je verrai s'il y a quelque chose à te dire. "

M. Day se trouvait dans la pièce qu'on appelait la salle du petit-déjeuner. En la regardant avec le désir de propreté de la ménagère, Mme Day en parlait souvent comme de la porcherie, mais c'était la pièce qu'ils préféraient tous dans la maison. C'était ici que les enfants apprenaient leurs leçons pour l'école, les dames travaillaient, Franky jouait. Elle était spacieuse et gaie, et ne contenait rien qui puisse être gâché par un usage brutal. Toutes les chaises les plus confortables de la maison étaient rapprochées du foyer, sur lesquelles pouvaient s'allonger les chats de Franky et le chien de Bernard. Un canari, la protégée spéciale de Deleah, était accroché à la fenêtre.

M. Day avait tiré une chaise trop petite pour son énorme corpulence devant le feu et s'était assis, l'air blotti et mal à l'aise, les pieds repliés sous sa chaise, les genoux baissés, regardant les barreaux.

"Est-ce qu'il y a quelque chose, William ?" » a demandé sa femme. "Tu ne sors plus ce soir ?"

Tous les soirs de sa vie, sauf le dimanche soir, où sous aucun prétexte il n'aurait manqué d'aller à l'église avec sa famille, il se rendait dans un club de la ville où l'on jouait au whist et au jeu à trois cartes - pour des enjeux plus élevés, c'était murmura-t-il, plus que la plupart de ses membres ne pouvaient épargner.

"Tu as enlevé tes bottes, William : tu ne vas pas dans ton club ?"

"Non, je ne vais pas dans mon club."

"Au nom du ciel, pourquoi ?"

"Parce que mon club en a fini avec moi."

Elle le regarda avec consternation, entendant la nouvelle avec une réelle consternation. Elle n'aurait jamais admis, même à elle-même, étant une femme aimable et une épouse dévouée, qu'elle préférait son mari loin d'elle plutôt qu'en sa présence ; ses enfants n'auraient pas murmuré une telle déloyauté ; mais s'il devait désormais passer ses soirées au sein de sa famille, chacun d'eux saurait dans son cœur que les heures les plus paisibles et les plus agréables de la journée seraient gâchées.

"Avez-vous eu des désagréments à propos des cartes, William ?"

Il se tourna sauvagement vers elle, là où elle se tenait près du coin de la cheminée. "Pourquoi diable m'as-tu envoyé faire cette mission idiote chez Francis Forcus ?" Il a demandé.

" *Je* t'envoie, William ? "

"J'y suis allé à cause du rapport mensonger que vous m'avez apporté."

"William, je—!"

"Vous m'avez fait croire que Bessie et le jeune Forcus étaient fiancés. Maintenant, est-ce que vous m'avez fait croire ou non ? Dites la vérité si vous le pouvez. L'avez-vous fait ou non ?"

"Je seulement—"

"M'as-tu amené à le croire ?"

"Oui, alors; si vous le voulez."

"Et m'a fait passer pour un imbécile ! Je pensais que c'était trop beau pour être vrai - seulement tu t'y es tenu. Tu en étais tellement sûr. Tu l'aurais fait ainsi. Rien ne te ferait changer d'avis."

"William, tu dois te rappeler que je t'ai déconseillé d'y aller."

"Est-ce que je vous ai demandé votre avis ? Est-ce que je me suis déjà penché pour le demander ? J'ai agi sur la base des informations que vous m'avez données. J'y suis allé et j'ai été expulsé."

"Expulsé ? William !"

"En pratique. Je ne veux pas dire que l'homme a réellement utilisé sa botte. S'il l'avait fait, il n'aurait pas pu exprimer plus clairement ce qu'il voulait dire. Francis Forcus n'a jamais eu un mot courtois à me lancer de toute sa vie. Mais pour votre ricanement infernal et idiot, j'aurais préféré aller vers le diable plutôt que vers lui. Si seulement j'avais eu à penser à moi-même et à mes propres sentiments – Bessie ou pas Bessie – je me serais pendu plutôt que d'aller vers lui. . Mais j'avais plus que ça.

Sa voix était passée de son caractère intimidant à une mélancolie atone. Mme Day, qui était debout jusque-là, s'assit sur la chaise près du coin de la cheminée et regarda le profil brutal de son mari assis devant le feu avec un sentiment nauséabond d'un désastre imminent et une question consternée dans ses yeux sombres.

"J'aurais pensé à toi et aux enfants", a ajouté l'homme.

« Qu'aurait pu vous dire Sir Francis, William ?

Son mari s'est retourné sauvagement contre elle. "Dis ? Il a dit qu'il n'y avait pas de fiançailles entre son frère - son « *jeune* frère » - et ma fille. Qu'un tel engagement ne recevrait jamais sa sanction. Qu'il n'était pas au courant de son « *jeune* frère » - il colle toujours le mot. votre gorge ; ce connard moralisateur – j'avais envie de lui donner un coup de pied ! – était en termes d'intimité avec n'importe quel membre de ma famille.

"William!" Mme Day, touchée au vif, appela en protestation le nom de son mari. « J'espère que vous lui avez répondu là-bas. J'espère que vous l'avez fait !

"J'ai dit que le jeune mendiant traînait toujours dans ma maison. Qu'il avait dansé la moitié de la nuit avec ma fille... et... et lui avait fait l'amour."

"Et puis ? Et puis, William ?"

"Il a dit : 'Je souhaite que toute relation cesse. Je vous supplie de ne plus inviter mon jeune frère chez vous.'"

"Il a dit que?"

« Bon sang ! Oui.

"Mais c'était une insulte !" La pauvre femme était pâle de surprise et de consternation. Elle regardait son mari, essoufflée. « Ne lui as-tu pas montré que tu pensais que c'était une insulte, William ?

William bougea ses énormes épaules. "Qu'en penses-tu?"

"Dis-moi ce que tu lui as dit."

"Je l'ai insulté pendant dix minutes. Il ne savait pas s'il se tenait sur la tête ou sur les talons quand j'en avais fini avec lui. Puis je suis parti."

"Je ne pense pas que *jurer* améliorerait les choses."

"Peut-être me direz-vous ce qui pourrait les améliorer ? C'est ce que je veux entendre, et plus que je ne le sais."

"Pauvre Bessie ! Oh, pauvre, pauvre Bessie !"

"Ah!" » dit le père de la pauvre Bessie, et sa tête au cou court tomba sur sa poitrine, et il regarda de nouveau le feu d'un air morne.

Mme Day se leva et se leva, sa main blanche scintillant de ses anneaux posés sur le marbre noir de la cheminée, pensant à Bessie.

"J'irais au club, William", conseilla-t-elle bientôt. "Cela ne peut pas arranger les choses de rester à la maison et de se morfondre sur eux."

« Ne t'ai-je pas dit que je n'allais pas au club ? Tu penses que je suis comme une femme et que je ne connais pas mon propre esprit ?

"Je pensais que ce serait plus agréable pour toi", dit-elle; et puis elle l'a quitté. Son esprit était plein de Bessie et du coup qu'il fallait porter aux espérances de Bessie.

« Je ne sais pas comment je trouverai un jour le cœur de lui dire », se dit-elle en sortant de la pièce.

# CHAPITRE III

Bière familiale de Forcus

C'était l'époque où voler sa bière à un homme pauvre – ou à un riche, d'ailleurs – eût été un crime pour exciter une expression furieuse du sens populaire de la justice ; quand la bière était sur la table du maître comme dans la salle des domestiques ; lorsque chaque cave des riches contenait son grand tonneau pour la consommation familiale, et que personne n'avait songé à tenter de détourner le pauvre de l'indulgence de sa boisson nationale. C'était l'époque où les brasseurs gagnaient d'énormes fortunes – et cela en dépit du fait qu'ils utilisaient du bon malt et du houblon dans leurs brassages – et ne rêvaient pas, sauf peut-être dans leur pire cauchemar, de l'ingérence du gouvernement dans leur monopole. À Brockenham et dans son comté, l'alcool brassé à la brasserie Hope était considéré comme la meilleure boisson disponible. Rien n'a glissé dans la gorge locale de manière aussi satisfaisante que la Forcus and Son's Family Ale ; et les représentants actuels de l'entreprise étaient de loin les personnes les plus riches de la ville.

Il n'y en avait que deux à l'époque : Francis Forcus — Sir Francis, depuis douze mois, ayant été fait chevalier au cours de la deuxième année de sa mairie lors de la visite d'un personnage royal dans sa ville natale — et Reginald, son frère. , né vingt ans après lui du second mariage de son père, et maintenant dans sa vingt-quatrième année. Le frère cadet était très beau, très bon enfant, très gai, amical et accessible. Peut-être le jeune homme le plus admiré et le plus populaire de la ville. Sa simple recherche du plaisir occupait une grande partie de son temps et l'empêchait d'en passer une grande partie à la Brasserie où son frère mettait un point d'honneur à passer trois ou quatre heures chaque jour. Mais de temps en temps, M. Reginald apparaissait devant l'énorme amas de bâtiments s'élevant de la rivière au courant lent sur lequel se trouve Brockenham et où était composée la célèbre Family Ale. De temps en temps, il s'amusait pendant une heure, flânant au soleil dans les larges cours au gravier brillant, inspectant les énormes chevaux de trait dans leurs écuries, échangeant « le haut du matin », comme il le leur disait facétieusement : avec les dessinateurs. Il était rarement tenté de se présenter là où se déroulaient réellement les opérations de brassage, mais il ne partait jamais sans avoir aperçu son frère dans la chambre spacieuse et confortable donnant sur la rivière dans laquelle ce monsieur s'asseyait consciencieusement trois ou quatre heures par jour pour lisez le *Times* et le journal local.

Il rendit visite à l'associé principal plus tôt que d'habitude le lendemain du bal du Nouvel An de Mme Day, mais pas si tôt que Sir Francis Forcus n'eût pas reçu de visite avant lui. Un visiteur qui avait bouleversé l'équanimité de cette personne toujours extérieurement imperturbable et soigneusement réservée.

"Tu es debout avec le ver, ce matin, Reggie", dit-il.

Il n'avait pas du tout l'apparence d'un brasseur typique, sa silhouette haute et imposante n'étant vêtue d'aucune chair superflue, son visage, à l'expression singulièrement figée, étant pâle et beau. Ses cheveux noirs, plutôt longs, selon la mode du jour, étaient brossés doucement sur ses tempes ; il était rasé, à l'exception des moustaches serrées qui descendaient jusqu'à la moitié de ses joues.

"A quoi devons-nous l'honneur d'un appel si précoce ?" » demanda-t-il en tordant ses lèvres retroussées.

"Vous étiez parti avant moi ce matin", dit le jeune homme. "Je suis juste entré pour te dire que je sortais. C'est tout."

« Vous venez assez souvent pour la même commission, je crois. Serait-il indiscret de ma part de vous demander où vous allez ?

"Pas du tout", déclara facilement Reggie. Il leva pour que son frère puisse l'inspecter une paire de patins qu'il tenait suspendus à son côté. "Ils ont inondé les prairies de Tooley. La glace devrait être de premier ordre ce matin."

"Donc, c'est dans les douves de la maison. Une demi-douzaine de personnes y patinaient déjà lorsque je suis parti ce matin. Tooley est à huit kilomètres de là. Pourquoi avez-vous besoin de prendre la peine d'aller à Tooley ?"

"Plusieurs personnes, hier soir, ont dit qu'elles y allaient. J'ai pensé que je ferais aussi bien d'y aller aussi."

"Où étais-tu la nuit dernière, Reggie ? Je ne veux en aucun cas t'attacher à la maison, mais parfois j'aime savoir où tu étais."

"Très bien, Francis. Bien sûr. Il y avait un bal aux Days dans la rue Queen Anne. J'y suis allé chaque soir du Nouvel An, pendant des années. J'y suis allé."

"Je vois." Les yeux noisette clair de Sir Francis, s'accordant étrangement avec ses cheveux noirs et son teint pâle et sombre, considéraient le visage joyeux de son frère.

"Je vais vous demander de ne plus aller aux Days de la rue Queen Anne, Reggie", dit-il.

Reggie le regarda largement. "Je ne pense pas que le fait d'y aller quand je le souhaite et qu'ils me le demandent puisse faire du mal à qui que ce soit", a-t-il protesté.

"Asseyez-vous, voulez-vous ?" » dit son frère en désignant la chaise de l'autre côté de la table près de laquelle il était assis.

"Je ne pense pas, maintenant. Je pense que je vais partir. La glace ne tiendra peut-être pas..."

L'autre montrait toujours la chaise. "Ce que je veux vous dire ne sera pas tenu – avec insistance. Asseyez-vous", dit-il, et Reggie s'assit.

Il n'était en aucun cas gêné ni effrayé. Son frère lui tenait lieu de père depuis que son propre père était mort alors qu'il était encore enfant à l'école, mais il lui faisait le moins de sermons possible et le contrariait très rarement. "Surmontez-vous aussi vite que possible, Francis", fut tout ce qu'il dit.

"Avez-vous rencontré M. Day en partant à votre arrivée ?"

"M. Day ? Non."

"Il vient de me quitter. Il est venu me dire que vous," il regarda pendant un instant dans les yeux écarquillés de Reggie, "vous étiez fiancé à sa fille."

"Eh bien ! Viens ! C'est un bon gars !" Reggie fut surpris, comme le vit son frère, mais pas de façon aussi satisfaisante qu'il l'avait espéré.

"Est-ce vrai ?"

"Non."

"Alors, que voulait dire cet homme en osant me le dire ?"

Reggie garda un instant un silence totalement non déconcerté ; puis : « Vous voyez, elle le dit aussi », dit-il.

"Elle?"

"Bessie."

"La fille de Day ? Il faut qu'elle arrête de dire ça."

"Oh, je ne sais pas. Les filles disent ce genre de choses."

"Je ne pense pas. À moins qu'ils n'aient le privilège de le dire. Miss Day, dites-vous, n'a rien à dire ?"

"Oh, eh bien, tu sais !" Reggie s'est assis en retrait de la table, mettant ses mains dans ses poches, s'appuyant sur sa chaise à son aise, avec l'air de parler comme un homme du monde à un autre.

"Mais je ne sais pas. J'attends que tu me le dises."

"Tu ne veux pas que j'entre dans les détails, je suppose ?"

"Tu veux dire que tu as flirté avec cette fille et qu'elle a essayé de t'attraper ?"

Reggie réfléchit un instant au sujet. "Je ne l'admettrai pas vraiment", dit-il consciencieusement. « Elle, d'une manière ou d'une autre, semble penser que je suis allé plus loin que je ne l'ai été. Elle m'a dit quelque chose hier soir à propos de ma conversation avec son père.

"Au lieu de cela, son père est envoyé pour me parler. Maintenant, écoute, Reggie, toi et moi n'avons jamais eu de désagréments jusqu'à présent, n'est-ce pas ? Ne nous en laissons pas à ce sujet. Une fille de William Day. Il s'agit de la dernière personne sur terre avec laquelle il serait souhaitable que vous vous mariiez. »

"Je ne pense pas encore épouser qui que ce soit, Francis."

"J'espère que non ! Alliez-vous rencontrer Miss Day sur la glace ?"

"Eh bien, elle a dit qu'elle serait là. Beaucoup d'entre eux y allaient."

"Reste à l'écart, veux-tu ? Pour m'obliger ?"

"Si tu le dis ainsi—"

"Merci. Je ne veux pas de notre nom" - il était aussi fier de la brasserie que s'il s'agissait d'un duché ; il a dit « notre nom » comme s'il parlait d'une chose sacrée – « mêlé au nom de M. William Day ».

"C'est un bon vieux bonhomme. Vous auriez dû l'entendre frapper avec son tambourin, hier soir."

"Je vais vous dire quelque chose en toute confiance. Fort de vos fiançailles avec sa fille - attendez ! Je sais que vous n'êtes pas fiancé avec elle - M. William Day est venu ici pour m'emprunter cinq cents livres."

"Bonne nuit!"

"Je lui ai refusé le prêt, bien sûr. Attendez une minute ! Ce que j'allais dire, c'est ceci : je sais pourquoi il voulait cet argent. Pourquoi il était important pour lui de l'obtenir immédiatement. C'était pour apaiser un une de ses clientes qui fait pression sur lui. Elle l'a autorisé à vendre des actions, ce qu'il a fait mais elle n'arrive pas à obtenir un règlement.

"Je dis ! C'est plutôt mauvais, n'est-ce pas ?"

"Et c'est le seul cas dont je connaisse l'histoire. Il y en a d'autres, me dit-on, et plus flagrants que celui-ci."

"Va-t-il devoir s'écraser ?"

" J'espère que ce ne sera pas pire. J'espère... eh bien, nous verrons. Je vous ai dit cela pour vous montrer à quel point ce que cet homme m'a dit aujourd'hui me répugnait particulièrement. Vous comprenez, n'est-ce pas ? "

Reggie a dit qu'il comprenait. "C'était assez prématuré", a-t-il déclaré. "Assez!"

Mais il avait l'air très pensif.

"Vous vous tiendrez à l'écart d'eux, rappelez-vous."

"Je pense que je suis mieux à l'écart pour le moment."

« Au lieu de patiner ce matin, j'aimerais que tu ailles à Runnydale et que tu jettes un coup d'œil à ce pur-sang que Candy craque pour moi.

Sir Francis connaissait son homme. Si Bessie Day avait eu pour lui dix fois son attrait, une course ayant pour objectif un cheval se serait révélée encore plus attirante pour Reginald Forcus. Sans un pincement au cœur, il acquiesça.

Le jeune homme passa une journée heureuse et profitable à Runnydale avec le vieux Candy, un marchand de chevaux, très touché par la jeunesse aisée du quartier, ayant une langue racée, et un fonds d'anecdotes, et un ton agréable. en plaisantant, une manière familière de transférer de l'argent de leurs poches dans les siennes. Il revint à temps pour dîner à Cashelthorpe, la maison de campagne de son frère située à quelques kilomètres de Brockenham, où le jeune homme avait également élu domicile. Tous deux dînèrent seuls, comme c'était l'habitude ces derniers temps, la santé délicate de lady Forcus l'obligeant souvent à garder sa chambre.

"Tu te souviens de ce que je t'ai dit sur les affaires de Day ce matin ?" » demanda Sir Francis en regardant son frère de l'autre côté de la table alors qu'ils s'asseyaient pour manger leur soupe.

Bien sûr, Reggie s'en souvenait.

« Où pensez-vous que M. William Day passe sa soirée ?

Reggie s'arrêta avec sa cuillère en route vers sa bouche pour dire qu'il espérait au sein de la famille de M. William Day.

"Il le dépense en prison."

La cuillère retomba dans son assiette et le visage de Reggie devint blanc. "Ça ne peut pas être vrai ! Je ne le croirai jamais !"

"A quoi t'attendais-tu, après ce que je t'ai dit ? A moins qu'il n'ait fait un coup de tonnerre."

"Oh, pauvre vieux ! Mais qu'est-ce qu'il a fait, ce pauvre vieux ?"

"C'est fait ? Il s'est approprié frauduleusement l'argent de ses clients et l'a adapté à ses propres usages."

"Pauvre vieux Day ! Oh, pauvre vieux diable !"

"Eh bien, préparez votre dîner, mon cher garçon."

"Il me frappait sur l'épaule et je buvais son champagne, hier soir !"

Le jeune Forcus s'est suffisamment rétabli pour manger le poisson, mais sa soupe a dû être retirée sans goût. Il était assis, les deux mains agrippant sa serviette de table posée sur ses genoux, les yeux rivés sur la nappe, voyant la jolie Deleah et son père gros mais agile danser dans la salle de bal gay. En prison! Quelqu'un qu'il avait connu et avec qui il avait touché la main ! Prison!

"Je me demande à quoi pensait ce pauvre vieux en frappant sur son tambourin hier soir !" » dit Reggie.

# CHAPITRE IV

Catastrophe

Peu de temps après que Mme Day eut laissé son mari assis en bas devant le feu de la salle de petit-déjeuner, elle, au milieu de ses enfants occupés à leurs diverses occupations mais attentive à ce qui se passait au-delà, entendit son pas lourd dans le couloir : J'ai entendu la porte d'entrée s'ouvrir et se fermer.

"Ton père est allé au club, après tout", dit-elle, et elle poussa un soupir de soulagement tandis qu'elle travaillait à sa broderie, faisant des trous dans une bande de mousseline et les cousant autour, pour la parure du jupon de la fille aînée. . C'était une femme timide, malgré sa belle et belle apparence, avec une grande peur de l'inhabituel. Son mari avait l'habitude de sortir. L'idée de le voir assis seul et inactif dans l'autre pièce lui pesait à l'esprit.

Les enfants n'y prêtèrent aucune attention ; ils étaient tous un peu fatigués et languissants et peu enclins à leurs divertissements habituels après l'excitation de la danse de la nuit dernière et l'effort de leur matinée sur la glace. Même Deleah, la lectrice de la famille, négligeait son livre pour s'allonger sur sa chaise et contempler le feu, la musique du galop et le crépitement du tambourin de son père bourdonnant à ses oreilles ; devant ses yeux, des personnages se poursuivant sur la couche de glace bleue ou volant en rythme sur des planches polies.

Franky ayant temporairement abandonné sa boîte de peinture et l' *Illustrated News* qu'il avait conçu pour colorier de nombreuses feuilles de gélatine teintées, sauvées des crackers sur la table du dîner de la veille au soir, les tenait maintenant tour à tour devant ses yeux. "Maman, tu es toute rouge, toute belle rouge, comme des roses", ou "Bessie, tu es effrayante, tu es blanche comme si tu te sentais malade", s'écria-t-il, selon qu'un transparent rouge ou vert l'était auparavant. ses yeux.

Le jeu appelé « Tactique », pour lequel Bessie et Bernard se disputaient la nuit, avait été jusqu'ici négligé ; circonstance qu'il ne faut pas regretter, puisque Bessie jouait généralement une partie perdante en larmes et signalait la victoire de Bernard en renversant l'échiquier et en lui jetant les piquets d'ivoire rouge et blanc au visage.

Car le bal de la veille, qui avait été un sujet captivant pendant plusieurs semaines avant d'être dévoilé, maintenant qu'il était terminé, il fallait encore en parler.

Comme Deleah avait eu l'air ridicule lorsque sa chaussure en satin blanc s'était détachée et avait traversé le sol glissant lors de la dernière valse ; et elle ne s'arrêtait pas pour autant, mais finissait la danse sans cela.

"Est-ce que tes chaussures étaient trop grandes, Deleah ?"

"Un peu, maman. C'étaient une paire de chaussures de Bessie de l'année dernière, qui étaient trop petites pour elle."

"Et voilà ! Encore une fois contre moi !" Bessie a pleuré. "Deda est fière parce que son pied est plus petit que le mien, maman. Si tu es une petite mauvaise herbe comme Deda, bien sûr, tes pieds sont étroits et petits. Ils doivent l'être. Cela n'a aucun mérite."

"Et je suppose que Deleah a dansé ses bas de soie dans des trous ?"

"Non, maman ! M. Frost, avec qui je valsais, m'a soutenu d'une manière très belle ; de sorte qu'après que la chaussure s'est détachée, mes pieds n'ont plus jamais touché le sol."

"Heureusement que ce n'était pas toi, Bessie ! Cela aurait été la fin du pauvre Frost d'avoir essayé de porter une grosseur comme toi."

"Maman, veux-tu parler à Bernard et lui demander de ne pas toujours dire des choses grossières sur moi."

"Chut, Bessie ! C'est absurde ! Bernard, ma chère, essaie d'être plus poli avec ta sœur."

"Maman, voici un mot que j'aime bien dans ce cracker vert.

"'Ce que j'admire le plus chez toi,
ce sont tes yeux d'un joli bleu.'

"Qu'aurais-tu fait, Deleah, si un gentleman avait emporté le biscuit avec toi ? Parce que tes yeux ne sont pas bleus ; ils sont jaune-brun."

"J'aurais dû le transmettre à Bernard."

"Et pourquoi ne me l'auriez-vous pas transmis, je vous prie, mademoiselle. Mes yeux sont aussi bleus que ceux de Bernard, je suppose ?"

"Tes yeux sont verts", dit un Bernard toujours prêt à se battre.

"Maman ! Maman ! Il s'en prend encore à moi ! Bernard s'en prend encore à moi ! Il dit que j'ai les yeux verts !"

"Allez, venez, les enfants ! Chut, Bessie ! Vous êtes dommage, Bernard. Or, nous n'avons pas encore décidé qui était la belle du bal, hier soir."

C'est pendant qu'ils donnaient leur avis sur ce sujet capital que Franky s'endormit sur ses papiers de crackers et fut envoyé au lit, une heure avant l'heure, sa mère montant pour l'entendre dire ses prières, comme c'était son habitude le soir. Elle traversait le couloir en revenant lorsque la porte d'entrée s'ouvrit et le maître de la maison, au grand étonnement de sa femme, réapparut, entra de nouveau.

« Lydie ! » murmura-t-il, et avec un étrange recul de sa part, elle remarqua qu'il y avait quelque chose de furtif dans ses manières, et que sa voix, qui avait l'habitude de résonner de manière alarmante dans la maison à son retour, était rauque et feutrée. "Lydia, combien d'argent as-tu dans la maison ?"

"Argent!" répéta sa femme en le regardant avec des yeux alarmés.

"L'argent... Je t'ai donné un chèque de dix livres lundi. Combien en reste-t-il ?"

La majeure partie de cette somme avait été consacrée aux dépenses liées au bal. "Il ne me reste qu'une trentaine de shillings, William." Sans savoir pourquoi, sa voix, comme la sienne, avait pris un ton mystérieux.

"Donnez-le-moi, alors. Vite!"

Elle hésita, se demandant avec crainte : « Y a-t-il quelque chose… ?

"Peu importe maintenant. Obtenez-le. Obtenez tout ce que vous pouvez trouver. Vite!"

Son sac à main était dans la poche cachée dans les nombreux plis de sa robe en soie. Il n'y avait pas autant de choses là-dedans qu'elle l'avait estimé ; elle glissa dans sa main le souverain et quelques shillings avec des doigts tremblants.

"Je pourrais demander à Bernard, et Bessie, William."

"Non ! Je ne prendrai pas leur argent", a-t-il déclaré. "Cela m'amènera à Londres."

"À Londres?"

"Je monte par la poste."

"Mais pourquoi être si pressé ?"

Ce n'était pas la perspective d'un voyage soudain, mais le quelque chose de secret et d'horriblement inconnu dans ses manières qui l'effrayait. Il fit un pas plus loin dans le couloir et, prenant sur une chaise un cache-nez sombre, il l'enroula autour de son cou. Elle vit que son visage était livide, qu'il paraissait soudain flasque et que ses mains tremblaient.

« Affaires », murmura-t-il. "Ne t'inquiète pas."

Alors qu'il se tournait vers la porte, elle lui posa la main sur le bras. " Quelque chose ne va pas.
Je l'ai ressenti toute la soirée. Dis-moi, as-tu eu des pertes, William ? "

Il hocha la tête, sans la regarder. "C'est à peu près tout ce qui se passe."

"Tu aurais du me le dire."

"Je te l'ai dit maintenant. Tu en entendras parler bien assez tôt."

Elle lui saisit le bras. " Ne pars pas comme ça ! Quoi qu'il en soit, ne t'enfuis pas. Est-ce très mauvais ? Est-ce... " Le mot qui représentait le pire malheur commercial qu'elle pouvait imaginer, trembla et mourut sur ses lèvres — " est-ce que c'est vrai ? " *Échec* ?"

Il a mis son cache-nez autour de son visage, son chapeau plus bas sur son front : « Vous l'avez touché », dit-il. "C'est ça."

Sa main glissa de la manche de son manteau, il se glissa par la porte entrouverte et descendit d'un pas traînant les trois marches blanches qui menaient à la rue silencieuse. Puis, blanche, à demi stupéfaite, elle le regarda, il se tourna et remonta les marches et se plaça à côté d'elle.

"Tu ferais mieux d'aller voir George Boult", dit-il. "Boult vous dira quoi faire. Écoutez-vous ? Allez voir Boult."

"Mais tu ne reviens pas demain, William ? Tu ne peux pas nous quitter comme ça ! Il faut revenir !"

Il redescendait les marches. Il y avait une lune claire dans un ciel glacial. Comme les marches brillaient de blancheur ! Toute sa vie, elle s'est souvenue de la silhouette imposante et encombrante de son mari qui les traînait.

"Je ne sais pas quels peuvent être mes mouvements. Pour le moment, ils sont incertains." Arrivé sur le trottoir, il tourna ses yeux misérables et furtifs vers elle alors qu'elle se tenait devant la porte ouverte, le hall bien éclairé de la maison derrière elle. "Fermez la porte", dit-il avec quelque chose de son ancienne irritabilité passionnée. "Je ne veux pas que tout le monde sache que je pars ce soir. Ferme la porte !"

Elle lui obéit, comme toujours lorsqu'il lui parlait sur ce ton, avec une hâte nerveuse. William Day attendit un moment pour entendre les boulons se mettre en place. C'était un devoir qu'il accomplissait lui-même chaque nuit de sa vie en se couchant. La porte était désormais verrouillée et il se trouvait du mauvais côté. Jamais, il le savait, dans les années à venir, il n'ouvrirait la serrure de sécurité de la maison endormie et ne monterait les escaliers, la bougie à la main, pour retrouver la chaleur, le confort et un sommeil paisible.

Mme Day, retournant dans le couloir, s'arrêta sous la lampe suspendue, essayant de rassembler ses pensées, essayant de se rendre compte, mais totalement incapable de le faire, que la ruine s'était abattue sur sa maison, ses enfants, elle-même. Des ruines qu'elle avait vues visiter les maisons d'autrui, les dévaster ; mais dont elle n'avait jamais imaginé que l'ombre tombait sur sa propre fortune.

Les jours William ; si aisé; tellement respecté dans le lieu; qui ont eu leur bal annuel hier soir, en présence de toutes les personnes les plus gentilles et les plus désirables de la ville. Aucune danse n'a été aussi bien dirigée, aussi animée, aussi réussie que la leur.

En fait, elle pensait au bal alors qu'elle se tenait là, hébétée, dans la salle éclairée au gaz. Ils ne donneraient plus jamais de danse du Nouvel An.

William, malgré tous ses défauts, n'a jamais été méchant. "Ne gâchez pas le navire pour un ha'po'rth de goudron", était l'une de ses devises préférées. Elle avait toujours pensé que c'était un proverbe à la fois agréable et sage. Elle n'était pas une femme extravagante, mais elle aimait aussi que les choses soient bien faites et n'avait aucune sympathie pour les façons de servir le fromage. La maison était bien et joliment meublée, elle et les enfants étaient très habillés, leur table était excellente, tous se livrant à un mépris amusé pour les économies domestiques de leurs amis. Les serviteurs restaient avec eux pendant des années et il était facile de les remplacer lorsqu'ils partaient. Ils en gardèrent un de plus que nécessaire, par souci de confort. C'était une bonne maîtresse ; lui, malgré toute sa passion pour ses dépendants, était parfois un bon maître.

Est-ce que tout cela était fini maintenant ? Était-ce possible ? Le vieil ordre des choses, agréable et naturel, le seul auquel elle ait jamais été habituée. Fini maintenant ?

Et si oui, qu'est-ce qui suivrait ?

Vente de meubles. Poussière de pieds étranges dans les pièces familières. Des gens qu'elle n'aurait jamais songé à admettre là tirant sur ses tapis, bousculant ses matelas de plumes, faisant le nez devant les housses de chaise de la salle du petit déjeuner qui étaient en mauvais état, il n'y avait rien de bon à le nier ; et avec elle pas à expliquer qu'ils les préféraient ainsi. Fini les boîtes de peinture et les jouets coûteux pour Franky ; Bessie et sa chérie Deleah avec des chapeaux miteux ; Bernard, sans argent de poche, serait peut-être devenu commis de banquier : elle avait entendu son mari dire que les employés de banque n'avaient pas d'avenir, pauvres mendiants ! Bernard — son beau Bernard pour être un « pauvre mendiant » — !

Un vertige soudain la saisit : la salle tournoyait ; elle tendit aveuglément une main pour se soutenir et renversa un porte-parapluie qui tomba avec fracas et fracas.

Les filles et Bernard sont sortis en courant. "Qu'est-ce que tu fais, maman ? Tu t'es blessée ? Qu'est-ce qu'il y a ?"

Elle s'était affalée sur une chaise d'entrée, son visage était horrible, toutes ses forces semblaient épuisées. "Je me suis sentie faible. Je vais mieux", dit-elle en les regardant tous étrangement. Son regard errait longuement d'un objet à l'autre dans le hall comme si elle ne l'avait jamais vu auparavant. Elle frissonna violemment d'un froid mortel. "Je vais me coucher", dit-elle.

Les enfants l'ont aidée à monter à l'étage. Elle s'appuyait sur le bras de Bessie, le bras de Deleah était autour de sa taille. L'escalier était large, il y avait de la place pour tous les trois. Bernard se tenait sur le tapis en dessous et regardait avec un visage anxieux.

"Bien sûr que je ne peux rien faire, maman ?" il a continué à dire.

Ils l'aimaient tous tellement, ils étaient si effrayés si pendant un instant elle semblait les décevoir. Elle ne pouvait s'en débarrasser qu'après qu'ils l'eussent déshabillée et mise au lit. Jusqu'à ce qu'ils se couchent eux-mêmes, ils revenaient sans cesse et la regardaient. « Papa va bientôt revenir ; envoyez-le nous chercher si vous vous sentez mal », l'adjurèrent-ils.

"Maman, tu es sûre que ce n'est pas parce que je t'inquiète pour Reggie Forcus ?" » demanda Bessie contrite. « Parce qu'il est sûr qu'il viendra demain — vous le pensez, n'est-ce pas ? — et nous y arriverons, malgré Sir Francis. Promettez-moi de ne pas vous inquiéter, maman.

Deux fois dans la nuit, Deleah se glissa de son propre lit chaud pour se lever, petite silhouette anxieuse, frissonnant dans sa chemise de nuit, ses boucles sombres coulant dans son dos, une oreille suspendue vers le trou de la serrure de la porte de sa mère. Les gens s'évanouissaient parce qu'ils souffraient d'une maladie cardiaque. Ils sont également morts d'une maladie cardiaque. Elle n'osait pas entrer, parce que papa était là, mais elle attendait, tremblante de froid et de peur, que le soupir de sa mère la rassure.

Au matin, la maîtresse de maison descendit avec un visage pâle et des cernes sombres autour de ses grands yeux profondément enfoncés. Elle ne pouvait pas sourire, elle ne pouvait pas manger, elle parlait à peine, mais elle allait mieux, dit-elle.

Il faudrait que les enfants le sachent ; mais elle ne pouvait se résoudre à le leur dire. Que leur père n'était pas dans la maison, ils ne s'en rendirent pas compte, mais ils attribuèrent son absence de la table du petit déjeuner au fait qu'il avait trop dormi.

Un grand feu brûlait dans l'âtre. Une pile de muffins était gardée au chaud dans un plat en argent posé sur un support en laiton devant elle. Du poisson et des rognons grillés étaient sur la table ; un jambon, un muscle et une langue glacée sur le buffet. Mme Day buvait toujours du café au petit-déjeuner, Deleah aimait le cacao, les autres prenaient du thé ; tous les trois furent servis.

Mme Day observait ces signes de confort et de luxe avec un sentiment d'engourdissement au cœur. Tout cela, et d'autres choses du même genre, devrait disparaître. Comment les enfants pourraient-ils vivre sans cela. Cette quantité abondante de nourriture était-elle une « extravagance » ? se demanda-t-elle pour la première fois. Était-il possible qu'elle, avec sa table bien remplie dont elle était fière, ait conduit au malheur ? C'était une femme dont la conscience était très facilement touchée et elle commençait à se blâmer. "Mais je n'ai jamais rêvé !" elle a dit : "Je n'ai jamais rêvé !"

Bessie ne pouvait manger ni poisson ni rognons ce matin-là. "Maman, il restait du gibier hier soir. Je ne peux pas en avoir un peu ?"

On appela le domestique pour lui apporter le gibier. "S'il y a des galettes d'huîtres, nous pourrions les avoir, maman", suggéra Bernard.

La mère, le regard triste, acquiesça. Elle ne leur aurait rien refusé, ce matin-là, à ses pauvres enfants qui allaient bientôt être privés à jamais de pâtés au gibier et d'huîtres !

Ils étaient en plein petit-déjeuner, la voix un peu sourde parce que maman n'allait pas bien, mais avec un agréable sentiment de liberté parce que papa, si souvent irritable à ce repas, n'était pas encore descendu, quand soudain la porte s'ouvrit et sans aucune annonce, M. George Boult est entré.

C'était un homme qu'ils connaissaient tous comme ami et associé du maître de maison, mais il n'avait jamais été apprécié par sa maîtresse ni par ses enfants, qui n'avaient d'ailleurs que la moindre connaissance avec lui. Il avait été un camarade de classe de William Day à la Brockenham Grammar School ; une sorte de camaraderie existait entre les deux depuis cette époque jusqu'à présent. George Boult avait pris depuis des années l'habitude de se rendre rue Queen Anne le dimanche après-midi pour fumer un cigare et boire un verre de vin avec l'avocat, mais c'était une réception que les hommes appréciaient *en tête-à-tête* : en tant qu'amis intimes. dans le cercle familial, il n'avait pas été admis.

Boult aurait pu racheter toutes les personnes supérieures qui se moquaient de lui, déclarait fréquemment son ami ; il avait un grief permanent contre sa femme selon laquelle elle avait refusé d'inscrire le nom de M. Boult sur la liste des personnes invitées à ses soirées.

George Boult était un self-made-man ; le processus de fabrication est récent, et malheureusement frais dans les esprits. "Si j'invite l'homme qui tient la boutique de draperie, les professionnels ne viendront pas à sa rencontre", fit remarquer Mme Day, restant obstinée sur ce point. Mais comme lui, qui ne souhaitait pas du tout aller à ses soirées, ne pouvait pas y être invité, un petit malaise était survenu dans les relations entre le visiteur du dimanche après-midi de son mari et Mme Day.

Son apparition si tôt le matin et au milieu de leur repas les surprit tous plus qu'un peu. C'était un homme petit, plutôt potelé, avec des moustaches blondes enroulées sur des joues rouges, un nez commun retroussé et à larges narines, une bouche large et épaisse ; des yeux vifs, observateurs, mais pas du tout beaux, un menton saillant et un rouleau de chair qui apparaissait au-dessus de son col, à la nuque. Cependant, il était bien et soigneusement habillé et arborait cet air de prospérité consciente que l'on peut observer chez l'homme qui a bâti sa propre fortune et qui en est fier.

Il saisit, dans ses larges doigts rouges et courts, la main blanche de Mme Day, qui s'avançait à sa rencontre. "J'ai reçu un message verbal de votre mari hier soir, me demandant de vous rechercher dès ce matin", a-t-il déclaré. "C'est une triste affaire pour vous tous ; je suis désolé, vraiment désolé."

Mme Day reprit sa place derrière ses tasses de thé, n'ayant pas la force de se lever.

« Est-ce que les enfants le savent ? demanda-t-il d'un ton certes sourd, mais bien audible aux oreilles des enfants.

Mme Day secoua la tête. "Mais ils doivent le savoir", a-t-elle déclaré.

« Tu sais quoi ? » demandèrent-ils tous, attentifs aux nouvelles, mais ne se doutant d'aucun mal. Même Franky leva les yeux de son toast et de sa marmelade avec un regard interrogateur. Peut-être que le cirque arrivait et qu'il y aurait une autre procession, avec des éléphants et des chameaux marchant dans les rues, et des lions invisibles mais rugissants traînés dans leurs cages.

« Il y a de mauvaises nouvelles, mes chers, » commença Mme Day, mais très faiblement ; elle joignit les mains sur le bord du plateau à thé, les tasses et les soucoupes tintaient en tremblant. "Le pauvre papa a des ennuis. Dis-leur", murmura-t-elle à l'homme qui se tenait à côté d'elle. "Je ne peux pas leur dire."

M. Boult fixait Bessie du regard de ses yeux bleu pierre légèrement saillants. Elle était l'aînée, la seule dont on pouvait vraiment dire qu'elle était adulte. Malgré tout son frac et ses cravates élégantes, Bernard, à dix-sept ans, n'était encore qu'un garçon.

"Qu'est-ce qu'il y a avec papa ? Où est papa ?" » lui a demandé Bessie.

"Pour l'instant – nous espérons que cela ne durera que peu de temps jusqu'à ce que nous puissions le tirer d'affaire – votre papa est en prison", a déclaré George Boult.

Il savait que ce serait un coup dur pour eux, mais c'était un homme totalement dépourvu d'imagination, et donc tout à fait incapable de se mettre à la place d'autrui. Des rumeurs couraient dans le monde des affaires. L'argent, que le simple fait de faire du jogging comme avocat n'aurait jamais pu lui rapporter, avait été dépensé : plus d'une fois le soupçon de ce qui serait la fin de son ancien camarade d'école lui avait traversé l'esprit. Mais il n'avait jamais envisagé la possibilité d'une calamité aussi hideuse pour eux et ne s'était jamais présentée à la femme et aux enfants de cet homme, et il n'était pas non plus capable d'apprécier le chagrin et la honte qu'ils souffriraient d'une telle disgrâce.

Il n'avait pas une haute opinion de l'épouse et de la famille de William Day ; c'étaient des gens qui pensaient que le monde était un lieu de jeu plutôt que de travail acharné, qui fréquentaient les théâtres, les salles de concert et les danses. Il était peu probable qu'ils puissent ressentir grand-chose. Il n'était pas préparé à l'effet de ses paroles.

Ils étaient jeunes, indisciplinés, peu habitués au malheur. Les enfants apprirent la nouvelle de son apparition parmi eux par un grand cri de protestation terrifiée. Mme Day s'était jetée sur lui, l'avait saisi, s'était accrochée à lui.

"Pas William ! Pas mon mari ! Non ! Non ! Non !" elle a crié.

"Je pensais que tu savais ! Je pensais que tu savais !" » a déclaré George Boult. La femme l'a blessé en lui serrant les bras ; quel vacarme dans ses oreilles !

"Papa ! Oh, papa ! Papa !" Bessie a crié.

Franky criait aussi. Il était descendu de table et s'était précipité vers sa sœur cadette, qui, blanche et tremblante comme une feuille, prenait l'enfant dans ses bras. Bernard s'était levé, le visage cendré, le regard fixé. "Ce n'est pas vrai !" » cria-t-il sauvagement au traducteur de son père. "C'est un mensonge!"

"Tu ne le savais pas ?" Répétait George Boult à la pauvre femme qui le secouait par la force de son tremblement en s'accrochant à lui. "Je t'aurais préparé – je pensais que tu le savais."

"Je pensais que c'était une faillite", dit-elle en claquant des dents. « Je ne savais pas que c'était… une honte. En êtes-vous sûr ? Tout à fait sûr ?

"Tout à fait. Il n'y a pas l'ombre d'une chance que ce soit faux. Un policier m'a apporté un message de sa part du commissariat hier soir."

Elle lâcha ses bras et se laissa tomber de nouveau sur sa chaise ; et Franky, qui ne trouvait aucun réconfort dans l'étreinte de Deleah, la quitta, criant toujours son « Papa ! papa ! papa ! s'envola pour s'accrocher au cou de sa mère.

Deleah se dirigea vers Bernard. "Oh, Bernard, que pouvons-nous faire?" dit-elle.
"Que devons-nous faire?"

Bernard, qui s'était affalé sur sa chaise, posa seulement les bras sur la table, la tête sur les bras, et sanglota.

George Boult pensait qu'ils le prenaient très mal. "Cela vient d'un trop grand plaisir", se dit-il. Il regarda autour de lui le misérable groupe, se sentant choqué et impuissant. Il était allé là-bas pour voir s'il pouvait être utile. Comment était-il possible d'aider des gens qui se comportaient ainsi ! Il était veuf, mais n'avait pas d'enfants. S'il avait eu plus de chance à cet égard, ils auraient été des garçons et des filles sérieux et bien conduits : ne criant pas devant le malheur, mais lui tenant tête quand il survenait ; regardant autour d'eux, les yeux ouverts, à la recherche de moyens de gagner de l'argent, de se marier avec de l'argent et de s'en sortir. Les enfants de William Day et leur mère se comportaient comme des fous dignes de Bedlam.

"Je suis désolé de devoir te le dire soudainement. Je pensais que ta maman le savait," répéta-t-il. "Mais c'est une chose qu'il fallait savoir – et peut-être aussi bien une fois qu'une autre. C'est une chose qu'il faut aussi supporter et tirer le meilleur parti possible."

Il aurait été assez facile de jouer au philosophe si seulement ils avaient écouté, mais ils ne l'ont pas fait. Mme Day se balançait d'avant en arrière sur sa chaise, Franky hurlant dans ses bras ; Bessie s'était jetée sur le sol et le frappait avec ses paumes en invoquant le nom de papa. George Boult était désolé de leur malheur, mais il regardait et écoutait avec dégoût. Pour n'avoir pas plus de courage que ça !

« À qui d'entre vous puis-je parler ? » demanda-t-il enfin sèchement. Il traversa la pièce et toucha les épaules haletantes de Bernard. « Sortez », dit-il ; et Bernard, pleurant ouvertement, se leva et suivit l'ami de son père hors de la chambre. Dans le hall, George Boult posa une main ferme sur le bras du pauvre garçon. « Il faut que tu supportes ça comme un homme, Bernard, dit-il. "Tu n'es ni un enfant, ni une femme ; essaie d'être un homme."

« Qu'a-t-il fait ? Qu'a fait mon père ? » demanda le garçon. Il se moucha, s'essuya les yeux et fit un effort pour se tenir droit.

"Il s'agit d'une somme d'argent appartenant à un client."

« À un client, monsieur ? »

"Votre père a investi une grosse somme d'argent pour elle, puis a vendu les actions, et n'en a pas acheté d'autres ni lui a donné l'argent."

"Mais… il l'aurait fait… à temps. Il… avait l'intention de le faire."

"Ton père doit le prouver."

"Mon père le fera", avec un sanglot.

"Je l'espère. Il y a une autre question que nous n'avons pas besoin d'aborder maintenant. Elle conteste sa signature autorisant la vente."

"Mon père… va t'expliquer."

"Peut-être. Il sera devant les magistrats aujourd'hui. J'y serai présent et je m'offrirai pour le cautionner. Ils en voudront probablement deux. À qui pouvez-vous demander?"

Bernard ne le savait pas. Il n'avait pas assez d'esprit pour penser. "Je peux demander à ma mère", dit-il. Il sanglotait de nouveau, tombé mollement contre le mur, le visage caché.

"N'oubliez pas que vous devez jouer le rôle de l'homme", a déclaré George Boult. Il se sentait impuissant face à une impuissance aussi surprenante. Il regarda les épaules lourdes du jeune homme avec un dégoût étonné. Que faire avec une matière aussi douce que celle-là ! "Je suis désolé d'avoir été porteur de si mauvaises nouvelles, mais il ne sert à rien que je m'arrête maintenant. Je passerai le dire à ta mère, quand tu seras plus habitué. C'est merveilleux de voir avec quelle rapidité les gens deviennent habitué aux choses ! En attendant, souviens-toi, je cautionnerai ton père si tu peux en trouver un autre. Et il ne faut pas perdre de temps.

"Ensemble impuissant!" se dit-il en sortant et en descendant les trois marches blanches et scintillantes menant à la rue calme. "Ensemble hystérique, inutile et impuissant ! Convient uniquement à la recherche du plaisir et à la dépense d'argent. Que vont-ils devenir maintenant ?"

Ils étaient certainement impuissants. Lorsque Bernard revint dans la pièce où se trouvait le petit-déjeuner — le repas à jamais inachevé — et leur dit qu'ils devaient, sur-le-champ, trouver quelqu'un prêt à sauver son père, aucun d'eux ne comprit ni ne savait quoi. faire.

« Connaissez-vous quelqu'un à qui nous pourrions poser la question, mère ? Mme Day était assise, le front fermement serré dans ses deux mains, comme si elle craignait vraiment que sa tête ne se brise. "Laisse-moi réfléchir ! Laisse-moi réfléchir !" » dit-elle pitoyablement, mais elle était incapable de réfléchir.

« Est-ce que l'un des gens qui étaient ici au bal — les Challise, les Hollingsby, les Buttifer, les Frosts — le ferait ? Lequel d'entre eux devrions-nous demander ?

"Je ne pense pas que l'un d'entre eux le ferait. Ils s'en moqueraient."

"Mais ils sont souvent ici, pour dîner, etc."

"Ne leur demandez pas."

"Qui alors, maman ?" Deleah a demandé. Elle avait fait moins de bruit que les autres, et il y avait en elle un air de détermination qui manquait au reste, bien que son visage enfantin paraisse frappé.

"Il n'y a personne à qui j'aimerais que tu demandes une faveur."

"Mais il faut demander à quelqu'un."

« Que ce soit quelqu'un que nous ne connaissons pas, alors. »

"Pourrions-nous demander à Sir Francis Forcus ? Il est très riche."

"J'irai quelque part... je demanderai... à quelqu'un", dit Mme Day ; mais, essayant de se relever, elle retomba sur sa chaise, et ses enfants effrayés virent qu'elle s'était évanouie.

Ils la déposèrent sur le canapé et, sur son corps prostré, renouvelèrent le sujet de la caution.

"Bessie doit partir", a déclaré Deleah.

"Alors, je ne le ferai pas, mademoiselle !" » dit Bessie, et elle sanglotait, s'étouffait et criait à sa sœur : « Je ne le ferai pas ! Je ne le ferai pas !

"Bernard doit partir."

"Cela viendrait mieux d'une femme", a déclaré Bernard.

En fin de compte, ce fut Deleah qui y partit – la petite Deleah choyée et abritée, qui n'était jamais allée auparavant pour une mission plus importante que celle de l'assortiment des laines de Berlin ou du changement du roman en trois volumes à la Bibliothèque publique.

"Deleah ne peut pas y aller, Deleah ne doit pas y aller !" » la mère prostrée sur le canapé haletait. Elle ressemblait à un cadavre sous les linges imbibés d'eau de Cologne et d'eau que Bessie avait disposés sur son front. "Nous ne pouvons pas demander à Sir Francis. Rappelez Deleah. Arrêtez-la."

Mais Deleah ne voulait pas être arrêtée. Il s'agissait de faire sortir son père de prison, et on leur avait dit de ne pas perdre de temps. Pendant que Bessie, sa mère et Bernard déclaraient encore qu'elle ne devait pas partir, elle avait couru dans sa chambre chercher son chapeau et sa veste ; et de peur qu'ils ne l'attrapaient et ne l'arrêtaient, elle ne restait pas dans la maison pour les enfiler, mais les jetait quand même sur elle une fois devant la porte. Puis, avec sa petite figure blanche et sauvage, presque perdue dans les masses de cheveux noirs et dénoués, échappés du filet qu'elle portait le matin et tombant n'importe comment sous son chapeau, et ses petites mains nues agrippant la veste, elle ne s'arrêtait pas de la boutonner. la gorge, elle a couru dans les rues.

Était-ce vraiment Deleah qui courait là et faisait cette course ? Deleah, qui à cette heure-là marchait habituellement d'un pas tranquille pour se rendre à l'école ; se répétant peut-être sa poésie française en chemin, ou jetant un dernier coup d'œil dans son livre de géographie, pour s'assurer une fois de plus de la latitude et de la longitude de Montréal, ou pour graver plus fermement dans son esprit les importations et les exportations de Montréal. Prusse.

Pour se rendre à son école, elle devait passer par le bureau de son père ; et parfois, s'il lui plaisait de partir assez tôt, il s'y promenait avec sa petite fille, la main dans le bras. Avec elle, il n'était jamais sauvage et rarement irritable ; lors de ces promenades, son humeur était enjouée et plaisante, et ils s'incitaient mutuellement à faire l'école buissonnière au bureau et à l'école, et à faire comme s'ils partaient ensemble en vacances.

Et maintenant, son père rieur, bruyant, aimant et turbulent était en prison — en prison ! — et elle courait demander l'aide d'un étranger pour le faire sortir.

Elle ne pensait pas à l'homme chez qui elle allait, ni aux paroles qu'elle lui dirait. La difficulté de demander une telle faveur à un tel étranger ne la chagrinait pas. Son père… son père… son père ! était sa seule pensée.

# CHAPITRE V

La course de Deleah

Il se trouvait que Sir Francis Forcus se rendait à la brasserie une heure plus tôt que d'habitude ce matin-là et, ce qui était rare, que Reginald était heureux de l'accompagner en voiture. Les deux hommes se réunirent dans la chambre privée de l'aîné, où Deleah, pendant une heure qui leur avait semblé toute une vie, les attendit.

Si Sir Francis avait jamais vu la petite fille de William Day, il l'avait oubliée. C'était Reggie, que Deleah ne regardait jamais, qui l'appelait de son ton de bienvenue agréable et bon enfant.

"Eh bien, c'est Deleah !" s'écria-t-il, comme si Deleah, de tous les gens du monde, était la personne qu'il désirait le plus voir. "C'est le Deleah Day, Francis."

Il aimait la petite Deleah – quel jeune homme avec des yeux dans la tête ne l'aimait pas ! – elle était si jolie ; de loin plus jolie que Bessie, qui, selon les mots de Francis, avait essayé de l'attraper. Elle était la petite chose la plus joyeuse avec qui rire et danser ; légère comme une plume, vous pourriez la faire tomber et continuer à danser avec elle, sans jamais sentir son poids sur votre bras.

Il lui tendit maintenant la main, mais elle ne la vit pas. Ses propres mains étaient jointes. Sans les serrer dans ses bras, elle ne se serait pas agenouillée pour rien demander à Dieu. Elle traversa la pièce et leva son petit visage blanc et frappé vers Sir Francis au-dessus des mains jointes, et le regarda avec une agonie de prière dans les yeux.

"Mon papa est en prison", dit-elle. "Je suis venu vous demander de le sortir."

Sir Francis la regarda avec étonnement, mais non pas indifférent ; au fond de son esprit, l'idée qu'il s'agissait d'un membre d'une famille qui s'était impertinemment importunée sur lui et avec laquelle, catégoriquement, il souhaitait n'avoir rien à faire. Parce que cette fille était si jeune et si jolie qu'ils l'avaient envoyée !

« Veux-tu sortir mon papa de prison ?

"Mon pauvre enfant, je crains que cela ne me dépasse. Au-delà de quiconque maintenant."

Elle serra douloureusement les mains jointes, ses yeux s'accrochèrent à son visage : "Non : tu peux ! Tu peux ! Je les ai entendus le dire", dit-elle. "M. George Boult et vous pouvez l'éliminer si vous le souhaitez. Vous pouvez le faire avec de l'argent. Il l'a dit. Vous pouvez le faire aujourd'hui."

"Elle veut dire le libérer sous caution", expliqua Reginald dans un souffle.

"Mais pourquoi devrais-je faire ça ?" » demanda Sir Francis en se tournant vers son frère. "Son père n'était pas un de mes amis, ni même une connaissance." Il tient beaucoup à ce que ce point soit établi. "Les gens dans la situation de M. Day demandent à leurs amis de les libérer sous caution", a-t-il dit à la jeune fille. "Et je ne serai pas présent; je sors de la ville aujourd'hui."

"Non ! tu ne dois pas y aller !" Deleah sanglotait. "Vous devez le faire. Il n'y a personne d'autre. Je ne sais pas où aller, je ne sais pas quoi faire. Nous aucun d'entre nous ne le sait. Vous devez ! Vous devez !"

Moitié parce que ses forces lui manquaient, moitié parce que c'était l'attitude de prière, elle se mit à genoux, la tête renversée, levant les yeux vers lui, les mains jointes sous son menton relevé.

Comment un homme, aussi froid, réservé, distant, hostile à sa cause, voire même, pourrait-il faire la sourde oreille à un tel appel, rester inflexible devant son impuissance, sa confiance, sa beauté enfantine et son abandon de soi !

"Qui t'a envoyé vers moi ?" Il a demandé.

"Personne. Je suis venue", murmura-t-elle. Le changement de ton l'avait affaiblie, elle commençait à trembler de la tête aux pieds.

"Ils auraient dû choisir une personne plus en forme pour une telle mission. C'est une cruauté d'avoir envoyé un enfant comme vous", a-t-il déclaré.

Il lui tendit la main pour la relever ; mais Reggie s'approcha d'elle, la souleva et la plaça dans un fauteuil confortable. "Tout ira bien. Il le fera. Ne vous inquiétez pas," murmura-t-il, l'apaisant.

Elle ne l'écouta pas, ses yeux étaient fixés sur l'homme plus âgé, qui s'était dirigé vers un placard de la pièce d'où il sortit une carafe de xérès. C'était à cette époque primitive où, en cas de troubles mentaux ou physiques, il était d'usage de « prendre un verre de vin ». Il était toujours raide et distant, et tout à l'heure il était ennuyé et chagriné de se sentir « eu », comme le dit le mot d'une époque plus récente. Mais son cœur était sain. Regarder cette enfant tremblante et effrayée, et se souvenir de la mission pour laquelle elle avait été envoyée, lui semblait une chose bouleversante.

"Sirotez un peu de sherry", dit-il en tendant le verre à son frère pour qu'il le porte à ses lèvres.

Mais Deleah ne prêta aucune attention au verre, elle semblait ignorer la présence de Reggie, ses yeux s'accrochant au visage du frère de Reggie : "Veux-tu le faire ? Veux-tu le sauver ? Veux-tu ?" elle a imploré.

Puis, avec un front sombre, Sir Francis consentit. "Très bien. Je serai sur le chemin cet après-midi. Vous dites que M. Boult sera également sur le chemin ? Si nous pouvons faire quelque chose, nous le ferons."

"Tout va bien, Deleah," dit Reggie. "Je t'avais dit que tout irait bien."

"Et rappelez-vous", l'adjura Sir Francis, "que ce que je fais, je le fais pour vous, et pour vous seul."

Sa requête, comprit-elle, fut accordée ; ses mains jointes tombèrent de leur attitude de prière, mais ses yeux tendus s'accrochaient toujours au visage de Sir Francis. Elle n'essaya pas de le remercier ; les mots ne suffisaient pas à exprimer ce qu'elle ressentait : elle ne songeait pas à les utiliser ; mais il y avait de l'adoration pour lui dans ses yeux.

Avec sa promesse d'aider, le ressentiment s'était éteint chez l'homme. Il prit le verre que Reggie avait posé et le porta lui-même à ses lèvres. « Sirotez un peu, cela vous donnera des forces », dit-il d'une voix autoritaire ; et elle sirota docilement.

"Je vais y aller", dit-elle, mais elle le tint encore une minute avec ses yeux d'enfant adorateur, puis elle glissa de la chaise et se dirigea vers la porte. Mais là, elle se tourna et, la tête pitoyablement levée, fit face aux deux hommes. "Mon papa n'a rien fait de mal", a-t-elle déclaré. "Ils l'ont mis en prison, mais c'est une erreur. Papa n'a rien fait de mal."

"Pauvre enfant!" » dit Sir Francis en se détournant. La scène avait été douloureuse. Il avait hâte que ce soit fini.

Reginald s'était dirigé vers la porte et lui avait ouvert. "Gardez le moral", dit-il d'un ton câlin. "Ne pars pas et sois malheureuse, Deleah." Il franchissait la porte avec elle en lui murmurant des paroles joyeuses, mais son frère le rappela brusquement.

"Reggie, viens ici !"

"Dans une minute."

"Non, maintenant. Je te veux."

Il y avait certains tons de la voix de son frère que le jeune homme, jusqu'à présent, n'avait jamais songé à ignorer. Il réapparut dans la pièce et ferma la porte sur la silhouette de Deleah qui s'éloignait.

"Ou étais-tu parti?"

— Nulle part, en particulier. Pour rentrer à pied avec cette pauvre petite fille.

"Arrêtez-vous ici, voulez-vous ? Je vous veux."

Sir Francis Forcus n'allait pas permettre que son frère soit vu dans les rues de Brockenham avec un membre de la famille de M. William Day, ce matin-là.

# CHAPITRE VI

Malheur aigre

Mme Day, en repensant aux semaines, aux mois et aux années misérables qui ont suivi sa dernière fête du Nouvel An, était encline à attribuer la palme de la misère aux semaines qui s'étaient écoulées entre la comparution de son mari devant les magistrats et les assises du printemps au cours desquelles son mari était décédé. le procès arriva. Il est plus que possible que si George Boult et Sir Francis Forcus avaient refusé de payer sa caution, et qu'il était resté en prison pendant ces dix semaines, il aurait été moins malheureux là-bas qu'il ne l'était pour lui, un homme consciemment coupable, dans l'atmosphère changée de sa maison.

Ce qui s'était passé avait changé pour lui à jamais ses relations avec sa femme et ses enfants. Parmi ces derniers, il était comme quelqu'un de battu, d'intimidé, d'aliéné. Avec Franky, seul, pour toujours, il approchait de toute intimité. Franky, qui, maintenant que cette étrange conversation sur son père était en prison était terminée, et que son père était de nouveau ici à la maison, n'ayant aucune appréhension de l'avenir, ne s'inquiétait plus de cette question. Il le prenait parfois sur ses genoux, comme autrefois. Il donnait à Franky des conseils alanguis sur les tableaux qu'il coloriait, sur la quantité de cire de cordonnier à appliquer sur les bonites qu'il fabriquait, sur le gréement de ses bateaux en noyer.

De Deleah – Deleah, qui avait été son animal de compagnie, qu'il avait ouvertement reconnu comme étant son enfant préféré –, il était timide. On lui avait raconté comment c'était elle qui avait organisé la question de sa libération sous caution. Sa petite Deleah, d'avoir fait une telle course pour lui ! Il aurait aimé ne plus jamais revoir ses jolis yeux confiants qui étaient pleins de fierté et d'amour pour lui.

Quand il était rentré à la maison, elle avait pleuré contre lui le cœur brisé, s'était accrochée à son cou, sanglotant en disant qu'elle savait – elle savait – qu'elle savait qu'il n'avait rien fait de mal. Il avait dû la repousser brutalement. Il ne souhaitait pas revivre une scène pareille !

Il ne parlait jamais à Bessie et à son fils, qui gardaient une attitude maussade et condamnatrice à son égard, s'il pouvait éviter de le faire.

Il avait envers sa femme une tout autre attitude.

Les ennuis qui l'avaient frappé avaient été provoqués par son désir bon enfant de faire face aux lourdes dépenses d'un ménage extravagant. L'argent qu'il ne pouvait gagner dans l'exercice légitime de sa profession, ni gagner honnêtement, avait été dépensé. Qui en avait dépensé la somme, sinon elle, sa femme ? C'était donc elle qui était la seule cause de sa grave perte.

Il lui livra cette explication dans la première heure de son retour chez lui.

Elle était trop frappée, trop abasourdie, trop accablée de honte et de chagrin pour qu'il ressente l'attaque contre elle ou tente de représailles. Il profita de sa soumission sans défense et finit par croire honnêtement que la responsabilité de sa chute reposait sur les épaules de sa femme.

Son avocat lui a conseillé de plaider coupable. Il n'y avait dans l'esprit de personne aucun doute sur le verdict. Les rares personnes qui tenaient à lui ne pouvaient qu'espérer une peine légère.

Quand Deleah apprit qu'il ne devait même pas nier sa culpabilité, elle se cacha dans sa chambre et resta là pendant des heures, face contre terre sur le sol. Le tapis était mouillé de ses larmes, son parfum dans ses narines. Toute sa vie, cette odeur étouffante et étouffante lui rappelait le temps de son angoisse incontrôlée et rebelle et de sa honte cruelle.

Était-ce vrai ? Était-ce possible ? Cette chose horrible aurait-elle pu se produire chez elle ? Chez Deleah, qui n'y avait connu que des jours insouciants et heureux ? Cet homme qui devait plaider coupable de faux, qui avait volé à une pauvre femme tout ce qu'elle possédait, qui devait passer peut-être des années en prison, était-il bien son père ? Qui avait été parfois si affectueuse avec eux tous, toujours si aimante et indulgente avec elle ; qui s'était assis sur le banc carré de famille avec eux tous le dimanche matin et disait la grâce tous les jours aux repas ; qui leur avait souvent raconté des histoires drôles, éclatant de rire à cause de ses propres plaisanteries ; qui avait frappé du tambourin et rejoint Sir Roger de Coverley il y a seulement quelques nuits ?

Bessie et Bernard, rapprochés par leur malheur et oubliant de se tourmenter, parlaient, la tête l'une contre l'autre, du drame qui venait de se produire. Ils étaient en colère, indignés, voyant ce que leur père avait fait comme cela les touchait, et ils ne l'ont pas épargné. Parfois à eux, au garçon et à la fille aînés, à Mme. Day se sentait obligé de parler. C'était un soulagement pour les sentiments refoulés de parler, ne serait-ce que pour dire : « Que deviendrons-nous ? Comment allons-nous vivre ? Que devons-nous faire, au nom de Dieu ? À ces trois-là, la compagnie du malheur apportait quelque consolation.

Mais Deleah ne dit aucun mot, sauf au tapis.

Tous avaient beaucoup de loisirs. Mme Day et Bessie ne voulaient pas montrer leur visage à l'extérieur. Bernard, qui passait un dernier trimestre à l'école afin de réussir l'examen senior de Cambridge. avant d'entrer dans le bureau de son père, il a décidé de travailler à la maison plutôt qu'à l'école, où tous les autres camarades *le savaient* . Une lettre fut reçue de la directrice de l'établissement, « dont tous les élèves étaient des filles d'hommes de métier », et où Deleah recevait son éducation, disant que, jusqu'à ce que le nuage sombre qui éclipsait actuellement sa famille soit levé, il vaudrait mieux que Deleah Day prenne des vacances.

"De toute façon, je n'y serais pas retourné", a déclaré Deleah. "Les filles parlent toujours de qui sont leurs pères et se méprisent les unes les autres. Non, mais il y en avait certaines dont je méprisais aussi le père. Les Clark - les fabricants de chaussures en gros - que l'on pourrait difficilement qualifier de *professionnels* , pourraient vous ? Mais maintenant – oh, quelle absurdité tout cela semble maintenant !

L'éducation de Franky avait été jusqu'ici assurée par Bessie. D'une façon lamentablement décousue, c'est vrai ; mais maintenant que, par souci d'économie, ils s'étaient limités à allumer un feu dans un seul salon, il fallut abandonner les études du pauvre enfant. Il aurait été impossible de vivre entre quatre murs où la fille aînée et le fils cadet se battaient pour surmonter les difficultés de la transmission et de l'acquisition du savoir. Soit Franky, sur le dos, par terre, criait et agitait dangereusement ses jambes, soit Bessie, furieuse, le poursuivait autour de la table. Le livre d'orthographe était plus souvent utilisé comme une arme d'attaque que comme un manuel, et la voix de Bessie criant l'information selon laquelle CAT épelait Cat pouvait être entendue dans la rue.

Des économies de charbon, des économies dans toutes les directions, il fallait les pratiquer. L'argent, là où il avait été si abondant, devint soudain terriblement rare ; le crédit, qui paraissait illimité, n'existait pas. George Boult, prenant les choses en main et essayant de mettre un peu d'ordre dans le chaos, remettait chaque semaine à Mme Day deux livres pour le ménage. Le passage de la prodigalité à la pénurie a déconcerté la pauvre femme, et le passage d'une table chargée de bonnes choses à une table presque nue n'a pas été habilement fait. Pendant un certain temps, jusqu'à ce que l'expérience lui apprenne, les choses qu'ils auraient pu faire sans elle ont continué à acheter, et ils se sont privés de ce qui était vraiment nécessaire. Et cette allocation, si pauvre qu'elle lui paraisse, ne pouvait pas durer longtemps. Il n'était pas du tout certain qu'il leur restait légalement assez d'argent pour rembourser M. Boult pour ces débours. S'ils avaient voulu vivre de ses moyens, il n'était pas du tout un homme généreux ; il ne les encourageait pas à attendre de lui une aide pécuniaire.

"Que me conseillez-vous ? Vous n'avez aucun plan ? Que devons-nous tous faire ?" » Mme Day a demandé à son mari.

"Tu dois tenir jusqu'à ce que je sorte. Si nous avons de la chance, ce ne sera qu'une question de quelques mois."

"Mais même pour quelques mois, William, qu'allons-nous faire ?"

"Vous devez travailler", a déclaré William. "Gagnez quelque chose. Ce sera un changement pour vous. Je vous ai tous tenus dans l'oisiveté jusqu'à présent. Maintenant, vous allez apprendre ce que signifie travailler. Cela ne vous fera aucun mal."

" Tout cela est si facile à dire. Mais quel travail allons-nous faire ? Où allons-nous travailler ? Je ne vois pas que nous aurons un toit au-dessus de nos têtes. "

Alors le malheureux, qui ne savait pas plus qu'elle ce qu'il adviendrait de tous, et qui en était infiniment plus malheureux, se lança dans un torrent de jurons. "N'ai-je pas assez à supporter ?" il lui a demandé. "Ne dois-je pas penser à moi-même ? La perspective que je m'offre est-elle si agréable que vous venez me harceler et ne me donner aucune paix ? Comment les autres femmes s'en sortent-elles ? Des femmes qui n'ont jamais eu de mari pour les servir comme j'ai servi pour elles. toi."

La pauvre Mme Day, la moins pugnace des femmes, qui, dans le meilleur des cas, avait à peine su se défendre avec lui, s'enfuit devant cet homme déraisonnable et misérable.

Bessie, en parlant à son frère du désespoir de leur situation, a utilisé le reproche séculaire de l'enfant contre le parent. "Papa et maman n'auraient pas dû avoir d'enfants s'ils voulaient créer une telle pagaille", a-t-elle argumenté. Bessie n'avait pas voulu naître, déclara-t-elle. Son père et sa mère en étaient responsables. Il fallait au moins dire ce qu'il fallait faire. Papa, déclara-t-elle à Bernard, il faudrait le faire dire.

"Papa, quand Deleah et moi voulons nos chapeaux et nos robes pour le printemps, que devons-nous faire ?" » demanda-t-elle à son père, avec cette note d'agressivité dans la voix qui lui était familière.

"Faire ? Allez-y sans eux", répondit-il promptement.

"Tu sais très bien qu'on ne peut pas se passer de vêtements, papa."

"Alors va au diable", dit papa en se levant de la pièce.

Bernard aussi, qui avait plus peur de l'homme transformé que Bessie, et qui se refusa longtemps à toute conversation avec lui, fut finalement incité par sa mère à consulter son père sur son propre avenir.

"Je ne vois pas beaucoup d'utilité, monsieur, à transpirer avec mes livres pour cet examen", a-t-il déclaré.

"Oh pourquoi pas?"

« En supposant que j'arrive à m'en sortir, que dois-je faire alors ? »

"Vous devez faire de votre mieux. Cet examen senior de Cambridge, me dit-on, est une porte vers n'importe quelle profession."

"Mais vous voulez de l'argent pour accéder à une profession, monsieur. D'après ce que j'ai entendu, nous n'en avons pas."

"Votre audition ne vous a pas trompé dans ce sens. Ce que j'avais, vous avez réussi à le dépenser parmi vous. J'étais la poule aux œufs d'or; maintenant les circonstances m'interdisent de pondre plus, pour un temps. Vous devez prendre soin de vous. ".

"Mais si seulement vous pouviez nous donner une idée de la façon de procéder."

Puis, contre lui aussi, son père, ayant fait preuve jusqu'à présent de plus de patience qu'il n'en accordait aux simples femmes de sa famille, se tourna sauvagement. Le pauvre diable ne savait comment les secourir, ne savait que leur conseiller : les effrayer était sa seule ressource.

"N'ai-je pas assez de choses à penser ?" » cria-t-il au garçon. "Toi, ta mère et tes sœurs venez me harceler... et me harceler..."

"Très bien, monsieur. Je ne vous harcèlerai plus."

« Tout ce que je demande, c'est qu'on me laisse tranquille – qu'on m'accorde un peu de paix. Vous n'avez aucune pitié – aucune !

Mais après cette conversation, le garçon renonça même à faire semblant d'étudier. "Où est le bien ?" il a demandé à Bessie. "Si j'ai réussi la chose bénie, où est le bon ? Je devrai être un garçon de courses, je suppose, ou balayer un passage à niveau. Je ne veux pas d'un certificat senior de Cambridge pour cela."

Les femmes firent de leur mieux pour le persuader de persévérer, mais il déclara qu'il ne pourrait pas étudier dans sa chambre sans feu, ni même lui enfoncer un mot dans la tête s'il devait s'asseoir dans la même pièce que son père. .

Cette salle où se passaient leurs agréables soirées pendant que M. Day jouait ses cartes au club, présentait un tout autre aspect en ces tristes temps où ce malheureux faisait partie du cercle. Le pauvre et costaud était toujours assis au-dessus du feu, littéralement au-dessus, les pieds de sa chaise touchant le pare-chocs, ses propres pieds le plus souvent sur les barreaux ; le reste de la famille se retirait autant que possible du foyer. S'il y avait des discussions entre eux alors qu'ils étaient assis à leur table avec leur couture, leur peinture, leurs livres - et étant jeunes, ils parlaient et même parfois riaient - il était irrité par le fait qu'ils puissent le faire, et parfois il grondait contre eux avec une demande de silence. Mais il semblait également qu'il était mécontent de leur silence lorsqu'il tombait et qu'il leur faisait des remarques sarcastiques lorsqu'ils se retiraient sur la vivacité de la société qu'ils lui fournissaient.

Une somme indue de deux livres hebdomadaires pour l'argent du ménage est allée au maître de la maison du tabac. Il y avait du bon porto dans la cave ; autant le boire tant qu'il en avait l'occasion, pensa William Day. Qu'avait-il d'autre à faire que fumer et boire ; et il a fait les deux, toute la journée.

Il n'avait pas été un homme buveur, même s'il avait toujours pris sa part des bonnes choses de la vie, ni un homme oisif. Sa famille observait désormais ses nouvelles habitudes avec crainte et un dégoût croissant. Il était surprenant de voir à quel point l'homme avait changé en perdant son estime de soi et en sachant qu'il avait perdu le respect de ceux qui l'avaient aimé. Avec étonnement, ceux qui l'avaient connu toute leur vie le virent en quelques semaines devenir égoïste, cupide, grossier, voire impur. La cendre de sa pipe tombait sur son habit, il ne voulait pas l'enlever ; il avait visiblement renoncé à se servir d'une brosse à ongles ; ses cheveux pendaient sur son front ; sa barbe non taillée et ses moustaches dépassaient autour de son grand visage désormais flasque et malsain.

Manquant le luxe de sa table, il oublia les subtilités qu'il y avait jusqu'alors observées. Lorsqu'il arrivait à son repas les mains non lavées et prenait pour lui, apparemment sans penser au reste, le meilleur de ce qu'il y trouvait, l'aîné du garçon et de la fille se regardaient avec une condamnation furieuse dans les yeux. De tels écarts par rapport au code de bonnes manières observé jusqu'ici, Mme Day les supportait avec une indifférence apparemment apathique. Depuis des années, à vrai dire, elle avait cessé d'aimer cet homme, et les petites déviations, si triviales mais si mesquines dans la vie quotidienne, passaient presque inaperçues pour elle dans le sens stupéfiant du malheur qui les avait tous frappés.

Ce n'est que Deleah, aimant dévouéement son père, qui a perçu la véritable tragédie derrière ce manquement aux obligations personnelles et familiales ; seulement elle qui comprenait vaguement que cette altération extérieure défigurante n'était que le signe d'un changement intérieur plus pitoyable ; seulement elle qui a eu la perspicacité de lire dans les manières sauvages de son père le désespoir, le mépris de lui-même, la rage contre le destin, l'inimitié amère contre un monde dans lequel il ne devait plus exister. Seule Deleah ressentait dans son cœur le chagrin de tout cela – Deleah qui était une lectrice de Thackeray, de Trollope, de Dickens, de Tennyson ; dont les yeux avaient pleuré des malheurs imaginaires avant qu'on en arrachât ces gouttes amères pour les siens ; qui avait appris que les larmes n'étaient pas les seuls signes d'un cœur angoissé ; et il savait que l'amour de la position, du foyer, même d'un beau nom n'était pas la principale chose dont ils auraient dû pleurer en tant que famille.

Et ainsi passèrent les semaines lentes, même les mois lents. Les trottoirs boueux et étroits de Brockenham sont devenus secs et poussiéreux sous les vents mordants de l'est. Les gens que Mme Day et ses filles regardaient à travers les fenêtres à rideaux passaient avec des perce-neige, des violettes et bientôt des primevères à la main. Le printemps, si lent à venir, et pourtant si redouté par tous, arrivait enfin. Pâques était là. Pâques était là trop tôt ! — et les assises de Pâques.

# CHAPITRE VII

Mari et père

La veille du matin où devait avoir lieu son procès, une créature différente semblait se trouver à la place récemment occupée par William Day.

D'une part, son apparence s'est améliorée. Un barbier, appelé cet après-midi-là, avait coupé les mèches grasses et masquantes de cheveux couleur sable, et taillé la barbe follement luxuriante qui avait donné à l'homme une apparence si négligée et si peu familière. Sa lèvre supérieure était à nouveau rasée.

"Ça ne me dérange pas de t'embrasser maintenant, papa", dit Franky, qui avait esquivé en saluant le visage chauve.

Cette amélioration étant achevée, il changea de vêtements et, à l'heure du thé, apparut parmi eux tous en drap noir, manteau à longue jupe, pantalon « poivre et sel ». Autre signe extérieur de sa dégradation morale, il avait récemment renoncé au linge au niveau du cou et des poignets, mais maintenant son menton lourd s'enfonçait de nouveau dans l'enceinte d'un col dont les pointes raides et amidonnées atteignaient le milieu de ses joues. L'épingle qui ornait sa cravate épaisse et rembourrée était de grande taille, constituée d'un écrin de verre cerclé d'or dans lequel étaient exposés, tressés et entrelacés, les cheveux coupés sur la tête de ses quatre enfants. Ils s'étaient tous unis pour préparer cette offrande pour papa le dernier jour de la Saint-Valentin.

Et avec la reprise d'une toilette plus soignée, le pauvre homme avait retrouvé l'attitude décente des jours plus heureux. Il ne dit rien; Il était effectivement dans un état de dépression noire qu'il ne cherchait pas à cacher, mais il n'indignait plus par son comportement les sentiments sensibles de sa famille.

"Papa ressemble exactement à ce à quoi il ressemblait", a déclaré Franky lorsqu'il a vu le changement d'apparence de ses parents. « Est-ce qu'on fait des tableaux ce soir, papa ? »

Ils essayèrent de faire taire l'enfant, mais Franky ne voyait aucune raison pour laquelle il ne ferait pas sa demande, ni pourquoi elle devrait la refuser. Il alla chercher sa boîte de peinture et une réserve d'images qu'il avait découpées dans de vieux papiers.

"Tu fais des couchers de soleil bien plus joliment que moi, papa. Si tu voulais juste faire les couchers de soleil pour moi !"

Et bientôt le père avait tiré une chaise à côté de celle de son petit fils, et lui montrait comment mélanger ses couleurs, et lui recommandait de ne pas sucer ses pinceaux, comme lors des joyeuses soirées d'hiver d'avant l'accident.

C'était un paysage avec un moulin, des marais et de l'eau, que l'enfant avait choisi, et il y avait un grand espace à occuper avec le coucher de soleil pour lequel son parent excellait, et beaucoup de grattage et de mélange de carmin, d'ocre jaune et de bleu de cobalt. L'heure du coucher de Franky était donc arrivée avant que le film ne soit terminé. Il a été expulsé comme d'habitude, en protestation et en larmes.

"Tu m'aideras à le finir demain soir, papa ? Promets-moi que tu m'aideras demain soir !" implora-t-il à travers ses pleurs. Mais Bessie, dont la tâche était de l'accompagner au lit, tira sans relâche l'enfant hors de la chambre et leur claqua la porte au nez.

George Boult était entré pour une dernière conversation avec son ami. Sa présence n'a jamais été souhaitée par la famille, mais elle a quelque peu soulagé la tension de cette triste soirée.

Les deux hommes étaient assis avec leurs pipes, et une bouteille de cette réserve très diminuée de « dix-huit quarante-sept » fut ouverte. Mais bientôt on remarqua que, même si William Day tenait sa pipe à la main, il ne fumait pas. De l'autre main, il se cachait les yeux du bec de gaz et ne disait rien. Un à un, les jeunes gens se dirigèrent vers le lit, et bientôt Mme Day, dont la tentative de maintenir une conversation avec le visiteur avait rapidement échoué, se leva également pour partir.

"Tu nous quittes, Lydia ?" dit le mari lorsqu'il prit conscience de son intention.

"Je n'irai pas si tu souhaites que je reste, William."

"Non, non. Va dormir un peu."

Puis, comme elle restait un instant debout, hésitant à la porte, désireuse d'échapper à cette triste présence, mais malheureuse de partir : « Faites de votre mieux pour ma pauvre femme », dit Day à son ami. "Elle a été une bonne épouse pour moi."

Elle vivait avec lui depuis vingt ans et n'avait peut-être jamais entendu un mot d'éloge de sa part auparavant. Quand enfin cela arriva, ce fut trop dur à supporter pour elle, et elle quitta la pièce en sanglotant bruyamment.

Une heure plus tard, lorsque le malheureux maître de maison avait accompagné pour la dernière fois son ami jusqu'à la porte du couloir, l'avait regardé descendre les marches dans la rue calme, avait fait un signe de tête silencieux au geste silencieux d'adieu de l'autre alors qu'il se tournait pour marcher. sur le trottoir résonnant; Après avoir éteint le gaz dans le salon et dans le couloir, et qu'il s'est traîné — qui peut deviner avec quelle lourdeur de cœur ? palier, devant la porte de sa chambre.

C'était Deleah qui l'y attendait.

"Il n'y a que moi, papa", dit-elle quand il s'arrêta net à sa vue. "Seulement ta petite Deleah que je—je—t'aime tellement."

"Va te coucher tout de suite", dit-il en pointant un doigt en colère en direction de sa chambre.

Mais elle passa ses bras autour de son cou et s'accrocha à lui avec des sanglots étouffés, jusqu'à ce que, étouffée par ses propres sanglots, elle sentit sa grande poitrine se soulever sous sa forme accrochée.

Lorsqu'il se jeta sur le lit à côté de sa femme, il s'étouffait et sanglotait encore d'une manière épouvantable à entendre.

"William!" » dit-elle timidement, et elle posa une main tremblante sur son épaule. "Y a-t-il quelque chose que je puisse faire ou dire qui puisse t'aider, William ?"

Il ne lui répondait pas, mais le lit tremblait de ses sanglots déchirants ; et elle s'allongea et sanglota à côté de lui.

Quand enfin le calme qui vient de l'épuisement tomba : « Je l'ai fait pour vous et pour les enfants », dit-il. "Je pensais qu'avec de la chance, j'aurais pu y remédier. Mais c'est pour vous tous que je l'ai fait. Vous vous en souviendrez ?"

"Je m'en souviendrai tant que je vivrai", a-t-elle déclaré. "Vous pouvez être sûr que ni vos enfants ni moi n'oublierons jamais."

"Deleah m'a bouleversé. Elle aurait dû être au lit" - c'est pour cela qu'il lui excusa ses larmes - "Je n'aurais pas dû m'effondrer ainsi si elle ne m'avait pas désarmé. L'enfant aurait dû aller se coucher."

Elle l'entendit ravaler ses larmes, puis il reprit : « Deleah et Franky ont toujours été… ont toujours été… »

"Le plus cher," ajouta-t-elle, le comprenant. « Le plus cher de vos enfants, William ?

« Dites-leur cela… après-demain, voulez-vous ? »

Elle a promis. "Bessie et Bernard n'ont peut-être pas des manières aussi gagnantes, mais ils t'aiment, William, j'en suis sûr."

A cela il ne répondit rien. Au bout d'un moment, elle lui dit de nouveau : « As-tu autre chose à me dire, William ? Il y a eu trop peu de mots entre nous ces derniers temps. C'est peut-être ma faute. Mais maintenant, as-tu quelque chose à dire qui pourrait nous consoler tous les deux de nous en souvenir ? »

"Rien." Il prononça ce mot d'un ton morne, mais sans méchanceté, et son silence ne lui en voulut pas. Elle savait très bien que les volumes, s'il avait pu les dire, n'auraient pas pu alléger son impuissance face au présent et sa terreur de l'avenir, ni son désespoir.

Elle resta allongée pendant quelques minutes, les larmes coulant sur ses joues, sans retenue dans l'obscurité, puis elle se força à dire les seuls mots auxquels elle pensait et qui pourraient le réconforter dans le temps à venir.

" William, je ne te parlerai pas, je ne te dérangerai pas. Je veux que tu t'endormes, que tu te reposes une nuit, si tu le peux ; mais juste une chose que je souhaite te dire : je Je veux que tu te souviennes. C'est que tu dois être sûr de ne jamais penser que je ressens de la colère contre toi. Seulement de la pitié, William, et un tel chagrin pour toi que je n'ai pas envie de le dire. toi depuis le début, mais—"

Elle le laissa là, et il reçut ce qu'elle disait en silence.

Seulement une fois de plus, il parla. « Cela a été l'enfer », dit-il, et elle savait qu'il parlait des semaines qu'il avait passées, étranger dans sa propre maison, en attendant son procès. "Enfer ! Quoi qu'il arrive, je suis content que ce soit fini."

Puis il se tourna sur le côté, loin d'elle, et resta allongé tranquillement ; et bientôt elle sut avec reconnaissance qu'il dormait.

# CHAPITRE VIII

L'issue

Le prisonnier, conformément aux conseils de son avocat, a plaidé coupable. Il ne s'agissait donc que de la durée de la peine, et le juge devant lequel William Day a comparu n'a pas péché par excès de clémence. La peine la plus lourde qu'il était en son pouvoir d'infliger à un malfaiteur de cette classe fut infligée à William Day.

Aucun des siens n'était présent, mais la cour était remplie de personnes pour qui le prisonnier était une figure familière de la vie quotidienne.

Il était pratiquement impossible de regarder ce grand homme d'aspect important, aux vêtements bien coupés, occupant parmi eux jusqu'à ces dernières semaines la position de gentleman, et de croire que c'était un criminel se tenant devant leurs yeux. L'attrait de contempler, de se réjouir d'un tel phénomène était grand. C'était un homme autoritaire, marchant très bruyamment parmi ses camarades, prenant beaucoup de place pour lui. Une telle personne offense fréquemment, même inconsciemment. Personne qui a vu William Day défendre sa peine sur le banc des accusés ce jour-là n'avait de rancune ou ne s'en souvenait.

Avec certains d'entre eux, il avait assumé une supériorité insolente, avec d'autres, dont la position leur permettait de choisir leur connaissance, il s'était montré indûment familier. Pendant la minute où il resta en place après que la sentence fut prononcée, ses yeux parcoururent lentement mais avec un terrible regard d'appel sur les visages familiers. Sur les visages des commerçants avec qui il avait eu affaire ; de clients pour lesquels il avait fait affaire ; des gens avec qui il avait dîné et qu'il avait reçus en retour ; d'hommes qui l'avaient conduit en fiacre, ciré ses bottes, porté ses valises. Le regard qui voyageait lentement avait en lui quelque chose d'un désespoir malsain, quelque chose d'un attrait sauvage. Les hommes sur lesquels il s'est déroulé l'ont supporté dans un silence absolu et haletant, mais ils ne l'ont jamais oublié.

Les grosses joues qui semblaient prêtes à éclater de bonne vie pendaient maintenant, flasques et lâches, les mains qui avaient été promptes à saisir l'amitié, qui avaient agité les salutations depuis la fenêtre ou le trottoir, qui avaient toujours été généreuses en donnant, s'accrochaient. au bastingage du quai, les jointures blanchirent sous la tension. La langue qui avait été si bruyante dans la dispute, si rude dans la colère, si bruyante dans l'accueil, restait sèche et silencieuse dans la bouche ouverte.

Beaucoup de ceux qui ont momentanément rencontré le regard terrible ont eu le sentiment qu'ils étaient responsables ; ils avaient envie de se disculper, de lui dire : « Moi, au moins, je n'ai rien à voir avec cela. Je suis désolé, William Day. En effet, je suis désolé. Ce fut un soulagement lorsqu'il se retourna, lorsque le gardien lui toucha le bras, et descendit.

Dans la pièce où il a pu s'asseoir un moment avant d'être conduit en prison, son avocat est venu lui parler ; le commis confidentiel de son propre bureau ; son ami, George Boult.

"C'est très grave", répétait George Boult avec nervosité. "Très sévère."

Le prisonnier n'a pas parlé. Il portait, disposée sur sa lourde panse, une belle chaîne d'or. Les doigts raidis par leur prise sur le bastingage, il entreprit, maladroitement, de détacher cette chaîne de son gilet. Sa montre est sortie avec : une grande montre, avec un double boîtier en or. Il ouvrit la boîte extérieure sans but, machinalement et sans but, semble-t-il, car il ne regardait pas l'heure. Puis, sans un mot, il tendit la montre et la chaîne à son ami, et porta à ses lèvres couleur de plomb les doigts qui avaient tâté le boîtier de la montre.

Moins d'un quart d'heure après que William Day eut entendu sa lourde condamnation aux travaux forcés, il gisait sur le dos, mort.

# CHAPITRE IX

Pour la veuve et l'orphelin

A l'initiative de George Boult, une souscription fut ouverte pour « la veuve et les enfants de feu William Day, qui les avait laissés sans aucun moyen de subsistance ».

Cette déclaration triste et irréfutable a été faite dans une annonce dans le journal local et a été écrite, de la main ronde et habile de M. Boult, en haut de la liste des abonnés accrochés à des endroits bien en vue dans les banques, la bibliothèque publique, le principaux commerces de la commune.

Ceux qui sont compétents pour se forger une opinion ont déclaré que l'élaboration de ce projet destiné à aider la pauvre Mme Day et ses enfants aurait dû être confiée à d'autres mains. Que la position sociale de George Boult dans la ville ne lui permettait pas d'être en tête de liste. Le nom d'un banquier aurait dû y figurer, ou le nom du député de Brockenham, ou le nom de Sir Francis Forcus. Avec une personne aussi influente pour montrer la voie, on a fait valoir que les petits alevins auraient été plus disposés à emboîter le pas. On murmurait également qu'une de ces personnes riches et remarquables aurait emporté au moins cent livres. Le nom de George Boult était tombé à cinquante.

C'était une somme importante à donner pour lui, non pas parce qu'il ne pouvait pas se permettre davantage, mais parce qu'il n'était pas habitué à donner. Il était connu pour être l'ami du malheureux, et comme il était en tête de liste avec ses cinquante livres, on disait que personne n'aimait surpasser ce don. Sir Francis Forcus, pour ne pas heurter les sentiments sensibles auxquels M. Boult était crédité, eut l'heureuse idée d'inscrire son propre nom pour cinquante livres, et celui de sa femme et de son jeune frère, chacun pour la même somme.

Il y avait encore deux noms pour des sommes semblables, puis quelques-uns pour dix livres, quelques autres pour cinq livres ; il y eut de nombreux dons d'une livre ; après quoi les souscriptions tombèrent à dix shillings, à cinq…

La pauvre Mme Day, jetant un œil malade sur la liste qui continuait à paraître, une fois par semaine, dans le journal local, avait honte de la misère des sommes amassées en son faveur. "Recueilli par un bienfaiteur, six et neuf ans." Plusieurs personnes, modestement contentes que seules leurs initiales apparaissent, en présentèrent deux et six.

"Sympathie" coûtait un shilling. Comme elle se sentait dégradée en lisant ! Mais pourquoi un cadeau d'un shilling aurait dû lui faire plus de mal que le cadeau de cinquante livres, elle n'aurait pas pu l'expliquer.

Lorsque, après de longues semaines, la liste de souscription fut close, la somme récoltée ne s'élevait qu'à un peu plus de six cents livres.

George Boult était prêt à s'engager à ce que ce chiffre atteigne mille. Il n'avait épargné aucune peine pour encaisser la somme. La liste des abonnés était accrochée à un endroit bien en vue dans sa boutique. Il ne manquait jamais d'attirer l'attention de sa clientèle aisée sur ce sujet. Aucun cas nécessitant davantage d'aide n'a jamais été présenté au public de Brockenham, leur faisait-il remarquer.

Mais le public de Brockenham, gravement choqué par les circonstances tragiques de la mort de William Day, s'est rapidement remis du coup, pour dire que cette mort avait été la meilleure chose qui pouvait arriver à la famille. Se débarrasser d'un tel homme, ne plus avoir à leur attacher le reproche d'un père et d'un mari en prison, ôtait à l'affaire la moitié du triste fardeau du malheur. Le fait que les enfants étaient pour la plupart en âge de gagner leur vie, leur mère encore assez jeune et forte, était également un fait rappelé. Alors la nouvelle commença à circuler de bouche en bouche – d'abord murmurée, mais bientôt une parole qui pouvait être prononcée sans crainte d'être réprimandée par quiconque – que la famille Day avait toujours été rongée par l'orgueil et que les ennuis de l'avocat étaient dus à l'extravagance de sa femme.

La somme de six cent quarante-neuf livres étant collectée, il restait à décider quoi en faire.

Le lendemain de la clôture de la liste de souscription, Mme Day s'est rendue à un entretien avec George Boult afin de lui présenter une proposition, résultat de la conclusion unanime à laquelle elle et ses enfants étaient parvenus après de nombreuses consultations en larmes.

"Bien sûr, je dois avoir un plan à lui présenter", avait dit la mère, pathétiquement consciente que, si impuissante qu'elle se sentait, elle ne devait en aucun cas paraître telle. "Il ne suffirait pas que nous n'ayons fait aucun projet, après les intérêts que M. Boult a pris et ses cinquante livres."

"J'aimerais que nous puissions le lui jeter au visage", a déclaré Bernard; il était en bonne voie, pauvre garçon, pour illustrer la vérité du proverbe selon lequel les chiens méprisants mangent des puddings sales.

"De toutes les personnes qui ont donné, M. Boult est celui à qui j'aimerais le plus renvoyer son argent", a convenu Bessie. "Nous pourrons peut-être effacer le reste de notre esprit avec le temps, mais nous ne pourrons jamais oublier les cinquante livres du détestable Boult."

"C'était l'ami du pauvre papa, le seul. Il était bon avec papa", dit Deleah, mais uniquement envers elle-même. Car dans cette malheureuse maison, il y avait une loi, non écrite, tacite, mais néanmoins contraignante, selon laquelle le nom du mari et du père ne devait jamais être prononcé.

"Nous devons nous rappeler que les cinquante livres lui semblent beaucoup", leur rappela Mme Day. "Le moins que nous puissions faire est de lui faire le compliment de lui dire ce que nous comptons faire avec cet argent."

Cependant, elle a découvert, en interrogeant George Boult, qu'on n'attendait pas d'elle une attention aussi délicate. L'argent qu'il avait collecté était de l'argent qu'il devait gérer – pour le bénéfice de Mme Day et de ses enfants bien sûr, mais sans tenir compte de ce que pourraient être leurs sentiments à ce sujet.

Il n'était pas homme à douter de sa propre sagesse, ni à chercher à confirmer une opinion avec l'approbation des autres, ni à hésiter dans la poursuite d'une voie qui, à ses perceptions, paraissait souhaitable. Aussi, après avoir tracé son plan ou s'être engagé sur la voie qu'il avait choisie, il ne s'est jamais avoué qu'il y en avait d'autres. Une méthode simple qui réduisait pour lui à néant les risques de regret ou d'inquiétude mentale.

C'était un commerçant extrêmement prospère. Son entreprise de drapier, qui était comparable à celle d'une demi-douzaine de drapiers lorsqu'il avait démarré à Brockenham, était désormais de loin la première du genre, non seulement dans la ville mais dans le comté. Il était naturel qu'il croie au commerce, naturel qu'il ne fixe sa foi en aucun autre moyen de gagner de l'argent.

"Il n'y a rien de tel que les affaires", dit-il à Mme Day.

Elle était assise dans son comptoir privé, à l'étage supérieur du grand magasin – il y avait désormais une demi-douzaine de magasins réunis en un seul. Pour atteindre cette pièce, elle dut traverser une antichambre remplie d'employés entrants, occupés à leurs bureaux. Ils levèrent la tête de leur plume pour regarder passer la pauvre femme. Elle y alla la tête baissée, son épais voile de veuve sur le visage, la pensée dans son esprit : « Peut-être que parmi les pauvres employés cette collecte de six shillings et neuf pence avait été faite. Peut-être que l'une des filles aux engelures derrière les comptoirs en bas était la « Sympathisante » à qui elle devait un shilling.

Elle était humiliée sur terre. C'est ainsi qu'elle aurait décrit son état, alors qu'elle se rendait à son entretien avec George Boult. Si on lui avait dit que son cœur, au contraire, était rempli d'orgueil et battait haut de rébellion, et que c'était juste son manque d'humilité en elle, qui parvenait pourtant à présenter une attitude humble, qui rendait tout si inutilement douloureux, elle ne l'aurait pas cru.

Lorsque, assise en face de lui devant le petit bureau carré recouvert de cuir du comptoir du marchand de drapiers, elle releva son voile, il remarqua aussitôt les ravages que le chagrin, la honte et l'anxiété avaient faits sur son visage. Il ne tarda pas à le remarquer, car, veuf pratique, travailleur et têtu comme il l'était, il avait l'œil pour la beauté féminine et le beau visage sombre de la femme de son ami - la femme qui, à l'époque de sa hauteur. , lui avait tourné le dos et l'avait tenu à bout de bras — il l'avait admiré à contrecœur.

Le visage de Lydia Day était désormais celui d'une femme qui était ronde mais qui ne l'était plus. Les joues qui étaient fermes et pleines étaient pendantes, le teint sainement pâle mais brun était d'une pâleur plombée ; dans la peau sombre, sous les grands yeux sombres et enfoncés, de petites rides apparaissaient. Sa silhouette aussi avait chuté. Elle avait perdu son port fier et sûr d'elle.

"Cela l'a achevée, en ce qui concerne l'apparence", se dit George Boult, non sans satisfaction. Il faisait partie de ceux qui croyaient fermement que la ruine de son amie était à ses portes. William Day avait volé pour satisfaire l'extravagance et la fierté de sa femme. C'était bien qu'elle soit humiliée.

"Il n'y a rien de tel que les affaires", a-t-il répété. "Et j'ai décidé d'investir le petit capital de six cent quarante-neuf livres et quelques shillings que j'ai levé pour vous, dans une entreprise qui rapportera un bon rendement et vous permettra de faire vivre vos deux plus jeunes. des enfants. Une affaire de grossièrerie, en somme.

"Épicerie?" répéta Mme Day en le regardant d'un air vide.

"Groshery," dit-il brièvement, et il la regarda durement avec ses lèvres serrées, son menton relevé et ses yeux observateurs rapides sur son visage.

"Épicerie?" répéta-t-elle faiblement, ne sachant rien d'autre à dire.

"Vous connaissez cette jolie petite entreprise lumineuse de Bridge Street ? Celle de Carr. Celle du vieux Jonas Carr. Il prend sa retraite, vous savez – ou peut-être que vous ne le savez pas – elle a été gardée secrète à des fins commerciales. Je suis heureux de l'avoir mise en main. juste à temps, et j'investis votre petit capital dans l'entreprise.

"En effet!"

"C'est un coup de chance merveilleux, à mon avis, il vient de tomber."

"Mais je ne comprends pas très bien. Est-ce que quelqu'un qui prend le magasin permettra un bon intérêt, tu veux dire ?"

"Pas exactement ça, madame." Il émit un son qui aurait pu être causé par un rire étouffé, ou être destiné à un grognement de mépris, et quittant la table, se plaça sur le tapis du foyer, où il s'arrêta, faisant peut-être une prière pour qu'on lui donne de la patience. faire face à cette idiote dans sa folie sans formation et sans instruction.

"Pas exactement", a-t-il poursuivi. "Je prends l'entreprise pour que vous travailliez, madame. Jonas Carr est un vieil homme maintenant, mais il a vécu de l'entreprise et a élevé ses enfants grâce à elle, et cela avec seulement des méthodes désuètes. Avec de nouvelles la vie est mise dans l'entreprise, et avec une gestion tout à fait à jour, on y fait, à mon avis - et je pense pouvoir dire que mon opinion sur une telle question est précieuse - une excellente petite entreprise.

"Pour que je travaille ?" » demanda Mme Day avec une faible protestation. "Moi ? Une *épicerie* ?"

"Pourquoi pas?" Il la regardait sans relâche, se rongeant les ongles. "Que pensais-tu faire de l'argent que j'ai collecté pour toi ? Le dépenser ? Et le récupérer à nouveau ?"

"Pas ça, M. Boult. Certainement pas ça." Elle baissa les yeux sur les mains gantées de noir posées sur ses genoux. Ils tremblaient ; pour les maintenir stables, elle les attrapa l'un dans l'autre. " J'en ai discuté avec mes enfants et nous avons décidé, si vous êtes d'accord, de prendre une maison de bonne taille au bord de la mer, où nous pourrions vivre tous ensemble, et d'héberger des locataires. Ce serait une manière de gagner de l'argent. une vie qui serait plus facile pour mes filles et pour moi que toute autre. »

" Plus facile ? Oui. Le malheur, madame, c'est que les choses qui sont plus faciles au début sont toujours difficiles à finir. Nous commencerons dans l'autre sens, s'il vous plaît. " Il rongea l'ongle encore une minute, le regarda, le dissimula derrière les pans de son manteau. "Ah non, ce plan ne fonctionnera pas du tout", dit-il assez agréablement. "Je connais ces logements et les misérables femmes qui les gardent, et je ne peux joindre les deux bouts qu'en volant le mouton des locataires. La ligne de groshery est tout à fait sur une autre étagère. Vous et vos filles pouvez non seulement en vivre, vous peut gagner de l'argent.

Mme Day releva la tête, essaya de retrouver quelque chose de son ancienne allure, essaya de donner une note de fermeté à sa voix. "Je ne pense pas vraiment que je pourrais tenir un magasin", a-t-elle déclaré. "Avant tout, une épicerie. Je ne pourrais pas l'entreprendre, M. Boult; et je suis sûr que les filles n'aimeraient pas du tout cela, ni mon fils."

"Et alors ?" lui demanda-t-il, très calmement.

"Je pense que c'est mon propre plan. La maison au bord de la mer. Nous devrions nous échapper de Brockenham, ce que nous souhaitons beaucoup faire; nous devrions recommencer là où nous - là où notre histoire - n'est pas connue. Pour le bien des enfants, ce serait mieux. Pour nous tous, ce serait plus approprié. »

"Mais je vous l'ai dit, madame, ce plan est hors de question." Il se détourna d'elle et jeta le charbon dans la grille, évacuant ainsi son irritation de manière inoffensive. Puis, face à nouveau à la pauvre dame, il adopta un ton destiné à lui montrer qu'il ne fallait pas le prendre à la légère. " Comprenez tout de suite, Mme Day, que je ne serai pas partie prenante à l'argent souscrit, étant entendu tacitement qu'il doit être correctement investi pour vous et vos enfants, et qu'il sera jeté d'une manière aussi désespérée et stupide. Votre mari m'a demandé supporter ton ami ; faire de mon mieux pour toi. D'après ce que je comprends, tu n'as personne d'autre vers qui te tourner ?

Il fit une pause, mais elle ne dit rien. Les proches de William Day étaient plus pauvres et moins bien placés que lui. En se levant, il les avait laissés derrière lui, il les avait oubliés. Mme Day était la fille unique de parents morts depuis longtemps.

"Comme il n'y a personne d'autre, je suis prêt à être votre ami - dans certaines limites, bien sûr. J'ai contribué à vous assurer cette somme d'argent - de nombreuses fortunes ont été faites avec moins. Au début, je n'avais pas la moitié du capital. Ce faisant, je me suis rendu responsable de sa bonne utilisation, j'ai l'intention de veiller à ce que cela soit fait.

Mme Day était muette. Les yeux qui regardaient depuis leurs orbites sombres étaient désespérés.

M. Boult s'étant arrêté pour la réponse qui ne vint pas, continua sur un ton plus léger. "Il y a une maison de très bonne taille au-dessus de la boutique de Carr. Je l'ai parcourue et j'ai effectivement tout examiné avant de me décider. Il y a six chambres à coucher et un salon de taille inhabituelle. Cela vous donne la possibilité de prendre un locataire. J'en ai déjà parlé à mon nouvel acheteur. Mon homme de Manchester a hâte de loger dans une famille agréable, me dit-il. Voilà donc un locataire à votre disposition, madame, puisque vous aimez les locataires.

Mme Day éprouvait un sentiment d'oppression dans l'air essoufflé du comptoir, d'être étouffée par George Boult. Elle dénoua les larges cordons de ruban et de crêpe de son bonnet de veuve et chercha anxieusement une fenêtre. Il n'y en avait pas, le comptoir étant éclairé par une lucarne. Deux grosses larmes coulèrent sur ses joues, elle poussa un long soupir comme un grand soupir.

"Je donne un bon salaire à mon homme de Manchester", a poursuivi le drapier. "Il pourrait facilement vous épargner trente shillings par semaine pour la nourriture et le logement, et je ne vous conseillerais pas de prendre un penny de moins."

Mme Day se ressaisit avec effort. "L'homme qui doit gérer le magasin voudrait une chambre dans la maison, je suppose ?" » suggéra-t-elle.

"Gérer la boutique ? Quelle boutique ?"

"Le magasin dont vous parlez, l'épicerie."

"Vous y parviendrez vous-même", a déclaré Boult. "Aussi belle et brillante cette petite entreprise soit-elle, l'affaire ne gardera pas un homme ; vous la gérerez, assistée dans les jours chargés par votre fille aînée."

Mais même si Mme Day ne pouvait pas se battre pour elle-même, elle était capable de défendre ses enfants. « Je ne pouvais y consentir, » dit-elle ; « Je ne permettrai jamais à Bessie – Bessie ! – d'attendre dans une épicerie.

"Cela ne lui ferait pas de mal, madame. Cela lui ferait du bien."

Mme Day était silencieuse, mais son silence était éloquent. Avec des doigts tremblants, elle attacha les cordons de son bonnet, les larges cordons noirs qu'il fallait retirer, les étroits blancs qu'il fallait disposer au-dessus d'eux.

Boult, voyant qu'elle se préparait à partir, prit un ton plus amical. "Vous ne devez pas avoir l'impression d'être poussé dans cette affaire", a-t-il déclaré. "L'argent vous appartient, bien sûr, dans un sens, même si j'ai dû décider quoi en faire."

Mme Day se leva pour partir, Boult s'avança avec la main tendue.

"Tout ce qui concerne la nourriture ou les boissons des gens *est payant* ", a-t-il déclaré d'un ton encourageant. "Si j'avais à nouveau mon temps, je m'occuperais de la ligne de groshery au lieu de la draperie. Les gens doivent avoir de la nourriture, madame. Ils doivent l'avoir, avant même les robes et les furbelows."

"A propos de Bernard ?" » demanda Mme Day, renonçant, non sans dignité, à l'autre sujet.

"J'ai pensé à envoyer Bernard à Ingleby. J'y ai ouvert une succursale. Ce n'est pas une grande affaire pour le moment, bien sûr, mais le garçon peut y apprendre le métier, et s'il a quelque chose en lui, je garderai mon surveillez-le, il pourra venir nous voir plus tard.

Puis il saisit la main qu'elle lui tendait à contrecœur.

"Vous voyez, j'ai promis au pauvre William", lui dit-il, pour expliquer son aimable intérêt pour ses affaires. "Et aussi ingrate que soit la tâche, je tiendrai parole."

Elle ne pouvait pas lui répondre, mais quand il lui relâcha la main, elle baissa la tête et s'en alla.

Avant que Mme Day ne rentre chez elle, elle tourna ses pieds en direction de Bridge Street. Elle était située dans un quartier animé de la ville, mais n'était qu'une artère courte et peu prospère reliant deux des rues principales. Debout sur le trottoir d'en face, Mme Day contemplait l'épicerie dont M. Jonas Carr se retirait. Son nom en petites lettres blanches était peint sur le linteau noir de la porte : « Jonas Carr, autorisé à vendre du tabac et du tabac à priser ». Une petite boutique miteuse ; ce n'était pas une boutique comme aucune de celles auxquelles la femme de William Day avait confié sa clientèle, et elle n'y avait jamais mis les pieds.

Les trois fenêtres au-dessus du magasin semblaient sales, et au-dessus d'elles étaient tendus des rideaux de dentelle sale. Les fenêtres de l'étage supérieur étaient encore plus sales et, à la place des rideaux de dentelle, des stores pendus de travers.

La pauvre Mme Day serra les lèvres tandis qu'elle regardait. Puis elle traversa la rue et entra dans le magasin. M. Carr, derrière le comptoir, un vieillard édenté et d'apparence désagréable, montrait apathiquement un gros morceau de bacon à un client.

"Vous pouvez avoir des séquences si vous le préférez", a-t-il déclaré.

La cliente a préféré le strié, l'a pris, à moitié enveloppé, sous son châle et est partie.

"Et qu'en est-il pour vous, je vous prie ?"

Mme Day demanda un quart de livre de thé et, pendant qu'il la servait, elle regarda autour d'elle la petite boutique sombre et sale avec ses odeurs mélangées.

Lorsqu'elle quitta l'établissement de Jonas Carr, son moral s'était remonté. Tout cela était ridicule. Imaginez le nom de Lydia Day, « autorisée à vendre du tabac et du tabac à priser », peint sur la porte ! Imaginez-la, elle ! derrière le comptoir de cette sordide petite boutique ! Imaginez Bessie et sa charmante jeune Deleah passant leur vie dans cette chambre haute derrière les voilages ! C'était ridicule, grotesque, impossible et cela ne pouvait pas l'être.

Mais elle allait découvrir, avec une perte de temps étonnamment minime, que cela pouvait être le cas.

Et c'était.

# CHAPITRE X

Exilés des réjouissances de la vie

Pendant la première année où Mme Day attendait derrière le comptoir du magasin de Bridge Street, il y avait plus de commerce que pendant la période la plus prospère du bail du vieux Jonas Carr. Une bonne moitié des dames de Brockenham quittèrent leur épicier particulier pour accorder leur coutume à la veuve. Par bonté de cœur, par curiosité, par envie de faire comme les autres, les gens affluaient pour acheter leur thé et leur sucre de Lydia Day, autorisés également à leur fournir, s'ils le souhaitaient, du tabac et du tabac à priser. Les pronostics de George Boult sur le succès de l'entreprise semblaient plus que réalisés.

Bessie refusant catégoriquement d'entrer dans le magasin - il fallait plus que George Boult pour diriger Bessie ! - il fut contraint d'autoriser l'engagement d'un jeune pour l'assister derrière le comptoir. M. Pretty, donc – on l'appelait « M. ». à des fins commerciales, ses jeunes années lui donnant à peine droit à ce titre - et un garçon pour faire des courses, composait le personnel.

De huit heures du matin jusqu'à huit heures du soir, la boutique était ouverte ; et même lorsqu'il était censé être fermé, Mme Day ne pouvait pas profiter d'un repos tranquille avec ses filles et Franky dans leur salon à l'étage. Car les commerçants voisins, qui tous avaient tendu des mains amicales à la pauvre dame qui, à contrecœur, devenait l'un des leurs, avaient la mauvaise habitude d'oublier de faire leurs achats jusqu'à la fin des heures d'ouverture des magasins, lorsqu'ils envoyaient leurs servantes à tous. Travaillez jusqu'à la porte privée pour le fromage du dîner ou le café du petit-déjeuner dont ils ont découvert trop tard qu'ils n'en avaient plus.

Bessie et Delcah se sont battues contre l'humour de ces clients hors saison. Souvent, ils essayaient de retenir de force leur mère fatiguée sur sa chaise lorsqu'elle se levait pour aller vers eux. "Laissez les gens récupérer leurs marchandises aux heures réglementaires, ou refusez de les servir", a déclaré l'homme de Manchester, aujourd'hui détenu dans la maison Day. Mais lorsque le grief fut soumis à George Boult, celui-ci était d'un avis différent.

"Refusez de les servir pendant la nuit et ils iront ailleurs le matin", a-t-il affirmé. « La maxime que j'ai gardée toute ma vie est : « Les affaires ne sont jamais terminées ». Et vous pouvez me croire sur parole, madame, les affaires *réussies* ne sont jamais terminées. Écrivez cela sur une carte, Miss Bessie, et accrochez-la au-dessus de votre cheminée.

"Non, merci", de la part d'une Bessie méprisante avec la tête détournée. "En fait, je ne suis pas du tout d'accord avec vous, M. Boult."

Ainsi, la pauvre Mme Day, qui ne se plaignait pas, mais qui se savait néanmoins une martyre, se levait de son délicieux repos sur sa chaise au-dessus du feu, accompagnée de Deleah pour tenir la bougie, descendait à la cave pour couper le feu. fromage – les deux femmes étaient terrifiées par la cave, les grottes et les coins non éclairés, les scarabées, les rats. Dans le magasin encore, ils démontraient l'une des boîtes vertes monstrueuses, achetées à Jonas Carr, retraité, dans le but de susciter l'admiration dans le sein des clients, mais dont quelques-unes, en vérité, contenaient du thé et sélectionnaient. le mélange spécial au goût du client retardataire. C'était une aggravation des difficultés quand, à la place de la femme de chambre, la maîtresse courait. Dans ce cas, Mme Day devait rester debout pendant une demi-heure pour écouter parler des rhumes des enfants du voisin, des délinquances du domestique du voisin, des problèmes du voisin. les défauts du mari.

Bessie était toujours en colère contre sa mère à son retour. "Cela rend tout inconfortable et gâche la soirée", s'est-elle plainte. "Le seul moment dont nous disposons pour nous réconforter, maman. Tu t'en souviens peut-être!"

À l'approche de la période de Noël, M. Boult eut une idée qui produisit de bons résultats commerciaux, mais qui fut la cause d'un inconfort extrême supplémentaire pour tous. Mme Day, ordonna-t-il, ne devait pas seulement faire de la publicité pour la viande hachée faite maison, mais aussi préparer la viande hachée à la maison, et d'une qualité qu'on ne pouvait pas se procurer dans les magasins. Les ménagères de Brockenham préparaient elles-mêmes leur viande hachée parce que l'article sur le marché n'était pas savoureux, a déclaré le tyran de la famille. Chacun d'entre eux serait heureux d'éviter des ennuis. Ensuite, laissez Mme Day, pour qui il avait procuré un excellent reçu, le leur préparer. La vente serait énorme.

Ils ont donc fait de la publicité pour les objets précieux dès le début du mois de décembre ; et depuis quinze jours avant cette heure jusqu'à la fin de la deuxième semaine de janvier, la petite famille travaillait à dénoyauter les raisins secs (il n'y avait pas de machines pour rendre la tâche facile), à hacher les amandes et le suif, les pommes et les écorces d'orange, jusque tard dans la nuit. la nuit, et parfois jusqu'aux petites heures du matin.

Car la vente, comme prévu, a été formidable. Il a mis à rude épreuve les pouvoirs des femmes pour maintenir l'approvisionnement. Les commandes affluent, les commandes se répètent ; les clients ont appelé pour assurer à Mme Day que tant qu'elle vivrait pour le faire à leur place, ils ne prendraient plus jamais la peine de refaire ce produit. D'autres venaient avec l'intention d'arracher le reçu à la vendeuse. Telle était l'humeur peu professionnelle de la pauvre créature, qu'elle y aurait immédiatement renoncé, si elle avait eu la prescription. Mais George Boult, sachant à qui il avait affaire, avait imposé un embargo sur la propriété.

C'est dans le stress de ce premier Noël à Bridge Street que les relations entre les Days et leur pensionnaire, l'homme de Manchester, jusqu'alors quelque peu tendues et distantes, devinrent faciles et familières.

A côté du fauteuil confortable dans le coin de la cheminée qui lui avait été attribué, une petite table était dressée qui contenait, toujours prête à son usage, son pot de tabac, sa pipe, son livre, ses papiers. A ce repas du soir qu'il partageait avec la famille, il se retirait, préférant le silence et, généralement feint, l'absorption dans son livre à l'intrusion de sa conversation sur la veuve et ses filles. Mais dans le harcèlement du temps de la viande hachée, la timidité du locataire s'évaporait ou sa réserve s'effondrait. Il ne pouvait pas voir les femmes, tombant de sommeil et de lassitude, se travaillant à moitié à mort pour leurs tâches détestées pendant qu'il était assis à l'aise avec sa pipe et son journal.

"Pourquoi, mesdames, devriez-vous passer vos soirées en cuisine ?" Il a demandé. "C'est plus confortable ici. Hachez vos prunes et râpez vos muscades et autres ici. Vous ne me dérangerez pas."

Bessie s'y opposa immédiatement. "Nous garderons au moins notre salon libre de la boutique, merci", dit-elle.

"Si M. Gibbon n'aime pas être seul ici, ne pourrait-il pas apporter sa pipe et nous voir hacher dans la cuisine", suggéra Franky.

Le locataire était devenu propriétaire d'un pistolet, acheté d'occasion, en vue de s'entraîner sur les chats errants qui constituaient un heureux lieu de rencontre dans l'arrière-cour des Day. Mais, une des filles se montrant tendre au sujet des chats, des bouteilles furent remplacées, Franky étant avoué à la joie parfaite de voir M. Gibbon essayer de les frapper depuis la fenêtre de sa chambre. Un honneur et un privilège très apprécié par l'enfant.

M. Gibbon ne voulut pas apporter sa pipe, mais bientôt il apparut parmi eux, approcha une chaise de la table entre Bessie et Deleah, et procéda assez intelligemment à couper les zestes d'orange et de citron, tâche qui lui avait été confiée par Deleah.

"C'est la chose la plus agréable et la moins compliquée de toutes", lui dit-elle.

Deleah prenait soin à tout moment de faire preuve de peu de politesse particulière envers leur pensionnaire. Elle avait en tête qu'il vivait parmi eux, seul et séparé, et souvent avec anxiété elle se demandait si le pauvre M. Gibbon en avait pour son argent ?

"Deleah coupe toujours elle-même les écorces confites", a expliqué Bessie. "Elle le mange et en nourrit Franky. Maman, je pense que Deda va bientôt retirer tout le profit de ta viande hachée si elle mange le zeste de citron."

"Ne mange pas de zeste de citron, ma chérie", réprimanda consciencieusement maman à la jolie plus jeune fille.

"Seulement les plus petits morceaux, maman. Des morceaux durs qu'on ne peut pas couper. Bessie peut prendre ma place, et je peux râper les noix de muscade si elle le souhaite."

"Mais hier soir, Miss Deleah s'est également râpé le pouce. Nous ne pouvons pas avoir vos pouces, Miss Deleah, dans la viande hachée."

C'est Emily qui a fait cette observation. Emily qui était entrée dans la famille il y a dix-neuf ans comme infirmière de l'aîné des enfants. Elle était restée à leurs côtés dans leur revers de fortune – en fait, cela ne leur était jamais venu à l'esprit ni à eux, tant son long service avait fait d'elle l'une d'elles, qu'elle pouvait faire autre chose – et elle occupait maintenant le poste de « général ». " dans la cuisine à l'étage de Bridge Street. Elle hachait du suif en ce moment, debout à l'écart, à une table d'appoint, parce que Bessie avait déclaré que voir le suif coupé la rendait malade.

"Mlle Bessie est plus gentille que sage", commenta Emily ; mais elle éloigna son matériel du voisinage de la jeune femme.

"En tout cas, je suis heureuse de savoir que je suis gentille", a déclaré Bessie, la tête penchée sur le côté. "Tant que je suis gentille, Emily—?"

"Oh, il y en a plus que moi dans le monde qui pensent ça, je suppose, Miss Bessie."

"Je ne sais pas, j'en suis sûre", murmura langoureusement Miss Bessie. "Je sais seulement que je suis très fatigué."

"Alors abandonne pour ce soir, ma chérie, et va te coucher."

"C'est absurde, maman. Comme si je pouvais tous vous quitter ! Pourquoi ne devrais-je pas travailler aussi bien que le pauvre M. Gibbon, par exemple ?"

"Certains sont faits pour le travail et d'autres non, je suppose", a déclaré ce monsieur en jetant un coup d'œil aux mains blanches de Bessie. "Je fais partie des ouvriers. Cela ne me dérange pas de m'attaquer à vos noix de muscade après avoir fini mes citrons, si vous me dites le mot, Miss Bessie."

"Maman, je me demande ce que dirait M. Boult s'il entrait maintenant et me trouvait en train de travailler comme un esclave à dix heures du soir ?"

"Rien de gratuit, ma chère, je le crains."

"Horrible et grossier homme ! Hier après-midi, il m'a trouvé assis au coin du feu en train de lire. J'étais dans votre chaise confortable, M. Gibbon - j'espère que cela ne vous dérange pas ?"

« J'espère que vous y ferez toujours l'honneur de vous y asseoir, Miss Bessie ; et vous, Miss Deleah… »

"J'étais merveilleusement à l'aise et M. Boult a pris sur lui pour me faire la leçon."

"Eh bien, il ne s'arrête pas à grand-chose ! mais la façon dont il a jamais eu le courage de *vous faire la leçon* , Miss Bessie, passe tout", a déclaré l'homme poli de Manchester.

"Je pensais que vous seriez surpris", et Miss Day sourit obliquement aux noix de muscade. "Il m'a insulté aussi."

« Des noms, Bessie ! Sûrement pas ! Que veux-tu dire par « noms » ?

"Il m'a traité de drone, maman. Un drone dans une ruche très fréquentée."

"Et comment lui as-tu répondu, Bessie ?"

"J'ai simplement continué, en me grillant les orteils devant le feu et en lisant mon livre."

"Et alors, Miss Bessie ?"

"Oh, alors il s'est assis en face de moi et m'a prêché un sermon. Un sermon de cinq minutes, selon l'horloge. Il a dit..."

"Nous ne voulons entendre aucun sermon, merci", de la part d'un Franky irritable et fatigué. Dans le stress du travail, l'heure de la retraite des enfants pauvres était souvent négligée.

"Va te coucher, Franky. Va-t'en tout de suite. Maman, envoie Franky au lit."

"Oh, va te coucher tout de suite, mon garçon chéri."

Franky, criant qu'il voulait s'asseoir à côté de Deleah et la voir couper le zeste de citron, a été expulsé : « Je déteste Bessie », a-t-il annoncé à la porte.

" Vas-y ! petit misérable gâté ! " s'écria Bessie en le menaçant avec la râpe à muscade. "Maman, Franky devient aussi impoli qu'un horrible petit garçon des rues."

"Peu importe, ma chère. Dites-moi ce que M. Boult a dit dans le sermon."

« Il a dit que mon bonheur aussi bien que mon devoir était de travailler. Il a dit que ma « mauvaise humeur » et mes « crises de nervosité » – n'était-ce pas impoli de sa part ! – venaient de l'oisiveté. Il l'a fait, M. Gibbon, a-t-il dit. en tant de mots.

"J'espère que vous lui en avez donné un pour lui-même, Miss Bessie ?"

"Oh, j'espère que non !" d'une mère alarmée.

« C'est ce qu'il veut, madame ; et c'est ce qu'il n'obtient jamais. C'est du tyran, du tyran, du tyran, toute la journée, avec le gouverneur. Et à moins que Miss Bessie ne lui tienne tête… »

"Vous pouvez me faire confiance pour ne pas avoir peur. Tous les autres ont peur. Pas moi ! J'ai juste levé les yeux vers lui et lui ai dit : "Je me demande si vous osez utiliser de tels mots avec moi, M. Boult !" Il fallait le voir regarder ! — C'est parce que je m'intéresse à toi, dit-il tout bas, comme tout homme, ça lui fait du bien de le bousculer, maman.

"C'était gentil de sa part de dire qu'il s'intéresse", a ajouté Deleah.

"Maintenant, s'il n'était qu'un beau jeune homme et que Miss Bessie pouvait s'intéresser à lui, cela aurait plus de sens", remarqua Emily depuis sa table d'appoint.

« Ne sois pas si ridicule, Emily !

"Eh bien, il a son kerridge !"

"Et c'est un joli spectacle qu'il a l'air de conduire dedans ! homme potelé, gros et vulgaire !"

"Mlle Bessie ne regarderait jamais à deux fois dans cette direction, j'en suis sûr",
a déclaré M. Gibbon, et Mme Day a eu un de ses rires désormais rarement entendus.

« Comment pouvez-vous tous dire de telles bêtises ? dit-elle.

"Oh, faisons-le !" » plaida Deleah. "Ça aide tellement avec le zeste de citron, maman."

Deleah parlait très peu à cette époque. Le choc, le chagrin de la fin cruelle d'un père, pour tous ses défauts les plus chers, en dirent plus sur elle que sur aucun de ses autres enfants. Elle n'avait pas ressenti contre lui le sentiment de blessure qui avait aidé Bessie à supporter la tragédie de sa mort, ni les préoccupations captivantes de Bessie pour elle-même, son apparence, ses fantaisies, ses aventures amoureuses. Bernard, qui travaillait dans la petite succursale de George Boult dans la ville rurale d'Ingleby, enchaîné corps et âme à la lourde corvée d'un travail peu agréable, ne pensait à son père qu'avec rage et ressentiment. Franky, enfantin, avait apparemment oublié.

Deleah ne pouvait pas oublier. Nuit après nuit, son oreiller était mouillé des larmes versées pour celui sur le cou duquel elle avait sangloté pendant ces minutes inoubliables de sa dernière nuit sur terre. Elle se torturait avec des remords secrets et non mérités. Oubliant son amour et son devoir habituels, son esprit s'attardait sur une occasion mémorable où elle se disait qu'elle l'avait laissé tomber. Lorsqu'elle avait fait semblant de ne pas remarquer une main tendue vers la sienne, ou qu'elle avait évité un petit service, elle aurait pu lui rendre.

Le père n'avait eu connaissance d'aucun péché aussi mineur contre lui, mais elle était tourmentée par la conviction qu'elle l'avait blessé. Il semblait toujours la regarder avec des yeux de reproche. Elle oublia son mauvais caractère, son manque d'amour, son manque de considération pour tout autre que lui-même, pendant les dernières semaines misérables de son séjour parmi eux, et le vit seulement tel qu'il l'avait été la nuit dernière avant son procès, entendant toujours le grand sanglot qui avait semblé lui déchirer la poitrine alors qu'elle s'y était appuyée.

Son dix-septième anniversaire était maintenant passé, et il semblait à sa mère que sa jeune fille était devenue encore plus jolie. La pauvre Mme Day aspirait souvent à une oreille compatissante dans laquelle insuffler son admiration maternelle. Pour Bessie, le sujet de la beauté de Deleah était comme un chiffon rouge pour un taureau. Emily, l'amie générale et confidentielle de la famille, n'était pas en la matière une confidente tout à fait satisfaisante, car à ses yeux aveuglés par l'affection, toute la famille était également belle.

" Vous avez de beaux enfants, madame. Je le sais depuis que les gens se pressaient autour de mon landau pour les voir quand je les faisais sortir, autrefois, quand j'étais bébés. Souvent, le trottoir était bloqué. , comme vous m'avez déjà entendu le mentionner. Il n'y a pas deux opinions sur leur apparence, et nous savons de quel côté ils les tiennent."

En tout cas, il n'y avait pas deux opinions à ce sujet. Même le critique le plus charitable n'aurait pas pu attribuer la beauté du pauvre William Day ; et le visage fatigué et pathétique de sa veuve était encore un beau visage.

# CHAPITRE XI



La séduisante Bessie

Ayant été autorisés à prendre sa place parmi eux et à couper de la viande hachée à la table de leur cuisine, ils pensèrent tous que leur pensionnaire ne pourrait plus jamais être un étranger pour la veuve et ses enfants. Par fierté et par timidité, ils l'avaient tenu à bout de bras, mais maintenant qu'ils avaient plaisanté ensemble sur les particularités de George Boult et qu'il avait osé avec une force ludique prendre la râpe à muscade des doigts fatigués de Bessie, accomplissant vaillamment lui-même sa tâche, ce serait Il a été impossible, même si cela était souhaitable, de revenir à leurs relations antérieures.

Bessie, qui l'avait traité au début avec une hauteur soigneusement masquée, fut des premières à le placer dans des termes de familiarité facile. Elle avait fortement détesté l'inclusion d'un étranger dans leur cercle familial, et se félicitait désormais de sa présence là-bas comme étant le seul élément d'intérêt dans le *ménage* .

"Il y a un an, maman, nous n'aurions pas dû admettre l'homme de Manchester de M. Boult à la même table que nous. Et maintenant, nous gardons ses assiettes chaudes, s'il arrive en retard, et lui racontons tous nos secrets."

"Maman et moi ne révélons aucun secret à M. Gibbon", a déclaré Deleah.

"J'ose dire que M. Gibbon ne veut pas les entendre. Quant à moi, je trouve que lorsqu'on vit dans la même maison qu'un homme, il est impossible de le tenir à distance."

"Qui veut le garder à distance ? J'ai seulement mentionné que je ne me sentais pas obligé de lui révéler des secrets."

"Et j'ai seulement dit qu'il ne se soucierait pas d'entendre tes secrets, si tu en as."

"Je ne l'ai pas fait", a admis Deleah en riant.

"Alors je l'ai fait. Et je les dirai à qui je veux, malgré l'insouciance de Deda, maman."

"Dites à qui tu aimes, Bessie."

"Maman, veux-tu parler à Deleah ? Elle est encore impertinente avec moi."

Comme il aurait été impossible de recevoir Reggie Forcus et M. Gibbon au même tableau, Bessie le sentait souvent. Mais l'époque où Reggie venait dîner avec les prospères Jours dans la rue Queen Anne était révolue pour toujours. Mieux vaut un demi-pain que pas de pain. Savoir qu'un être mâle, qui ne pouvait lui être indifférent, était un habitant de la maison, c'était, comme elle se disait souvent, quelque chose.

Elle ne s'intéressait pas à lui, bien entendu. Un jeune homme sorti d'une boutique de drapiers ! Mais il était plus amusant de subjuguer même quelqu'un comme lui que de n'avoir personne à ses pieds.

Ainsi, à l'heure où les grands volets de Boult se levaient sur la devanture des six boutiques de Market Street et où l'homme de Manchester était libre d'aller dîner, Bessie prenait un soin extrême à être prête à le recevoir. Elle s'était permise de devenir un peu négligée quant à son apparence pendant la journée – qui était là pour la regarder, ou se soucier de ce qu'elle portait dans le salon au-dessus du magasin ? Mais à l'heure du souper, elle aurait revêtu sa robe la plus convenable, aurait coiffé ses cheveux de la manière la plus avantageuse, aurait frotté avec une serviette rugueuse ou battu avec une brosse à cheveux les joues charnues et blondes qu'elle jugeait trop pâles.

Il y avait toujours une irrégularité dans les repas de la famille Day. La commerçante était souvent retenue en bas pendant une heure après l'heure où elle aurait dû être assise au tableau du dessus, et lorsqu'elle était retenue de cette manière, Deleah restait toujours aussi pour aider sa mère. Mais Bessie avait ordonné que le repas se poursuive sans eux. Il n'était pas juste qu'un homme, au travail toute la journée, doive attendre sa nourriture la nuit. C'est ainsi qu'il arrivait souvent qu'elle et lui s'asseyaient *en tête-à-tête* devant la viande froide et les cornichons qui constituaient le repas, avec l'ajout de bière en bouteille pour le pensionnaire.

Bessie a confié de nombreux éléments intimes de sa propre histoire cardiaque à l'oreille poliment attentive de M. Charles Gibbon. Elle n'a pas reçu de confidences en retour, ni n'en a demandé. Qu'est-ce que le jeune commerçant pouvait bien avoir à raconter en comparaison avec l'intérêt suscité par les révélations de Bessie ?

Il n'était pas un prince déguisé comme il eût été si agréable de le découvrir : cet homme d'âge moyen, petit et trapu, avec ses yeux sombres, brillants et proéminents, sa grosse tête sombre, son front rouge et noueux, dont les parents avaient tenu une petite boutique de drapiers dans un petit bourg du comté.

Qu'est-ce qu'un homme si né et si élevé pouvait bien avoir à offrir à Bessie en échange des histoires de la grande vie à laquelle elle avait été habituée ? Mais il devait s'estimer flatté par la condescendance de Bessie, il devait voir comme elle était jolie, assise sous le brûleur à gaz en bronze à trois branches pour présider son souper.

Emily, apportant le pudding chaud et sucré pour remplacer la viande froide, agitait une tête d'avertissement facétieuse en direction de la jeune femme derrière le dos de M. Gibbon inconscient. "N'emmenez pas ce gentil jeune homme se ridiculiser à cause de vous, Miss Bessie", avertirait-elle la jeune fille le lendemain.

"Il peut prendre soin de lui-même. Rassurez-vous", répondait Bessie, très contente. Elle adorait discuter de tels sujets avec son admiratrice dévouée, Emily, et aimait être accusée de briser les cœurs.

"Nous serons encore en retard pour le dîner", disait Mme Day, occupée avec son journal et son grand livre dans le magasin, à la jeune fille à côté d'elle.

"Peu importe, maman. C'est peut-être de la charité que de ne pas se précipiter", a répondu Deleah à une occasion.

"Oh, c'est absurde, chérie!" » dit Mme Day, levant avec inquiétude ses yeux fatigués.

"Eh bien, si M. Gibbon est amoureux de Bessie ?"

"'Si en effet!"

"Ce sera fini. Vous verrez."

« C'est vraiment la fin, Deleah !

"Tu penses que Bessie ne le prendrait pas ?"

"Bessie attendra au moins qu'il lui demande."

"Mais devriez-vous vous y opposer, maman ? Ce n'est pas un gentleman, je suppose ; Bessie dit que non. Mais je pense que nous devons accepter les choses, les gens et notre place, tels que nous sommes ; ne pas toujours regarder en arrière vers ce que nous sommes." c'était le cas. J'aimerais souvent que Bessie voie les choses comme ça, maman.

"Nous serions tous plus heureux si nous le pouvions, je n'en doute pas", soupira la pauvre Mme Day. La pauvre dame ne pouvait pas toujours garder à l'esprit le sort de la femme de Lot et jetait souvent des yeux ardents vers la terre agréable et facile qui avait été sa maison.

"Et je ne suis pas toujours enclin à accepter l'opinion de Bessie sur ce qu'est une dame ou un gentleman."

"Bessie ne réfléchit pas autant que toi, Deleah."

"Je ne sais pas ce que je pense : je ressens", a expliqué Deleah.

Pendant qu'elle attendait que sa mère ait fini ses livres, elle pesait et préparait des paquets d'une demi-once de tabac que Lydia Day était autorisé à vendre. Elle baissa la voix sur un ton plus confidentiel, bien qu'elle et sa mère fussent seules dans le magasin, où elles accomplissaient leur travail du soir à l'aide de l'unique brûleur à gaz mélancolique, auquel elles se limitaient après les heures de travail. La lumière était insuffisante pour le plafond bas et l'étroitesse de l'endroit.

" Pensez-vous, maman, que Bessie devrait toujours dire des choses horribles à propos de M. Boult ? Se moquer de lui, l'imiter, se plaindre de tout ce qu'il fait ; non seulement à vous et à moi, mais à M. Gibbon ? à Emily... à quelqu'un qui veut bien écouter ? Pensez-vous qu'une dame — ce que vous et moi pensons qu'une dame, pas ce que pense Bessie — ferait cela ?

"Bessie est sensible... et très fière. Il ne faut pas l'oublier... pauvre Bessie ! Et les méthodes de M. Boult ne sont pas toujours agréables, Deleah."

"Non. Mais il a été notre ami. Il est resté fidèle à nous. Qui d'autre, parmi toutes les personnes avec qui nous étions amis ? Et nous n'avons jamais été gentils avec lui, autrefois - ne l'invitant pas à nos fêtes, tu te souviens, et je n'ai jamais été amical avec lui le dimanche après-midi. Oh, comme j'aurais aimé que nous l'ayons été, maman !"

Mme Day acquiesça, mais pas avec enthousiasme. Elle n'aimait pas suffisamment George Boult pour regretter de l'avoir tenu à distance tant qu'elle le pouvait.

"Je suis sûre que nous devrions lui en être reconnaissants", a admis Mme Day. Elle était très fatiguée ; l'odeur du tabac que Deleah traînait, tachant le bout de ses petits doigts blancs, était dans ses narines ; elle ne se sentait pas particulièrement reconnaissante.

"Alors, quand Bessie établit la loi sur ce qu'une femme doit faire, j'aimerais que tu lui rappelles, maman, qu'une dame doit faire preuve de gratitude pour sa gentillesse."

"Et pourquoi, ma chère, menez-vous soudainement les batailles du pauvre M.
Boult ?"

"C'est un secret", a déclaré Deleah. "Mais un jour, si tu es bon, je te le dirai."

Le salon, avec le dîner joliment préparé, avec Bessie joliment habillée, blonde, ronde et séduisante sous la lumière du gaz, bavardant joyeusement avec M. Gibbon, ressemblait à un paradis de repos aux yeux de la pauvre Mme Day fatiguée. La pièce était en fait très agréable ; long, bas, avec de larges sièges devant chacune des trois fenêtres donnant sur la rue ; avec une cheminée haute et étroite en chêne face aux trois fenêtres ; avec des murs lambrissés en chêne, de lourdes chevrons en chêne soutenant le plafond bas, de vieilles plaques de laiton en haut de la porte en chêne - tout comme à l'époque où le grand-père du vieux Jonas Carr tenait boutique pour la première fois à Bridge Street. Il était également sucré avec des fleurs. Un panier de tulipes roses enchâssées dans la mousse occupait la place centrale sur la table du souper, et quelques pots de primevères en pleine floraison étaient sur les rebords des fenêtres ; au-dessus de cette fenêtre, au coin du siège de laquelle Miss Deleah Day aimait s'asseoir, son corps léger et souple recroquevillé dans un espace aussi réduit que possible pour ne pas gêner les primevères, était suspendue une cage à oiseaux en laiton contenant un canari.

Bessie avait une conversation animée mais évidemment confidentielle avec le pensionnaire lorsque la mère et la fille entrèrent dans la pièce.

« Il est encore passé aujourd'hui », disait-elle. " J'ai veillé à ce qu'il n'ait pas le plaisir de croire que je le cherchais ; mais en regardant derrière les rideaux, je le voyais regarder vers la fenêtre. Quelle consolation le pauvre trouve-t-il en regardant simplement une fenêtre ! " bien sûr, je ne sais pas.

"Il vous voit là-bas, Miss Bessie. Ou espère vous voir."

"De la rue, on ne me voit pas."

"Depuis le trottoir d'en face, c'est possible. Je le sais, parce que j'ai vu Miss Deleah assise là, avec son livre, et l'oiseau, et les fleurs."

L'attention de Bessie fut attirée par cette information. « Peux-tu ? En es-tu sûr ? » elle a demandé; et à ce moment, peu propice pour elle, Deleah apparut avec sa mère.

"Maman ! Quand Deda s'assoit sur le rebord de la fenêtre, dans le coin, on la voit de la rue !"

"Eh bien, ma chérie ?"

"Eh bien, maman ! Tu ne souhaites pas que Deda se fasse remarquer, je suppose ?"

"Qui a dit que je me faisais remarquer ?" demande une Deleah irritée. "Qui a parlé de moi ?"

"Moi", admet précipitamment l'homme de Manchester. "Je n'ai pas dit que vous étiez remarquable, Miss Deleah. J'ai seulement dit que je vous avais vue assise là avec votre livre, parmi les fleurs."

" Elle ne doit plus s'asseoir là, maman. Veux-tu le dire s'il te plaît ? Deda, tu ne dois plus t'asseoir à la fenêtre. Nous ne pouvons pas nous empêcher de vivre au-dessus d'une épicerie, mais nous n'avons pas besoin de nous afficher. "

"Si cela offense M. Gibbon, il n'a pas besoin de regarder par la fenêtre. Je serai certainement assis là si je le souhaite."

" Venez, venez, mes chéris. C'est assez parlé. Je vous prie de souper en paix. "

"Vous avez eu une journée fatigante, madame", dit M. Gibbon. "Laissez-moi vous persuader de prendre un verre de bière avec votre bœuf ce soir. Juste pour vous revigorer. La Forcus's Family Ale est le meilleur remontant."

"Reggie Forcus est passée devant trois fois cet après-midi, maman", a informé Bessie à ses parents. Puis elle se tourna brusquement vers sa sœur : « Vous étiez à l'école, mademoiselle.

"Je l'ai rencontré en revenant", a déclaré Deleah en s'asseyant à la table. "J'aurais aimé que ce plaisir soit le tien plutôt que le mien, Bessie."

"Est-ce qu'il s'est arrêté pour parler ?"

"Bien sûr qu'il s'est arrêté. Il s'arrête toujours."

"Bien?"

"Il t'a demandé."

« Il le fait toujours, je suppose ?

"Toujours."

"Là!" » dit Bessie sur une note de triomphe en regardant autour de elle.

"Là!" » fit écho Deleah alors qu'elle se servait de la moutarde que M. Gibbon lui offrait.

"Maman, tu entends Deda ? Elle ne doit pas se moquer de moi."

« Du pain, Miss Deleah ? Des cornichons, Mme Day ? s'interpose précipitamment un obséquieux M. Gibbon. Il était assidu dans ses attentions envers les dames, toujours soucieux de politesse et de gentillesse. Il montrait clairement qu'il trouvait son bonheur parmi eux et qu'il était désireux de gagner et de conserver leur faveur. S'il lui arrivait de critiquer leur minutie, il ne le savait pas.

« Un incident intéressant dans les échanges commerciaux de la journée, madame ? » » demanda-t-il en s'occupant de subvenir à leurs besoins.

Pas grand chose. La femme Quaker était de retour pour le sucre. Encore une fois, Mme Day s'était engagée inconditionnellement à ce que les cannes dont elle était issue n'avaient pas été cultivées par des esclaves.

"Et l'ont-ils fait ?" » a demandé Deleah.

"Je suis sûre, ma chère, que je ne sais pas s'ils l'ont fait ou non", a reconnu une épicière harcelée. Sa conscience s'émoussait à cause du stress et des tensions de la vie professionnelle. "Elle en a pris une livre comme d'habitude, et c'est tout ce que je peux en dire."

"Mais, maman ! Pour le profit du kilo de sucre !"

"Il n'y a aucun profit là-dessus, Bessie. Si elle avait pris un quart de livre de thé avec, nous aurions eu trois pence dans nos poches. Mais elle ne l'a pas fait. Alors, voyez-vous, je me suis parjuré pour rien. ".

"Ne laissez pas cette pensée vous troubler un instant, madame", a conseillé M. Gibbon. "Aucun d'entre nous ne peut se permettre d'être trop gentil dans le commerce. Nous devons vivre, Miss Bessie. Les clients ne le pensent pas - ils nous écorcheraient s'ils le pouvaient - mais nous l'avons fait. Je suis du groupe de M. Boult. esprit à ce sujet, même s'il n'y a pas grand-chose sur quoi je le soutiens. « Faisons de notre mieux pour le public pendant qu'il paie des prix raisonnables », dit-il, « et quand ce n'est pas le cas, faisons *le* public ». "

"Tout cela est si bas, M. Gibbon."

"Mais ce sont les affaires, Miss Bessie. Les affaires sont faibles."

"Oh, ne parlons pas de ça maintenant", plaide Deleah.

"Deleah a un secret. Elle meurt d'envie de tout nous dire", a déclaré la mère de Deleah.

"C'est quelque chose que Deleah a fait !"

"Non, Bess. Calmez-vous. Calmez-vous tous."

"Mais comment pouvons-nous ? En finir avec ça, chérie."

"Ce n'est rien, maman."

"Rien?"

"Seulement une de mes idées."

"Quelque chose que tu as créé et inventé, Deda !"

« Quelque chose dont je suis aussi sûr, Bessie, que je le suis, que vous mourez toujours d'envie de me trouver à redire. Merci, M. Gibbon, j'ai déjà *trois* morceaux de pain, regardez !

"Vous avez donné du pain à Deleah trois fois en autant de minutes, M. Gibbon."

"Ne donnez le pain *qu'à* Bessie, M. Gibbon. (Maman, je *dois* répondre *parfois* .")

"Nous attendons le secret, ma chérie."

"Il s'agit de nos mystérieux cadeaux, maman. M. Gibbon, vous nous avez entendu parler de notre bienfaiteur inconnu qui nous comble de choses délicieuses, et pourtant il est si peu généreux qu'il ne nous fera pas le plaisir de vous dire 'merci'."

Oui. M. Gibbon avait entendu dire que quelqu'un envoyait parfois des fleurs à Miss Deleah.

"Ils sont toujours envoyés à Deleah, mais je suppose qu'ils sont destinés à nous tous", a déclaré Bessie.

"Et parce qu'ils sont venus en mon seul nom, ils m'ont donné le premier indice", a déclaré Deleah. "Voyons voir, nous avons commencé avec des violettes, n'est-ce pas ? Et en janvier, quand elles étaient rares et chères. De jolis bouquets de violettes 'pour Miss Deleah'. Le nom de Miss Deleah écrit en caractères d'imprimerie, afin que personne ne puisse le découvrir par l'écriture manuscrite. Ensuite, nous sommes passés à un panier de bonbons – des bonbons de mon espèce la plus particulière, qu'aucun de nous ne peut plus se permettre de regarder. , j'ai l'eau à la bouche rien que d'y penser ! Non, je n'ai plus demandé d'eau dans mon verre, merci, M. Gibbon."

"Nous savons tous ce que tu avais, Deleah ; nous pensions que nous allions savoir qui les a envoyés."

"Patience ! Patience, bonnes gens ! Laissez-moi voir, qu'est-ce qui s'est passé ensuite ? Oh, l'oiseau dans la cage. Et le voilà toujours dans sa cage pour que vous puissiez tous le voir," et Deleah se pencha en arrière sur sa chaise et lança sa jolie tête par-dessus son épaule pour regarder le canari accroché au-dessus de la fenêtre de gauche où se trouvait son siège préféré. "Puis l'azalée. La jolie azalée rose; et après ça… oh, j'oublie. Mais toujours quelque chose qui arrive – quelque chose que nous ne pouvons pas nous permettre d'acheter, mais qui a rendu notre salon charmant; et l'horrible Bridge Street un supportable. endroit où vivre. Maintenant, vous mourez tous d'envie de découvrir qui nous a donné ces choses délicieuses, mais je l'ai toujours su et je vais enfin vous le dire.

"Alors, si tu savais, tu aurais dû nous le dire. Deda n'aurait pas dû être si sournoise à ce sujet, maman, si elle avait su."

"Nous aurons chacun une supposition ; et Bessie, en récompense de sa bonté, aura la première. Maintenant, Bessie ?"

" Moi aussi, je le savais depuis le début, mademoiselle. Et de plus, je savais que même s'ils vous avaient été envoyés, ils étaient destinés à moi. Reggie Forcus. "

"Faux. Voici Emily avec le pudding. Emily, tu auras une idée : qui est-ce qui envoie les fleurs, les livres et les oiseaux dans les cages ? »

"L'un des maîtres de l'école qui est tombé amoureux de vous, Miss Deleah." Emily donna son avis sans hésiter, continuant à s'occuper de changer les assiettes.

« Encore faux, M. Gibbon ? Maintenant, je vous donne un conseil. Pensez à la personne la moins probable au monde.

"La dame Quaker qui s'oppose au sucre cultivé par les esclaves."

Deleah rit en secouant la tête. "C'est très ingénieux. Et ce serait délicieux ; mais c'est faux. Maintenant, maman. La personne la moins probable au monde, souviens-toi."

"M. George Boult."

"Maman l'a. C'est M. Boult."

"Oh, ma chère enfant, j'espère que non !"

« Scrooge ? s'écria Bessie. "Jamais!" Bessie elle-même avait donné le nom de Scrooge au drapier à succès, pour qui, en ce qui concerne son apparence personnelle, cela était absurdement inapproprié.

"C'est Scrooge, un Scrooge converti, et je suppose que je suis Tiny Tim. Et il m'a comblé d'avantages, maman, dans l'intention ainsi de profiter à la famille."

"Oh, ma chérie, ce n'est pas possible ! Je suis sûr que vous avez tort, Deleah. M. Gibbon, dites qu'elle a tort. Cela ne peut pas être M. Boult."

M. Gibbon se contenta de rejeter la tête en arrière et de rire bruyamment.

Deleah était un peu blessée que le pensionnaire ait renoncé à sa politesse prudente habituelle pour accueillir l'exposé de son idée avec ridicule. Elle le contempla gravement jusqu'à ce qu'il arrête de rire et la regarde avec une gravité désolée et anxieuse dans ses yeux saillants et extraordinairement parlants. Puis elle se tourna vers sa mère.

"Pourquoi penses-tu que c'est impossible, maman ? Parce que M. Boult ne peut pas *dire* des choses agréables, ce n'est pas une raison pour qu'il ne puisse pas les faire. Ne sais-tu pas qu'il y a de pauvres âmes fermées qui veulent être gentilles, qui aspirent à être aimé – qui doit parler dans un langage stupide parce qu'il ne peut pas articuler ? »

"Mlle Deleah a raison. C'est vrai. C'est vrai !" M. Gibbon a affirmé avec empressement.

"Eh bien, M. Boult n'a pas la chance d'avoir une langue pour dire des choses douces ; mais l'oiseau dans la cage, le panier de bonbons, l'azalée rose, ce sont ses discours aimables et polis."

"Ma chérie, quelle absurdité !" s'écria Mme Day, qui ne voulait pas croire en M. Boult comme l'auteur de si agréables attentions.

Mais l'homme de Manchester acquiesça avec enthousiasme : « Miss Deleah a raison, madame », dit-il. "Un homme qui ne parvient pas à convaincre Miss Deleah de lui dire des choses pourrait essayer de le dire."

"Et tu penses que M. Boult veut dire des choses à Deleah ?" » demanda Bessie méprisante.

"Non, je ne le sais pas, puisque vous me le demandez. Non, Miss Bessie."

"Je ne devrais pas le penser ! Et pourquoi, je vous prie, aurait-il dû s'en prendre à Deda ?"

"Oh, pourquoi quelqu'un devrait-il s'en prendre à moi ?" » Deleah demande, pose couteau et fourchette, écarte les mains, comme si elle invitait avec une humilité exagérée à inspecter ses pauvres prétentions au favoritisme.

"Mais... si c'était M. Boult, je pense que je peux comprendre pourquoi cela pourrait être Deleah," dit lentement Mme Day en baissant les yeux. Elle se souvenait que son pauvre mari n'avait pas caché que la plus jeune était son animal de compagnie ; et elle se rappelait également que, pour le bien de son père, c'était Deleah qui traitait cet homme arrogant et tyrannique avec un respect et une courtoisie sans faille.

"Oui. Et je peux le comprendre aussi, maman," dit doucement Deleah.

"Eh bien, ceux qui vivront verront", remarqua sentencieusement Emily en retirant les restes du pudding au sagou.

# CHAPITRE XII

La séduisante Deleah

Un engagement avait été obtenu pour Deleah Day en tant que gouvernante anglaise adjointe dans une école pour femmes. Au séminaire de Miss Chaplin, elle était employée à écouter les leçons apprises par cœur du Brewers' *Guide to Knowledge, des Questions de Mangnall , de l'Histoire d'Angleterre* de Mme Markham ; en lisant à haute voix pendant que ses élèves tatouaient ou crochetaient des nattes et des antimacassars ; en luttant avec eux à travers les subtilités, jamais maîtrisées par elle-même, de la règle des trois et des fractions vulgaires, de neuf heures du matin à cinq heures de l'après-midi ; à l'exception du mercredi, où il y avait un demi-congé, et du samedi, où il n'y avait pas d'école du tout.

La légèreté de la silhouette de Deleah et la fragilité de son petit visage, à l'allure innocente et inconsciente, étaient accentuées par les vêtements noirs qu'elle portait encore. Abandonner le deuil de son malheureux père serait, selon elle, une offense à son égard.

"C'est comme si Bessie avait oublié", se dit-elle en voyant sa sœur dans les bleus et roses dans lesquels elle avait commencé alors que l'été revenait pour se préparer pour le dîner et l'homme de Manchester. "Je n'oublie pas."

Le noir n'était pas un vêtement à la mode à cette époque, il était uniquement utilisé pour le deuil. Une femme vêtue de noir l'a fait pour proclamer qu'elle pleurait les morts. Le sentiment attaché à ses vêtements de sable augmentait l'intérêt éveillé par la forme légère de Deleah et son visage séduisant ; — rendait sa peau claire plus pâle ; faisait briller ses yeux comme des joyaux sous la fine ligne de ses sourcils noirs.

Parmi les membres de son sexe se trouvaient, à l'époque de son dix-huitième anniversaire, tous les captifs de ses charmes dont Deleah était au courant. Il n'y a pas d'amant aussi ardent qu'une écolière lorsqu'elle conçoit une passion pour une autre fille de l'école ; et une demi-douzaine de petites élèves de Miss Chaplin étaient éperdument amoureuses de Deleah Day. Ils soupiraient contre elle, leurs yeux adorateurs s'accrochaient à son visage, ils souffraient à travers elle des angoisses de jalousie. Ils étaient abattus par un mot, exaltés par un sourire.

L'une des jeunes filles qui recevaient alors une éducation polie au séminaire de Miss Chaplin se souvient encore aujourd'hui comment elle dormait, nuit après nuit, avec un gant — un gant si usé et si usé — du jeune professeur d'anglais sous son oreiller. Elle possède encore un album intitulé « Le Livre Deleah », dans lequel est collée une photographie atroce — toutes les photographies (on appelait cartes de visite) — étaient diffamatoires et atroces à l'époque — d'une jeune fille en robe noire, la jupe un peu distendue aux pieds par le petit cerceau du jour, une courte veste noire, avec des cheveux noirs séparés au milieu sur une tache de visage et rassemblés en filet sur la nuque. En dessous est écrit le nom de Deleah et la date.

Dans « Le Livre Deleah », également, sont conservés précieusement, griffonnés là dans l'écriture de l'écolière, les mots d'esprit et de sagesse recueillis des lèvres de l'idole, ainsi que des informations et des souvenirs aussi précieux que les suivants :

"Tennyson est le poète préféré de DD"

"De toutes les fleurs, la rose est la reine et la plus aimée de DD"

"N'oubliez pas de retenir les mots méchants. DD"

"Si nous savions tout, nous trouverions qu'il y a des excuses pour tout. DD"

"(Remarque). Les amandes brûlées sont la friandise préférée de DD et 'Abide with
Me' est l'hymne préféré de DD."

Leurs chemins allant dans la même direction, c'est ce jeune dévot qui a eu le privilège de rentrer chez lui à pied avec le passionnément admiré DD. Un certain après-midi, alors qu'ils traversaient les rues calmes de la vieille ville, leur conversation portait sur un concert longtemps annoncé. aura lieu ce soir-là, où devait apparaître un grand chanteur.

"Comme tu vas apprécier ça, Kitty," disait Deleah avec un petit désir de fille. "Pas seulement le concert, mais tout. Laissez-moi l'imaginer. Quand vous me quitterez, vous rentrerez chez vous en courant - moi dans l'horrible Bridge Street ! - et dans votre chambre il y aura un feu allumé, et sur le lit votre jolie robe du soir sera allumée. être étalée, et ton jupon de dentelle, et tes bas de soie... »

"Oh, comment savez-vous tout cela, Miss Day ? Vous savez tout ! Mais je n'apprécierai pas du tout le concert. Je ne le ferai pas. Savez-vous pourquoi ? Parce que vous ne serez pas là."

"Oh, c'est absurde, Kitty ! C'est absurde ! C'est absurde !"

"Je penserai à vous tout le temps et je souhaiterai... oh je souhaite ! Miss Day, croyez-vous qu'il est vrai que si nous continuons à souhaiter de toutes nos forces - pas un souhait égoïste, vous savez, mais quelque chose agréable pour une autre personne – le souhait se réalise un jour, *un jour ? »*

"Chaque souhait est comme une prière avec Dieu", a cité Deleah, sans remettre en question dans son cœur d'enfant la vérité littérale de ces mots.

"Alors, Miss Day, ce n'est plus Kitty Miller qui marche avec vous, mais un grand et solide souhait... Oh, le revoilà, Miss Day ! Il y a le jeune M. Forcus... regardez !"

"Je le vois. Je ne vais pas m'arrêter. Marchons plus vite, Kitty."

"N'est-il pas étrange qu'il soit toujours ici, juste quand nous sortons de l'école, Miss Day ?"

"Peu importe. Non, tu ne dois pas regarder autour de toi, Kitty."

"Comme il enlève *joliment son chapeau ! Il avait un air terriblement déçu lorsque vous ne vouliez pas vous arrêter, Miss Day. Je pense que vous êtes très cruelle.*"

"Peu importe. Non, Kitty ! Ne le fais pas, chérie. Aucune dame ne se retourne lorsqu'un gentleman la croise."

(Une nouvelle entrée est apparue dans "The Deleah Book" ce soir-là : "Aucune dame ne se retourne quand un gentleman la croise. DD")

" Miss Day ! " - avec un rire doux et irrépressible - " Il a tourné son cheval et nous poursuit. "

"C'est pas grave. Dépêchons-nous."

Mais lorsque la jument fut arrêtée à côté d'elle, ses sabots claquant sur les pavés de la rue, Miss Day, malgré elle, dut s'arrêter.

"Comment ça va, Deleah ?" Kitty Miller eut encore une fois le privilège de voir avec quelle beauté le chapeau se détachait, exposant pendant un temps assez appréciable la tête blonde et lisse du jeune homme. « Waouh, Nance ! » à la jument noire au teint satiné, qui s'opposait à ce qu'on la traîne dans le caniveau qui longe le trottoir. "Je dis… il y avait quelque chose que je voulais particulièrement te dire, Deleah. Whoa ! Calme, vieille fille ! Je dis… comment va Bessie ?"

"Bessie va très bien, merci, M. Forcus."

« « M. Forcus ? » Allons, dis-je, Deleah ! tu ne vas pas me mettre à bout de bras, comme ça, j'allais te demander : comment va Bessie ?

"Très bien merci."

"Je n'ai pas vu Bessie depuis des lustres."

"Est-ce si long ?"

"Je me demandais si je pourrais passer parfois voir Mme Day—"

"Maman est toujours occupée, merci."

« Chez toi, alors ?… Juste pour voir… Bessie ?

"Je suis sûr que je ne sais pas. Tu ferais mieux de demander à Bessie elle-même."

"Je lui demanderai quand j'appellerai. Whoa ! Calme, imbécile ! Calme ! À quelle                                    heure                                    pourrais-je venir alors que je ne devrais pas gêner ?"

"Nous sommes toujours occupés. Toujours. Je pense que tu ferais peut-être mieux de ne pas venir du tout."

"Merci ! Pourquoi ?"

"Vous aviez l'habitude de venir, si vous vous en souvenez ; et vous avez renoncé à venir", a déclaré Deleah. Le petit visage tourné vers lui était sans sourire et fier. Les yeux clairs d'un noisette pâle regardèrent le beau jeune homme sur le magnifique cheval agité.

"Je suis davantage mon propre maître maintenant", a-t-il déclaré. "J'aimerais revoir vous tous, Deleah."

"Tu ferais mieux de ne pas le faire. Au revoir."

"Attends ! Attends ! Une minute ! Dis-je, tu vas à ce concert ce soir ?"

"Bien sûr. Nous tous. Même Franky. Des endroits mi-guinéens. Pourquoi as-tu besoin de demander ?"

"Mais si je t'achète des billets ? Toi, Bessie et Mme Day ? Je le ferai, tu sais. Je le ferai, Deleah, si tu dis que tu iras..."

« Les billets ont tous été vendus il y a quinze jours. Vous arrivez trop tard, dit-elle ; puis elle lui sourit malgré elle de son sourire gagnant et repartit.

Kitty attendait la fille plus âgée quelques pas plus loin. "Là!" dit-elle, les yeux écarquillés de crainte. "Voilà, Miss Day ! Mon souhait s'est presque réalisé ! Oh, s'il avait pu vous procurer des billets et que vous seriez partie, comme tout aurait été paradisiaque, paradisiaque ce soir !"

Le thé était prêt dans le salon au-dessus du magasin lorsque Deleah rentra chez                                    elle.
Du thé avec du pain épais et du beurre, des toasts secs, du cresson, des petits plats de tranches de jambon et des tartelettes faites à la manière d'Emily ; et Bessie et Franky étaient déjà assis à table.

Près de l'assiette de Deleah, une lettre gisait. Une lettre qu'elle regarda d'un air dubitatif, hésitant un peu à l'ouvrir ; car il était adressé, d'une manière qui lui était devenue embarrassante et familière, en caractères soigneusement imprimés.

"C'est de l'argent, cette fois, nous pensons", cria Franky en sautant sur sa chaise.
"Dépêchez-vous, Deda."

"Nous mourons tout simplement d'envie de savoir ce qu'il vous a envoyé. Comme vous êtes lent !" Gronda Bessie.

À contrecœur, Deleah a brisé l'enveloppe et en a sorti deux billets pour le concert du soir.

"Les places à dix shillings !" Bessie a pleuré. "Nous y allons, Deleah. Nous y allons !"

Deleah regarda avec un peu de méfiance les billets posés à côté de son assiette. "C'est très bien, mais j'aurais tellement préféré les cadeaux sans tout ce mystère. Il y a des mois, j'aurais remercié M. Boult si vous et maman me l'aviez permis. Je suis sûr que cela aurait été mieux. Je suis sûr nous devrions le remercier.

"Ça n'a plus d'importance maintenant. Nous devons penser au concert. J'y vais et je ne peux pas y aller sans toi."

"Je ne sais pas si nous devrions y aller, Bessie—"

"Pourquoi pas, je vous prie ?"

Deleah resta silencieuse.

"A cause de papa ? Il est mort depuis bientôt deux ans. Ne montrerons-nous plus jamais notre nez aux autres ? Tu pousses les choses à l'extrême, Deda !"

Deleah accepta docilement le reproche, n'ayant rien à dire, rien, du moins, que Bessie puisse comprendre.

Puis le pensionnaire entra, car c'était le début de l'après-midi de fermeture, et prit place aux côtés de Franky.

"Quelques cadeaux encore mystérieux", dit Bessie en lui souriant. "Très utiles, cette fois, et exactement ce que j'aurais souhaité."

"Les billets pour le concert", expliqua Deleah en les lui tendant. "Dix shillings. Le pauvre M. Boult déteste la musique. Je l'ai entendu dire un jour qu'il croyait que tout le monde la détestait, et que lorsqu'ils faisaient semblant de l'aimer, ce n'était que affectation et fumisterie. Quel plaisir peut-il bien avoir à nous donner ces billets pour lesquels nous ne pouvons même pas le remercier ?

"Il aura le plaisir de savoir que vous êtes heureuse et qu'il vous a rendu ainsi, Miss Deleah. Et vous aussi, bien sûr, Miss Bessie."

"Mais M. Boult n'a pas plus envoyé ces billets, qu'il n'a envoyé l'oiseau dans la cage, ou le…!"

"Oh, tu penses encore à Reggie Forcus," l'interrompit Deleah avec impatience. « Quelle absurdité, Bessie !

"Elle pense beaucoup plus à lui qu'à elle", annonça Franky en grignotant son pain et son beurre.

Bessie se leva de sa place près du plateau à thé et fit le tour de la table avec un regard déterminé. « Vous prenez cela pour de l'impertinence, monsieur ! » dit-elle en administrant une gifle cuisante sur la joue de Franky. Son intention de représailles immédiates a été contrecarrée par le fait que M. Gibbon s'est emparé de la cuillère à thé qu'il s'apprêtait à lancer sur son agresseur.

"Je déteste Bessie", a déclaré Franky ; mais il avait l'habitude de se faire gifler par sa sœur aînée et continuait à grignoter son pain beurré et son cresson, ce n'était pas bien pire.

"Nous ne pouvons pas aller au concert, Bessie", disait actuellement Deleah. "Nous n'avons pas de robes de soirée."

"Oh, mais nous l'avons fait!" Bessie lui rappela rapidement. "Les robes qui étaient neuves pour notre fête et qui ne furent plus jamais portées."

"On *ne peut pas* les porter !" » plaida Deleah. Elle sentait qu'elle ne pourrait plus jamais supporter de revoir ces vêtements.

"Mais nous le pouvons, et nous le ferons", a déclaré Bessie. Elle était une personne très pratique dans les domaines liés à la chapellerie et à la couture, et en une minute elle avait prévu les légères modifications et les accessoires supplémentaires nécessaires à leurs robes de soirée. Des rubans noirs au lieu de bleus courent dans la dentelle des corsages. La jupe de Deleah serait courte, mais qui la verrait si Deleah était assise ?

Deleah s'affaissa en écoutant, laissant le thé dans sa tasse et le pain et le beurre intacts dans son assiette.

"Les coudes sur la table, Deda", lui rappela Franky, à qui on ordonnait fréquemment d'enlever les siens.

Deleah n'y prêta pas attention. Elle était assise, le front appuyé sur la main qui cachait son visage, repensant à cette soirée avant que l'ombre du malheur et de la disgrâce ne les ait tous touchés ; quand elle avait porté sa nouvelle robe de soie blanche et que papa avait joué du tambourin.

Bessie était partie, laissant également son thé sans y avoir goûté ; se précipitant vers Emily, qui l'aiderait à retirer les myosotis de sa robe et à les remplacer par le ruban noir, ce qui serait plus décoratif. Les joues pâles et pleines de Bessie étaient roses d'excitation, ses yeux brillaient.

"Le noir sera plus beau que le bleu, même si c'était *ta* couleur, sur ta peau blanche", l'encouragea Emily.

M. Gibbon s'était préparé un joli sandwich composé de cresson et de pain fin au beurre. Il s'arrêta alors qu'il le saupoudrait délicatement de sel pincé entre le doigt et le pouce, et regarda Deleah de l'autre côté de la table, sa main cachant son visage. Il la regarda si longtemps, si longtemps qu'elle resta inconsciente de lui, que Franky osa, dans leur préoccupation, se servir d'un troisième morceau de gâteau, son allocation étant de deux.

"Miss Deleah, si vous ne voulez pas aller à ce concert ce soir, pourquoi y aller ?" Enfin le pensionnaire osa demander. Deleah lâcha la main protectrice ; elle avait pour le moment oublié la présence de M. Charles Gibbon.

"Bessie veut y aller. Bien sûr, je dois l'accompagner", dit-elle.

"Mais pourquoi 'bien sûr', si vous ne le souhaitez pas ? Celui qui a envoyé ces billets—"

"M. Boult les a envoyés."

"Eh bien, M. Boult les a envoyés pour vous rendre heureux, pas plus malheureux."

"Je sais. Je suis vraiment très reconnaissant, M. Gibbon. Il n'y avait que ces robes. Nous les portions lors d'un bal chez nous - la veille au soir - tout. Je ne vois pas comment Bessie peut le faire ! Mais elle ne se sent pas choses comme moi. Elle n'a jamais eu envie de mourir de pitié et de chagrin comme moi. Elle porta sa tasse à ses lèvres pour cacher le fait que des larmes coulaient sur son visage.

M. Gibbon soupira lourdement. Il repoussa sa propre tasse, signe peut-être que pour lui aussi le thé était gâté. "Mais pourquoi avez-vous besoin de porter cette robe en particulier, Miss Deleah ?"

"Je n'en ai pas d'autre."

"Celui que tu portes."

" Celui-ci ? Oh ! "

Elle rit, les larmes aux yeux, et baissa les yeux sur sa robe d'école – une jupe noire et un « garibaldi » en mousseline blanche (le vêtement ainsi appelé à l'époque ressemblait beaucoup à la chemise, au chemisier, ou à la taille, comme le disent les Américains). , d'aujourd'hui). "Oh, comme les hommes sont drôles !" dit-elle. "Dire que je pourrais aller dans les endroits demi-guinéens avec une telle robe !"

"C'est une belle robe, n'est-ce pas ! Il me semble que oui. Et je ne pense pas que ce que vous portez importe du tout, Miss Deleah."

Il parlait à voix basse, comme s'il avait conscience de dire quelque chose d'une importance capitale. Deleah a accepté la remarque comme une simple déclaration d'un fait.

"Cela n'a peut-être pas vraiment d'importance. Mais Bessie pense différemment. La plupart des gens le pensent. Je devrai porter ce que Bessie souhaite."

"Je remarque que c'est toujours vous qui cédez, Miss Deleah."

"Non, pas toujours, M. Gibbon."

« Puis-je faire n'importe quoi ? Je ferais *n'importe quoi* ... » Il parla de la même voix feutrée ; avec ses bras étendus de chaque côté de son assiette, il agrippait fermement le bord de la table, "N'importe quoi !"

"Je sais. Je sais que tu es une véritable amie. Je sais qu'elle te parle. Elle parle de M. Reggie Forcus. Bessie ne voit pas que les choses sont différentes entre nous - du moins, elle le voit, bien sûr, mais elle le voit. Elle ne se rend pas compte qu'ils doivent être différents, non seulement maintenant, mais pour toujours. Elle ne nous voit jamais avec les yeux des autres. avec nous!"

"Je pense que M. Reggie Forcus, aussi puissant qu'il se pense lui-même, ou le prince de Galles, en arrivant à cela, pourrait se sentir honoré d'être remarqué par vous, Miss Deleah, ou par Miss Bessie."

Deleah rit malgré elle. "Vous êtes trop gentil, M. Gibbon."

Elle se leva de sa chaise, ramassa les billets de concert et les tourna entre ses doigts avec un peu de dégoût. « Tout cela est très gentil de la part de M. Boult, bien sûr, » dit-elle : « et on aime être sûr qu'il y a un cœur généreux derrière cela, enfin, ses manières atroces. Mais nous avons des montagnes d'obligations de le faire. déjà des gens, et nous pouvons nous passer de billets de concert. Nous pouvons nous passer de... » Elle allait dire sans fleurs, mais elle se pencha par-dessus la table et pencha son visage au-dessus du pot d'héliotrope qui ornait le centre de l'humble planche, puis le souleva en secouant la tête. "Non, nous ne pourrions pas nous passer des fleurs", dit-elle. "Je remercie ce brave homme pour ses fleurs; et je le lui dirai la première fois que je le verrai. J'ai pris ma décision."

"Je ne le ferais pas si j'étais vous, Miss Deleah."

"Mais pourquoi pas ? Dis-moi pourquoi pas ?"

"M. Boult est un bon homme d'affaires. C'est mon chef, et je ne vais pas parler contre lui ; mais je ne le vois pas vraiment vous acheter des fleurs."

"Tu sais qu'il aimait mon pauvre père, n'est-ce pas ?" lui demanda-t-elle à voix basse. Elle ne lui avait jamais prononcé le nom du mort auparavant ; sa joue pâlit, constata-t-il, comme elle le faisait maintenant. "Et j'étais l'animal de compagnie de mon père. Vous ne me considérerez pas vaniteux en disant cela, n'est-ce pas ? Maman vous dira que ce n'est pas seulement mon imagination égoïste. Maman vous dira que c'est vrai."

"En effet, Miss Deleah, je peux tout à fait y croire."

"C'était un bon père pour nous tous et il nous aimait tous, mais il parlait toujours de moi s'il pouvait se faire écouter. Il aimait que je m'asseye sur ses genoux - j'étais plus jeune alors - que je marche avec lui, et attends-le... » Sa voix se brisa ; elle a attendu une minute avant de continuer. "Et donc je suppose que M. Boult m'envoie ces choses pour l'amour de papa. Je ne pouvais pas l'expliquer auparavant ; mais vous comprenez, n'est-ce pas ?"

Il a bien compris son point de vue, dit M. Gibbon en regardant la nappe.

"Je savais que vous le feriez, quand je pourrais l'expliquer. Je pense que le pauvre M. Boult aime que je prenne ce qu'il envoie, pour l'amour de papa - comme si cela venait vraiment de papa. Vous voyez ce que je veux dire ? Et je ne peux m'empêcher de penser il y a quelque chose de beau dans sa pensée.

M. Gibbon a accepté, après réflexion. C'était une belle pensée, à bien y penser, dit-il.

"Eh bien-?" » dit Deleah.

"Eh bien, Miss Deleah, ne pensez-vous pas qu'en lui parlant de l'affaire, vous gâcherez tout cela ? Son intention, sa belle pensée, et le reste."

"Peut-être!" Deleah acquiesça sérieusement. "Je dois réfléchir à ce que tu dis."

"Vous m'avez fait un grand honneur de le mentionner, Miss Deleah. Vous ne penserez pas que je prends sur moi de vous donner mon opinion ?"

"Oh, M. Gibbon ! Comment pourrais-je penser une chose pareille !" » dit Deleah, mais elle commença aussitôt à avoir un peu honte de la confiance qu'elle lui avait faite. Avec un homme qui pouvait lui demander s'il « prenait sur lui », elle aurait dû être plus réservée, pensa-t-elle.

# CHAPITRE XIII

La scène gay et dorée

Mme Day, ayant appris que ses filles proposaient de se rendre sans chaperon aux salles de réunion ce soir-là, a déclaré que cela était inouï et ne devait pas être sanctionné. Mais sous la pression de l'adversité, la volonté de la pauvre femme, jamais forte, s'était affaiblie. Elle était douloureusement consciente de sa propre impuissance face aux circonstances et était toujours troublée par des doutes quant à la sagesse de son propre jugement. À la fin de sa journée de travail, elle était trop fatiguée pour résister à toute puissance avec laquelle elle entrerait en collision. Dans tout ce qui concernait Bessie, elle était absolument faible. Bessie a toujours été victorieuse, non pas en raison de sa force supérieure, mais à cause de sa hargne, de son entêtement, de sa détermination hystérique à faire baisser les voix adverses, de son habitude de pleurer comme un bébé lorsqu'on la contredit et de lancer des choses partout.

Ainsi, en cette occasion particulière, la fille aînée avouant d'une voix haute et excitée que peu de plaisirs lui arrivaient et que lorsqu'un plaisir venait, elle avait l'intention de le prendre, que sa mère soit contente ou qu'elle se laisse taquiner, la les objections furent rapidement réduites au silence.

Laissant pour une fois la boutique aux bons soins de M. Pretty, Mme Day monta à l'étage pour le plaisir de revoir ses filles en tenue de gala.

"J'ai pris la liberté de commander une mouche pour les jeunes filles", a déclaré M. Gibbon alors que lui et la mère attendaient l'apparition du couple.

"Oh, M. Gibbon, si vous vouliez les accompagner et les accompagner sains et saufs jusqu'aux salles de réunion, je vous en serais très reconnaissant."

M. Gibbon, avec une grande solennité d'attitude, pleinement conscient de la responsabilité de sa fonction, s'est engagé à le faire. Lui, de son côté, allait tenter sa chance pour entendre le grand chanteur moyennant la dépense d'un shilling seulement. Il serait sur la Promenade, mais ses yeux devraient être tournés vers les Miss Days, et si elles avaient besoin de protection, il serait à portée de main.

Mme Day n'était pas du tout sûre, dans son cœur anxieux, que ses filles n'auraient pas besoin du bras fort du mâle pour les défendre. Elle pensa, en les observant en attendant l'arrivée de la mouche, qu'aucune mère n'avait jamais eu de tels trésors à garder. Bessie était toujours particulièrement jolie en tenue de soirée. Ses joues charnues et clairement pâles étaient maintenant roses d'excitation. Sa peau blanche contre le ruban noir autour de son cou et enfilé dans la dentelle sur sa jeune et ample poitrine était d'une blancheur éblouissante.

"Maman, j'ai bien peur que ma robe soit terriblement courte, même maintenant qu'Emily a baissé l'ourlet", dit Deleah en regardant anxieusement ses extrémités. "Ça montre *tous* mes pieds !"

Cela montrait aussi les chevilles, à vrai dire ; mais qu'importe quand les pieds étaient si petits et si jolis, et les chevilles si élégamment fines ?

L'émerveillement de la mère était de voir comment, depuis que cette robe en soie blanche avait été portée auparavant, la beauté de la jeune fille était devenue parfaite.

"Tu trouves que ça a l'air ridicule, maman ?" faisant référence avec anxiété à la maigreur de la jupe et à l'exposition sans rougissement des pieds.

"Pas du tout ridicule, ma chérie." Qu'importait toute imperfection de vêtement avec un visage et une tête comme ceux de Deleah ; aussi délicieusement moulée, aussi délicatement posée sur sa gorge fine qu'une fleur sur sa tige ? "Il y a un tout petit peu de cheveux de travers", dit la mère en attrapant le petit menton de la jeune fille dans sa main et en passant ses doigts sur les cheveux noirs et sombres pour le simple plaisir de les caresser.

Lorsque M. Gibbon entra, on vit qu'il avait enfilé des vêtements habillés, tenue dans laquelle il n'était jamais apparu auparavant.

"Mais, M. Gibbon, vous n'avez pas besoin de prendre la peine de vous habiller pour les places à shillings !" Mme Day lui a dit.

"J'aurai l'honneur d'accompagner les deux jeunes dames", dit-il.

Il avait le visage rouge, et paraissait timide et mal à l'aise dans son costume qu'ils voyaient neuf.

"Dire qu'il s'agite comme ça !" » dit Emily avec un mépris amusé à l'égard du pauvre homme tandis que le taxi contenant les trois démarrait. "Il n'y a aucun doute sur ce qu'il a en tête, madame. Mais Miss Bessie n'est pas pour lui. Elle cherchera plus haut."

Lorsque M. Reginald Forcus entra dans les salles de réunion avec son frère et la sœur qui, depuis la mort de Lady Forcus, tenaient maison à Cashelthorpe, et se dirigea vers des sièges non très éloignés de ceux qu'occupaient les sœurs, Bessie saisit impulsivement un peu d'intérêt. Le bras nu de Deleah dans son doigt et son pouce. Elle le pinça inconsciemment mais avec une insistance si douloureuse que le matin Deleah découvrit que l'endroit était noir et bleu.

"Le voilà ! Tout près de nous ! *Maintenant* peut-être le croiras-tu ! J'ai toujours su que c'était lui qui envoyait les billets, et qui envoyait toutes les fleurs et tout ! et il les envoyait pour moi - seulement tu les prenais toujours pour toi, Déda."

Elle était très souriante, très heureuse, excitée et nourrie tout au long du concert. Elle était si jolie, si semblable à la Bessie des jours de « fête » d'autrefois, que Deleah pensait que non seulement Reginald Forcus mais que tous les hommes qui la voyaient devaient admirer sa jolie sœur.

Lorsque la « moitié » arriva, et les dix minutes pendant lesquelles le public est autorisé à se dégourdir les jambes, à tendre le cou et à reconnaître la présence de sa connaissance, voici que le jeune Forcus reconnaît avec empressement les sœurs et s'incline en réponse aux paroles de Miss Bessie. des sourires et des hochements de tête ravis.

"Oh, quelle jolie fille !" dit une voix de femme. Il y eut une soudaine accalmie dans le bourdonnement des discussions, et l'exclamation parvint aux oreilles de bien d'autres personnes que celles à qui elle était destinée.

Deleah était sûre que c'était Bessie qui était admirée. Elle regarda rapidement l'orateur. C'était cette sœur d'âge moyen au visage agréable et gentil qui était venue remplacer l'épouse décédée de Sir Francis Forcus. C'était à Sir Francis qu'elle avait parlé, mais elle aurait pu proclamer le fait de sa découverte d'une jolie fille, pour le bénéfice général ; tant le calme momentané dans lequel son discours s'était brisé avait été complet. Les têtes étaient tournées et plusieurs paires d'yeux étaient fixées sur Deleah.

Un grand nombre de personnes présentes ont reconnu les sœurs, et ici et là un sourire leur a été adressé, et ici et là une petite révérence froide et discrète a été faite. Et le plus souvent, les gens qui les connaissaient, après avoir involontairement regardé, détournaient à nouveau le regard ; pour eux, la présence des filles là-bas, dans une société à la mode et dans les sièges les plus chers, était un délit.

"Les gens à qui on a demandé il y a peu de temps d'éviter de mourir de faim !" se disaient-ils. "Si les filles de Mme Day pouvaient se permettre ce genre de choses, nous aurions aussi bien pu garder nos guinées dans nos poches."

Lorsque le public reprit place, Bessie gardait ses yeux assez constamment dirigés vers la tête blonde et lisse de Reggie Forcus. Peut-être était-il conscient de son regard et le trouvait-il convaincant, car encore et encore il se retournait pour regarder les sœurs, et toujours le regard de Bessie croisait et fixait le sien.

Sauf au son du chant de son propre cœur, la pauvre fille était inconsciente de la musique. Si c'était le rossignol du soir qu'elle écoutait ou le gazouillis des chanteuses inférieures du bosquet qui élevaient la voix lorsque la reine se taisait, elle aurait difficilement pu le dire ; la mélodie que son cœur chantait triomphalement noyait chacune de leurs notes.

"Cela a été paradisiaque", a-t-elle déclaré une fois tout terminé, et ils se sont levés pour chanter "God Save the Queen". "De toute ma vie, Deleah, je n'ai jamais autant apprécié un concert auparavant."

Pendant qu'elle disait cela, elle s'attardait à sa place, arrêtant le passage pour les gens impatients de sortir, faisant semblant d'arranger son propre manteau et celui de sa sœur, dans le but de synchroniser leur sortie avec celle de la famille Forcus. Elle y est parvenue aussi ; et dans la cohue alors qu'ils s'approchaient tous de la porte, l'épaule heureuse de Bessie se frottait contre l'épaule du séduisant Reggie.

"Ça a été de premier ordre, n'est-ce pas ?" » dit-il, comme si les deux années sans parler avec la jeune fille n'étaient rien, et qu'ils s'étaient séparés hier. "N'était *-elle pas* bien ! Contente d'être venue. Elle ne m'aurait manqué pour rien au monde."

"Céleste!" Bessie acquiesça, puis présenta rapidement la note personnelle. "Je me demande si tu me connaissais ! Je pensais avoir été complètement oublié et j'ai été surpris lorsque tu t'es incliné."

« Ça fait longtemps que nous nous sommes rencontrés, n'est-ce pas ? J'ai pensé à venir appeler, mais je suppose que Mme Day est occupée ?

"Je ne suis pas occupé. Et je suis toujours à la maison. Venez."

" Plutôt ! Dois-je appeler votre voiture ? "

"Veux-tu?"

Ainsi les mots « la voiture de Miss Days » passaient-ils de bouche en bouche ; des hommes l'ont crié dans la rue, les fonctionnaires présents sous le porche de la salle l'ont hurlé entre eux, un homme dans la foule plus près de la porte a tourné la tête et a crié « La calèche de Miss Days » dans la salle de concert. L'air résonnait du cri, semblait-il à la pauvre Deleah. Comment Bessie avait-elle pu les rendre visibles de cette façon !

Sir Francis Forcus avait regardé avec une certaine curiosité la jeune fille à qui son frère parlait, coincée dans la foule juste devant lui ; la plus jeune fille derrière sa sœur était à ses côtés. Il la regarda maintenant et vit que c'était elle dont sa sœur avait attiré l'attention du public sur la beauté. Les Journées, bien sûr ! Il se souvint du moment où il entendit le nom appelé ; je me souvenais de tout à leur sujet.

"Bonsoir. Comment allez-vous ?" dit-il en regardant Deleah.

Et Deleah, se rappelant la dernière fois où elle avait entendu sa voix, leva vers lui un visage pâle et sans voix, malgré toute sa réponse.

Au fond, quelque grand et important personnage, impatient du retard, tentait ici de se frayer un chemin à travers la foule encombrée par les portes trop étroites. Sir Francis se tourna et la regarda d'un air de reproche.

"Ce n'est pas bon, Lady Elizabeth. Vous devrez attendre comme nous tous. Ce n'est qu'une question de quelques minutes."

"Oh, dépêche-toi devant là !" » lui répondit Lady Elizabeth en riant, mais impérieuse. La pression qu'elle et son parti exerçaient s'est poursuivie, ce qui a poussé Deleah à avancer brutalement.

"Doucement ! Doucement !" Sir Francis appela à nouveau, et Deleah sentit que ses mains étaient sur ses épaules et qu'il la protégeait avec ses bras autant que possible de l'écrasement de la foule.

Une minute plus tard, ils franchissaient la porte du porche spacieux, où les mouvements individuels étaient possibles, et l'air frais de la nuit soufflait, et Deleah pouvait voir la lumière de la grande lampe au-dessus de l'arche flamboyante au-dessus de sa vieille mouche minable. tandis que derrière, il y avait une longue file de belles voitures dont les conducteurs vitupéraient le cocher au chapeau cassé. À la fenêtre se trouvait le visage de Bessie. La voix excitée de Bessie se fit entendre crier et crier le nom de Deleah.

"Deda ! Deda ! Où *diable* es-tu allé ?"

« La voiture de Miss Days arrête le chemin » – le cri qui a poussé une Miss Day à cacher sa tête écrasée dans la terre – a réveillé les échos à nouveau.

Deleah tourna à moitié la tête sur son long cou, murmura un timide « merci » au grand monsieur derrière elle ; et s'enfuit.

"Oh, te voilà, Deleah ! Viens," cria Reggie Forcus en apparaissant devant elle. "Nous pensions t'avoir perdu. Prends mon bras."

Mais avant que Deleah ait pu obéir, un autre bras fut tendu, et il le tendit d'une manière si brusque et si déterminée que le jeune Forcus recula involontairement.

"Merci. Miss Deleah est sous ma responsabilité", dit une voix ; et Deleah se sentit traînée à travers le porche bondé et sur le trottoir jusqu'à la porte du taxi, au bras de M. Charles Gibbon.

"Vous m'excuserez", dit-il en regardant les sœurs à travers la fenêtre du taxi alors que la porte était fermée. "J'espère que vous, jeunes filles, ne pensez pas que je vous ai intrus. Mais votre mère m'avait demandé de vous surveiller."

"Et je t'en prie, pourquoi n'es-tu pas venu avec Reggie ?" » Demanda Bessie avec indignation alors que la mouche s'éloignait enfin.

Deleah rit hystériquement. "J'ai été arrachée à lui", a-t-elle déclaré. "Il a pratiquement renversé Reggie et s'est emparé de moi." Elle montra la forme de M. Gibbon, vaguement aperçu, sentinelle assise sur la caisse à côté du chauffeur au chapeau cassé.

"Impertinence!" » dit Bessie. "Nous devons être courtois avec lui à la maison, mais lorsque nous sommes parmi d'autres personnes, je pense qu'il pourrait nous confier à nos amis."

"Reggie Forcus n'a pas vraiment été un ami."

"Il sera pour l'avenir. Il a demandé la permission d'appeler. C'est un peu gênant car vous êtes toujours à l'école et maman est toujours en bas"— (Bessie ne s'était jamais encore résolue à dire "Mère est dans le shop") "Je lui aurais demandé de venir le soir, mais *il* " (encore un clin d'œil à la figure de l'ange gardien sur le siège) "est toujours là."

"Eh bien pourquoi pas?"

"Ne peux-tu pas comprendre que Reggie n'aime pas rencontrer un jeune homme dans une boutique de drapiers ?"

"Mais il vient rendre visite aux gens dans un gro-"

"C'est différent", annonça rapidement Bessie. "Nous n'avons pas toujours été là, souviens-toi."

"Le mercredi après-midi, je suis à la maison après trois heures. Le samedi, je suis à la maison toute la journée."

"Je sais", dit Bessie, mais elle ne promit pas de profiter de la protection offerte par la présence de sa sœur à ces occasions.

# CHAPITRE XIV

Un goûter à Bridge Street

Son temps étant si entièrement occupé par ses propres affaires pendant la semaine, et les heures qu'il avait l'habitude de passer avec son ami William Day étant encore inoccupées, M. George Boult avait pris la mauvaise habitude de venir tenir une consultation d'affaires avec la veuve le dimanche après-midi. La famille Day se plaignit amèrement de cette coutume. Le jour béni de la pauvre épicière n'était plus le sien, à passer du matin au soir au milieu de ses enfants, dans le repos, la paix et l'oubli des soucis des affaires.

Elle était trop fatiguée pour aller à l'église, elle plaidait toujours ; mais ce n'était pas la fatigue seule qui l'empêchait de pratiquer le culte public. Elle était désormais habituée à sa place derrière le comptoir et, les jours de travail de la semaine, elle était trop occupée pour regretter, trop soucieuse de vendre ses marchandises pour éprouver la moindre honte de son occupation. Mais ce jour-là, où le reste du monde des femmes partaient avec leurs maris et leurs enfants prendre leur place, habillés de leurs plus beaux atours, sur les bancs de la famille, elle sentit qu'elle n'avait pas le courage de montrer son visage. Elle qui l'avait reine avec les meilleurs d'entre eux ; elle qui était la veuve d'un homme qui s'était suicidé pour s'évader de prison ! Elle pour qui les « sympathisants » et les « sympathisants » avaient rassemblé leurs pièces de six sous pour qu'elle et les siens puissent être sauvés de la faim.

Elle envoya donc les filles à l'église avec Franky, le dimanche matin, tandis qu'elle, livre de prières à la main, s'asseyait sur le siège préféré de Deleah, sous la cage du canari, pour regarder les gens du sabbat intelligents et prospères diffuser leurs nouveaux vêtements. sur le trottoir opposé de la rue.

Bientôt Emily, ses préparatifs pour le dîner faits, venait se placer à côté de la chaise de sa maîtresse, pour jeter un œil critique sur les passants en dessous. Emily connaissait les noms de la plupart des personnes de quelque considération que ce soit qui étaient décédées ; connaissaient et pouvaient raconter longuement leur histoire et celle de leur économie nationale.

"Voilà Mme Hamley, madame. Je ne l'ai jamais vue dans ce châle en dentelle noire auparavant."

"Peut-être qu'elle l'a mis de côté depuis l'été dernier", suggérerait Mme Day.

"Pas elle !" Ici, Emily se penchait sur le dossier de la chaise de sa maîtresse et tendait le cou pour avoir une meilleure vue du vêtement en question. "Tout neuf, je vais pondre une guinée ! Et elle te doit encore quinze livres !"

"Voici les Briggs ! Attention, madame !" à présent, elle pleurait. "Eh bien, et n'ont-ils pas compris ! Les quatre filles au complet - et chacune d'elles avec un nouveau bonnet ! Et elles achètent une livre et demie de beurre par semaine pour toute la famille" ly ! C'est ce que je dis toujours, madame ; les Briggs sont une famille qui économise de l'intérieur pour miser sur leurs offres. Maintenant, voici les plus belles jeunes filles et jeunes hommes que nous avons vus. encore." Et puis on voyait les propres filles de Mme Day, avec Franky accroché au bras de Deleah, s'approcher.

"Nous le pensons, n'est-ce pas, Emily ? C'est parce qu'ils sont les nôtres, tu sais", disait la maîtresse avec son sourire désapprobateur. "C'est parce qu'ils sont à nous qu'ils ont l'air si jolis."

Mais au fond, elle était entièrement d'accord avec Emily sur le fait que sa famille était effectivement une charmante famille.

Le soir, Bessie repartait à l'église, escortée par Emily, mais Deleah restait avec sa mère. Ils s'asseyaient ensemble dans une paisible et délicieuse oisiveté devant le feu d'hiver, ou, comme c'était l'été, ils sortaient, s'échappant par les ruelles et les ruelles étroites de la vieille ville, des trottoirs bondés vers les rues tranquilles avec leurs rangées d'arbres formelles, leurs jardins fleuris et leurs haies taillées. Lentement, ils marchaient à pas, profitant de l'air plus doux des faubourgs, ou, sans jardin eux-mêmes, se levaient pour jeter un coup d'œil par les portes du jardin à la rangée bien ordonnée de géraniums, de calceolaria, de verveine ; reniflant le parfum des rangées serrées de ceps, des parcelles de réséda ou des tilleuls en fleurs au-dessus.

Lorsque, lors de cette paix parfumée du sabbat, l'obscurité chaude commençait à descendre, il arrivait parfois que le pensionnaire, Charles Gibbon, qui aimait aussi le parfum des fleurs et des arbustes et appréciait l'air doux du soir sur sa joue, rencontrait ou rattrapait Mme Day et sa fille alors qu'elles rentraient chez elles ; et d'une manière très amicale et agréable, les trois terminaient leur promenade ensemble.

Mais à propos des dimanches après-midi, l'histoire était moins agréable à raconter. Les jeunes dames se retiraient alors avec leurs livres dans leurs chambres ; Franky se réfugia avec Emily dans la cuisine, une réserve d'oranges et de noix ayant été aménagée par ce fidèle serviteur pour son divertissement. L'homme de Manchester voyait plus qu'assez de son employeur en semaine et aurait préféré passer un après-midi de sabbat dans la cave avec les braises, plutôt que de passer cette partie de ses précieuses vacances avec son employeur. La pauvre Mme Day fut donc obligée de recevoir seule son maître d'œuvre et bienfaiteur.

Puis il fallut produire ses livres, critiquer son bon de commande ; puis une comparaison a été faite entre les recettes de cette semaine et celles de la semaine correspondante de l'année dernière. Si, comme cela arrivait trop souvent, hélas ! les ventes avaient été moindres, la pauvre commerçante qui s'excusait devait en souffrir.

"Vous perdez la clientèle. Il ne faut pas la perdre", fanfaronnait le commerçant. Ou encore : « Vos dépenses sont trop élevées. Vous êtes rongées par les dépenses », insistait-il . " Vous ne voyez pas comment vous pourriez les réduire ? Faites avec moins d'aide, ma bonne dame. Que font les gens qui n'ont pas les moyens de se payer de l'aide ? S'en passer et faire le travail eux-mêmes. C'est ce que vous devez faire. C'est en effet, je vous l'assure. Réduisez vos dépenses !

"Il est plus facile de dire cela que de le faire", rétorquerait la pauvre Mme Day. "Nous n'avons rien de superflu."

"Vous serez surpris de tout ce dont vous pouvez vous passer si vous faites vraiment l'effort. Débarrassez-vous de votre assistant dans le magasin. Débarrassez-vous de votre domestique. Un domestique est un bien très agréable, mais si nous ne pouvons pas nous permettre de le garder un, nous ne pouvons pas. Que fait Miss Bessie toute la journée ?

"Bessie est utile dans la maison. Bessie n'est pas forte", plaidait la mère de Bessie ; et George Boult reniflait la suggestion pour la mépriser.

"Un peu de travail supplémentaire serait le meilleur remède pour Miss Bessie." Elle avait pris une belle chair depuis la dernière fois qu'il l'avait vue, déclarerait-il. Le travail n'a jamais tué la moitié des femmes tuées par l'oisiveté.

Un dimanche après-midi, peu après ce concert auquel les filles avaient été escortées par le locataire, George Boult, son exhortation commerciale terminée, annonça à la pauvre mère que son fils à la succursale d'Ingleby ne donnait pas satisfaction.

Une plainte pour incivilité envers un client était parvenue à l'oreille du directeur local, qui en avait fait rapport au directeur de Brockenham, se livrant en même temps à l'opinion que le jeune homme jouait au billard au Rose and Crown plus que ce qui était cohérent. avec ses moyens, ou le dévouement dont il aurait dû faire preuve aux intérêts de son employeur.

Lydia Day écoutait, son beau et sombre visage d'un blanc de plomb, tandis que l'homme assis à la table en face d'elle condamnait catégoriquement son fils comme quelqu'un qui gaspillait une belle chance. Lui, George Boult, avait été laissé, à l'âge de Bernard, livré à ses propres moyens. Jamais, autant qu'il se souvienne, une main secourable ne lui avait été tendue. (Les hommes de la trempe de George Boult ne reconnaissent jamais la main secourable.) Le travail avait été son plaisir. Avait-il joué au billard ? Avait-il fait preuve de colère devant un client ? Non! Ou a-t-il pensé à son propre plaisir avant l'avantage de son employeur ? Jamais!

Très éloquent, il parlait de la période difficile de sa propre jeunesse, racontant les vertus qu'il avait déployées et les vices qu'il avait évités, présentant son brillant exemple devant les yeux éteints de la pauvre mère, écoutant avec une politesse maladive, le cœur si lourd dans ses pensées. son sein. Les excuses qu'elle se faisait pour son Bernard, elle n'osait les avancer. Le fait qu'il était le fils de son père ; le contraste entre la vie qu'il avait connue et celle qu'il était appelé à vivre ; sa jeunesse; son exil de son foyer et ses influences familiales ; ses poches vides ; ses goûts qui s'étaient formés lorsque l'argent semblait abondant.

« Je vous implore d'être patiente avec le garçon », fut à peu près tout ce qu'elle crut sage de dire ; cela et la promesse qu'elle avait faite d'écrire immédiatement à Bernard pour le prier de considérer sa situation et la bonté de M. Boult, et de changer ce qui n'allait pas.

Bernard, son fils chéri, beau ! Pendant qu'elle disait cela, elle le voyait sur mille images stockées dans le cœur de sa mère. Tout ce qui était désirable, il lui avait semblé ; elle n'avait jamais pensé à souhaiter qu'il change !

"Faites-lui savoir qu'il est en procès", a déclaré George Boult.

"Il est surveillé attentivement et fait l'objet de rapports. Ne lui dites pas cela, mais dites-lui que l'impression qu'il a faite sur Adams" (Adams était le directeur d'Ingleby) "n'est pas satisfaisante; et Adams est un homme dont les opinions ne me conviennent pas." tenez-le très haut. Dites-lui qu'il a la chance de sa vie ; prévenez-le de ne pas en abuser.

Il piétinait encore le cœur de la pauvre femme sous les cabrioles de sa propre éloquence, lorsque la sonnerie de la sonnette de la rue fit diversion.

Miss Bessie descendit les escaliers, ses cheveux blonds ébouriffés, sa joue rouge à cause de la pression sur son oreiller, pour boire, comme elle l'imaginait, en l'absence d'Emily, le lait de l'après-midi.

Ce n'était cependant pas le lait tant attendu que Bessie trouva sur le pas de la porte, mais une surprise non moins délicieuse que la personne exquise de M. Reginald Forcus.

"Ah, comment ça va, Bessie ? Je pensais te jeter un coup d'œil. J'espère que je ne suis pas *de trop* ? ", a-t-il demandé. Il prononçait les derniers mots tels qu'ils s'écrivent, non pas parce qu'il ne savait pas mieux, mais parce qu'il aimait être amusant, et la mauvaise prononciation des mots était le genre d'amusement qu'il appréciait.

Avec effusion, Bessie lui fit entrer ; mais dans son esprit se trouvaient des pensées distrayantes sur l'état de son chignon et sur l'occupation actuelle de l'unique salon.

"Il y a quelqu'un à l'étage avec maman", lui dit-elle en lui souriant anxieusement, ses yeux gris-vert brillant de plaisir. « Le M. Boult, vous savez, qui l'aide avec ses livres et autres quand elle le lui permet. Cela ne vous dérangera pas ?

"Heureux, j'en suis sûr. Tu es tout seul, en semaine", dit-il en montant les escaliers derrière elle - des escaliers très sombres et très raides, à commencer par l'obscurité presque totale du couloir sur lequel la porte d'entrée. ouvert. "Je pensais que si je regardais le dimanche après-midi, je trouverais peut-être les autres aussi."

"Tu trouveras maman", dit Bessie, s'interrogeant un peu sur son souci des convenances. "Voici Reggie, maman", dit-elle. Et Mme Day, le cœur plein de son propre garçon malheureux, s'avança d'un pas las et lui tendit sans sourire une main accueillante.

"Vous êtes très gentil de venir, Reggie", dit-elle. "Voici notre bon ami, M. George Boult; M. Reginald Forcus."

"Je le prends jeune M. Forcus et je n'ai pas besoin d'être présenté", a déclaré le drapier.

La famille Forcus ne faisait pas de commerce dans son magasin ; la déférence que le drapier ne manquait donc jamais d'accorder à ses clients n'était donc pas nécessaire ici. Il serra impitoyablement la main du pauvre Reggie et s'enquit de Sir Francis. M. George Boult avait récemment été nommé magistrat ; Sir Francis et lui étaient assis sur le même banc.

— Je vous connais extrêmement bien de vue, poursuivit il en exerçant toujours la main du visiteur. "Je dois dire qu'il y a peu de gens à Brockenham que je connaisse mieux de vue."

"Je passe souvent devant chez toi", a admis Reggie.

"Tu me verrais quatre ou cinq fois par jour si tu faisais attention."

"Oh, je ne suis pas toujours derrière ma propre vitrine", a déclaré M. Boult, pas très content. Lorsqu'il ne parlait pas à un client, pourquoi devrait-on lui rappeler le magasin ? Depuis qu'il pouvait écrire JP après son nom, il avait plus d'une fois secrètement désiré oublier temporairement l'établissement de draperie à succès.

Il était toujours disposé à s'émerveiller devant ses propres réalisations merveilleuses. Autrefois, les membres de la grande brasserie étaient aussi hauts au-dessus de sa tête que les étoiles du ciel au-dessus des cailloux de la rue. Pourtant, il était là maintenant, à toutes fins utiles, à égalité avec eux. Où était la différence ? Un homme d'affaires prospère, il était… qu'étaient-ils de plus ? Pourtant, depuis que Sir Francis avait pris l'habitude de l'appeler « Boult » sans aucun préfixe au nom, lorsqu'ils se rencontraient dans la salle magistrale, le désir de s'attirer les bonnes grâces d'un membre de la famille Forcus était très chaleureux en lui.

"Chaque fois que je vous vois, je suis frappé par la beauté de l'animal que vous montez, M. Forcus", disait-il à présent. "Je pense que ce jeune homme chevauche le plus bel animal de la ville, Miss Bessie. Je suis un grand admirateur des beaux animaux, M. Forcus."

"Est-ce vrai ? Vraiment ?" » dit Reggie, suprêmement indifférent. Il n'avait aucune objection à faire la connaissance du vieux Boult, le marchand de linge – même si, bien sûr, la différence entre un drapier à succès et un brasseur à succès, que M. Boult était incapable de discerner, lui était tout à fait claire – mais il était pas du tout intéressé par lui ; et que devrait savoir ce vieux bonhomme à propos d'un cheval ?

"Est-ce que Deleah n'est pas à la maison aujourd'hui ? Je pensais que j'aurais dû attraper Deleah. C'est pourquoi je suis passé dimanche."

Deleah se promenait avec Franky, lui dit Mme Day, reconnaissante que Bessie, qui s'était éloignée en vue d'ajuster le chignon en désordre, ne soit pas présente pour entendre cette explication.

"Je rencontre Deleah parfois alors qu'elle rentre de l'école", a poursuivi naïvement le jeune homme. « J'ose dire qu'elle t'a dit que je la rencontrais parfois ?

Non, Mme Day ne se souvenait pas avoir entendu Deleah mentionner ce fait intéressant.

« Il n'y a pas de mal à cela, je suppose, Mme Day ? Vous n'y voyez pas d'objection, si Deleah ne le fait pas ?

"Nuire?" répéta Mme Day, seulement à moitié consciente de ce qui se disait, pensant à Bernard s'adonnant misérablement à son travail détesté avec une « surveillance précise » fixée sur ses actes.

"Je veux dire, je ne ferais rien qui puisse t'ennuyer ou ennuyer Deleah—"

Ce fut un soulagement qu'à ce moment Bessie descendit, ses cheveux en ordre, un air d'excitation agréable sur son visage potelé. Personne n'a besoin d'essayer sans enthousiasme d'engager une conversation avec Reggie alors qu'une fois Bessie était présente pour le monopoliser.

Et puis Deleah et Franky, les joues roses à cause de l'exercice, sont apparus. Franky alla vers sa mère et grimpa sur ses genoux, et Deleah s'assit près d'elle, un peu trop apparemment peut-être, laissant le jeune homme et Bessie poursuivre leur conversation pétillante sans interruption.

Quand Emily entra pour dresser la table à thé, les deux hommes se levèrent pour partir. "Maman, Reggie restera si tu lui demandes", a déclaré Bessie. Comme elle se sentait triomphante, comme ses yeux brillaient lorsque Reggie lui dit aussitôt qu'il préférerait… plutôt !

"Et M. Boult restera aussi pour prendre le thé, maman," dit rapidement Deleah. Elle n'avait pas besoin du lourd silence qui tombait pour dire qu'elle avait offensé ; pas le regard renfrogné de Bessie, ni le regard pitoyable et suppliant de sa mère. Comme personne n'a appuyé l'invitation, "Restez", a déclaré Deleah. Et il céda gracieusement.

"Puisque vous êtes si poli, cela ne me dérange pas si je le fais", dit-il. Il se sentait vraiment honoré par cette invitation, la première qu'il recevait dans cette maison. Le long salon au plafond bas, au-dessus de l'épicerie, était occupé par des dames pour lesquelles il éprouvait autrefois une certaine admiration. Dans le monde tel qu'ils étaient maintenant, il n'a jamais oublié leur ancienne attitude. Même lorsqu'il avait intimidé Mme Day et conseillé à ses filles de faire le travail de servantes, il n'avait pas oublié. Peut-être qu'à ces moments-là, il s'en souvenait plus que jamais.

Sa femme, décédée depuis sept ans, était d'une autre nature que ces femmes. Ne trouvant rien en lui qui l'empêche d'être un ornement dans une société quelconque, il voyait très bien que feu Mme George Boult était, comme il le disait, « d'un autre rein ». Il avait été assez content d'elle pendant qu'il l'avait ; elle avait été une bonne femme de ménage ; et ne l'avait pas contrarié dans son désir d'économiser de l'argent ; mais en repensant à la pauvre femme, il vit clairement qu'elle n'avait pas l'apparence de ces dames, qu'elle n'avait pas non plus parlé comme elles, ni qu'elle n'en possédait pas les manières. Elle se portait très bien malgré son état d'alors, mais les temps avaient changé pour lui ; et le voilà, très heureux de siéger au conseil d'administration de personnes qui n'auraient jamais reçu feu Mme Boult sous leur toit, à égalité avec le frère de Sir Francis Forcus !

Il était lui-même un homme riche et, en partant, il veillerait à devenir plus riche, mais le revenu des Forcus qu'il connaissait était peut-être sept fois supérieur au sien ; et il faisait partie de ce grand groupe de bonnes gens qui aiment être en compagnie d'hommes plus riches qu'eux.

"Nous avons tellement apprécié le concert, M. Boult", lui dit Deleah.

"Le concert?" » répéta M. Boult. Il souhaitait parler à Bessie, ayant sur la conscience de lui conseiller de se passer de domestique, et il ne se sentait pas obligé de s'efforcer de « faire la politesse », comme il disait, à la plus jeune fille.

"Un gentil ami nous a envoyé des stands pour le concert", expliqua Deleah en rougissant. "C'était si gentil de la part de l'inconnu et c'était un régal si délicieux."

"Les étals ? Les places en demi-guinée, tu veux dire ?" Il y avait une désapprobation étonnée dans les yeux et dans la voix.

"N'était-ce pas gentil de la part de quelqu'un ?" Continua Deleah, déterminée à exprimer sa gratitude au timide donateur. "C'est le même Quelqu'un, je suppose, qui a envoyé les muguets, hier, et mon canari chéri ; regarde ! C'est Quelqu'un envers qui on ne sera jamais assez reconnaissant !"

"Mieux vaut garder votre gratitude pour les avantages plus substantiels que vous avez tous reçus." Il pensait, Mme Day le savait, aux cinquante livres qui figuraient en tête de la liste d'abonnement. "Les lys coûtaient six pence par paquet au marché hier."

"Mais ce n'est pas le prix", a expliqué Deleah ; son visage était rouge de son effort pour dire ce qu'elle avait décidé de dire à l'homme qu'ils n'aimaient pas tous, mais qui se montrait par les petites attentions réfléchies auxquelles elle faisait allusion, sous son vrai visage. "Ce n'est pas seulement le coût, c'est la gentillesse pour laquelle nous sommes si reconnaissants."

"Oh, viens, Deleah !" Reggie l'interrompit. "Je t'ai offert des billets, tu te souviens, et tu n'étais pas du tout reconnaissant de cette aimable pensée. Et quant aux lys, j'ose dire que je pourrais t'envoyer des fleurs tous les matins depuis les vérandas de chez toi, si tu le voulais bien. eux."

"Je ne devrais pas du tout m'occuper d'eux provenant de vos vérandas. Ne les renvoyez pas, Reggie, ou nous devrions être obligés de les renvoyer."

"Pourquoi, je vous prie ? Parlez pour vous, s'il vous plaît," cria Bessie. "Si tu as des fleurs à mendier, je n'hésiterai pas à les prendre, Reggie, souviens-toi."

"Les fleurs ne sont pas à moi", lui rappela aussitôt Reggie. "Ils poussent là-bas - des tonnes - et personne pour les regarder maintenant, à part Francis et Ada. Pourtant, si je veux en envoyer quelques-uns à une fille, des questions se posent et il y a une agitation écoeurante. Je les commande au magasin. pépiniériste plutôt que d'en avoir la clope."

"Bien-?"

"Oh, d'accord. Je vais en commander pour toi, Bessie."

Puis, alors que le thé était presque fini, un pas se fit entendre dans les escaliers, et bientôt M. Gibbon entra. À la vue des deux autres hommes, son visage tomba sensiblement. Pour lui aussi, le sabbat était un moment précieux. L'heure, surtout, qui apportait le repas sur lequel ils n'avaient pas besoin de se presser pour un quelconque travail du soir ; dans la chambre douce avec des fleurs ; en compagnie des trois charmantes dames ; sur la table les délices supplémentaires qu'Emily prévoyait toujours pour l'occasion.

Boult! Forcus ! Les deux hommes que, le moins sur terre, il désirait y voir.

"Bonjour, Gibbon !" dit son chef ; et l'homme à qui on s'adressait sentait au fond de lui que le ton était sans aucun doute celui de l'employeur envers les employés. « Vous êtes en avance pour demain, je suppose ?

Non, dit Gibbon, il ne l'avait pas fait ; et il parlait brièvement, et gardait sa lourde tête haute, et fronçait les sourcils, et avait des manières quelque peu offensantes, dans l'effort de montrer qu'il n'était pas soumis. Il s'inclina d'un air boudeur devant M. Reginald Forcus, lorsque Mme Day murmura le nom de ce monsieur. Le fait que le jeune homme, lorsqu'il serait en âge de prendre la troisième part qui lui appartiendrait dans la brasserie, roulerait dans l'argent, n'était rien pour lui, et il voulait montrer à toutes les personnes présentes que ce n'était pas le cas ! Au concert, lui, qui était laid, petit, pauvre et sans importance au monde, avait eu le meilleur sur le jeune homme élégant avec sa fortune et son nom qui faisait rêver à Brockenham. Il lui avait arraché Deleah et l'avait poussé sur le côté. Il ne se proposa pas ensuite de lui sourire aimablement à travers la table à thé.

Il se rendait demain dans le Lancashire pour acheter des marchandises pour son département ; il y était absent quatre ou cinq jours toutes les trois semaines. C'était pour un moment sa dernière soirée au Paradis ; et le Serpent y était entré !

"Tu es en retard," le réprimanda gentiment Bessie. "Et vous devez attendre qu'on vous fasse encore du thé. Où étiez-vous, je vous prie ? Rendez compte de vous-même."

Il avait parcouru cinq miles à pied, lui dit-il, jusqu'au jardin d'un ami qui possédait une petite véranda. Il avait espéré être récompensé par quelques fleurs pour revenir, mais il n'avait reçu que les trois roses qu'il tenait à la main.

"C'est quand même gentil de votre part de me les apporter," dit Bessie en souriant gracieusement.

Gibbon était cependant timide ou maussade ce soir, car il ne semblait nullement désireux de renoncer aux fleurs ; et ce faisant, il les déposa entre son assiette et celle de Deleah, qui les mit aussitôt dans la main tendue de Bessie. Épinglées au sein de sa robe grise, les fleurs produisaient un effet charmant sur lequel elle attirait l'attention de toutes les personnes présentes.

"Ne sont-ils pas gentils, maman ! M. Boult, Reggie, ne sont-ils pas tout simplement gentils ! Et le pauvre M. Gibbon d'avoir parcouru tant de kilomètres pour eux !"

Et ainsi, à contre-courant, avec des brûlures de cœur et une certaine amertume d'esprit, ils ont fini leur thé du dimanche.

"Cela aurait été délicieux si vous n'aviez pas invité votre vieux Scrooge", lança Bessie, qui, en tout cas, s'était beaucoup amusée, à sa sœur.

# CHAPITRE XV

L'homme de Manchester

Mme Day s'était retirée pour écrire sa lettre à Bernard dans l'intimité de sa propre chambre, et Bessie, de bonne humeur, était partie s'habiller pour le service du soir, où elle devait se rendre escortée par Franky et Emily. Deleah a été laissée en charge du pensionnaire.

C'était pour eux tous un point d'honneur que le jeune homme en ait pour son argent sous leur toit, et surtout qu'il prenne ses repas confortablement. La tasse que Bessie lui avait servie était froide et insipide à ses côtés. Deleah le lui a pris. Certes, il ne devrait pas avoir la lie de la théière ; elle lui préparerait un nouveau pot.

"Je vous en supplie, ne vous inquiétez pas, Miss Deleah. C'est ma faute si je suis en retard."

Lui, qui avait pour credo qu'un gentleman ne devait jamais permettre à une dame de le servir (sauf si elle était sa mère ou s'il était marié avec elle), devait suivre Miss Deleah jusqu'à la cuisine, également à l'étage supérieur, devait la surveiller. rincer la théière, doit lui conseiller sur la quantité de thé nécessaire pour préparer les trois grandes tasses qu'il buvait toujours, doit lui-même verser l'eau bouillante, elle, avec de nombreuses exhortations de sa part à faire très attention de ne pas se brûler les doigts , tenant la théière. Il y avait quelque chose de délicieusement familier et familier dans ce partage de tâches simples.

Deleah, revenue au salon où elle s'asseyait pour remplir sa tasse et lui couper du pain et du beurre, était une vision aussi belle que n'importe quel homme pouvait désirer voir à sa table. Agréablement et gaiement, elle bavardait, l'attendant de ses mains délicates. Lui, muet, répondant peu, embarrassé et mal à l'aise dans cette douce société.

Depuis un an et demi, il vivait dans la maison miteuse au-dessus du magasin de Bridge Street. Il jouissait depuis dix-huit mois de cette proximité, de ce commerce familier, qui est tout ce qu'il faut pour rendre belles bien des femmes laides aux yeux de l'homme qui jouit de sa société. Il n'est donc pas étonnant que le pauvre homme de Manchester ait exagéré dans son esprit ces charmes inhabituels que possédait incontestablement Deleah.

Un an et demi! Et pendant tout ce temps, il ne se souvenait jamais d'une occasion où il avait été laissé seul pendant un certain temps seul avec Deleah, auparavant. C'était Bessie qui s'était constituée son amie particulière, s'était emparée de lui, lui avait parlé, lui avait fait des confidences et s'était assurée que c'était son désir de lui parler. Deleah, il le savait, le considérait comme la propriété de Bessie. Il avait été mécontent de cette hypothèse, mais n'avait pas su comment la contester.

En plus d'être d'une beauté qu'il était venu à considérer comme inégalée, elle était si douce, si tendre, si pitoyable, cette jeune Deleah ; si adorablement gentil. Elle avait appris de ce chagrin et de cette honte dont il savait qu'ils lui étaient arrivés une leçon, lui avait appris, il en était sûr, par les anges compatissants de Dieu ; ne penser qu'aucun chagrin n'est trop insignifiant pour être méprisé, être tendre même envers le doigt écorché, les tibias meurtris des pauvres hommes et femmes qui se débattent péniblement sur le chemin difficile et épineux de la vie.

C'était un homme petit, large et laid, approchant de l'âge mûr ; d'une coupe banale des traits, d'une mauvaise naissance, d'une fortune médiocre, d'un petit compte dans l'ordre des choses ; mais il avait le sens de la beauté ; il avait une âme ; et son œil était rempli d'une beauté qui satisfaisait complètement sa conception ; et de son âme il adora l'âme de Déléa.

"Je suis désolé", dit-il soudain, coupant court à une de ses petites banalités avec laquelle elle s'efforçait de couvrir son silence - "désolé que vous n'ayez pas eu ne serait-ce qu'une des roses que j'ai parcouru dix miles pour vous procurer."

"JE?" elle lui jeta un coup d'œil fugace. "Oh, ça n'a pas d'importance, bien sûr.
Bessie les a, et elle les aime tellement. J'aurais de loin préféré que Bessie les ait."

Il la regardait, plein de reproches mais silencieux.

"Bessie aime tellement les fleurs", dit-elle, se rappelant comment Bessie s'était jetée sur les pauvres roses avant qu'elles ne leur soient offertes. Ce n'était pas beau à voir, mais Bessie – la pauvre Bessie ! – faisait de telles choses.

"Mlle Bessie aime tellement les porter dans sa robe", corrigea-t-il.

Et à ce moment Miss Bessie fit irruption dans la chambre, habillée pour la conquête et pour l'église, les fleurs que le pensionnaire avait marché si loin pour se procurer, épinglées, comme c'était la mode du jour, sous le col de sa veste. Gibbon leur jeta un coup d'œil à contrecœur, se blottissant de manière assez convenable sous le menton potelé de Bessie.

"Oh, comme tu as l'air maussade!" s'écria Bessie de la meilleure humeur.

"Pas maussade du tout", a déclaré M. Gibbon avec un ton quelque peu différent de sa politesse habituelle.

"Seulement traverser ? Ah ! J'ai tellement peur de toi ! Je dois m'enfuir."

Elle fit signe à Deleah, qui la suivit jusqu'au petit palier. "L'honorable Charles se défend à cause de Reggie", murmura-t-elle, "et Reggie est furieux à cause des fleurs de l'honorable Charles. Avez-vous entendu comment il m'a critiqué tout à l'heure ?"

"Pourquoi M. Gibbon devrait-il être en colère à cause de Reggie ?"

"Oh, ma chère fille innocente ! Ne sais-tu pas que les hommes sont parfois jaloux ?"

"Oui. Je le sais. Et je sais autre chose : et c'est que tu faisais de ton mieux pour les rendre jaloux."

Bessie rit ravi comme à un compliment : « Je vous en laisse un. Essayez de le mettre dans un meilleur état d'esprit avant de revenir », dit-elle, et elle se tourna pour descendre en courant.

Deleah se pencha par-dessus la balustrade du petit palier, éclairé par un unique bec de gaz au-dessus de sa tête, pour la regarder partir. Elle aimait voir Bessie de bonne humeur et de bonne humeur, et si croire que tous les hommes qu'elle connaissait était amoureux d'elle la rendait ainsi, Deleah était prête à lui faire plaisir. Elle avait des doutes sur le dévouement du jeune Forcus envers Bessie, mais elle prenait pour acquis celui du locataire.

Il était encore assis à table lorsqu'elle revint vers lui ; le pain et le beurre qu'elle lui avait coupés n'avaient pas été touchés dans son assiette, son thé n'avait pas été goûté.

"Je pensais que tu ne reviendrais peut-être pas", dit-il. Il soupira, comme soulagé d'une anxiété qui avait été douloureuse. "Mlle Deleah, j'aimerais beaucoup vous parler."

Il y avait certaines choses en matière de comportement qu'il avait apprises depuis qu'il vivait chez l'épicier ; L'une d'elles était qu'un homme ne devait pas s'asseoir alors qu'une femme était debout. Alors il se leva à sa place et attendit qu'elle ait repris le sien derrière l'urne à thé.

"Oh, mais, M. Gibbon, mangez votre thé !"

Il repoussa son assiette : « Je ne veux pas manger. Je veux te parler.

En le regardant, elle vit que son visage, habituellement d'un rouge profond et diffus, était aussi pâle qu'il est possible pour un tel visage de le devenir. Souvent, lorsqu'elle avait senti ses yeux sur elle et qu'elle avait levé franchement les yeux pour les rencontrer, elle avait remarqué avec quelle rapidité il les avait évités, presque comme s'il était détecté en train de commettre un crime. Maintenant, elle les trouvait fixés sur son visage.

"Il y a quelque chose que j'ai décidé de vous dire", dit-il.

"Ça ne prendra pas longtemps, j'espère ? Parce que comme Emily est à l'église, je dois nettoyer les affaires de thé."

Elle se leva aussitôt et commença à le faire. « Il va me parler de Bessie », se dit-elle. Elle ne désirait pas particulièrement sa confiance, et avec un peu plus de bruit et d'agitation que n'en exigeait la tâche, elle posa les tasses et les assiettes sur le plateau.

D'une manière préoccupée, il l'a aidée à faire cela, lui a pris le plateau, lorsqu'il était chargé, jusqu'à la cuisine, pendant qu'elle portait les aliments. En revenant, ils plièrent ensemble la nappe. Occupation assez agréable à partager avec une jolie fille ; mais il était évident, bien que son métier ait rendu ses doigts émoussés habiles à manipuler les tissus, et qu'il ait été attentif à la pratique qui doit être suivie dans cet art, qu'il pensait à autre chose qu'à entretenir les plis de la nappe. .

"Là!" » dit Deleah, pour annoncer que leurs légers travaux étaient terminés. Elle avait rangé le tissu dans la presse et se tourna pour trouver l'honorable Charles, comme elle et Bessie appelaient toujours leur pensionnaire, debout, dos à la petite commode où Emily préparait sa pâtisserie, les bras croisés sur la poitrine. .

"Maintenant, vous pouvez aller vous asseoir confortablement et fumer le calumet de la paix sur mon siège spécial près de la fenêtre - je vous en donne la permission - et regarder les bonnes gens aller à l'église."

"C'est vrai, si vous venez."

"Je pense que je vais d'abord y aller et voir ce qu'est devenue maman."

"Cela suffira pendant quelques minutes, Miss Deleah. Nous nous arrêterons ici", dit-il.

Alors Deleah, n'ayant aucune issue, se percha sur le coin de la table où étaient rassemblées les assiettes et les tasses de thé jusqu'à ce qu'Emily revienne les laver, et attendit ce qu'il avait à dire.

Il eut apparemment quelques difficultés à commencer et désapprouva les nattes qui recouvraient le sol.

« Il s'agit de moi », commença-t-il enfin avec un effort pénible à voir ; ses mains semblaient tirer avec tension sur ses bras croisés, les doigts arrondis des larges mains rouges apparaissaient blanches sur les manches du manteau, son visage était encore du rose boueux qui chez lui signifiait la pâleur.

"J'espère que vous ne penserez pas que cela me dérange de parler de moi."

"En d'autres termes, ce qui veut dire à propos de Bessie", se dit Deleah, suspendue, maintenant que c'était inévitable, pour la révélation.

"Il s'agit de mes perspectives. Peut-être pensez-vous que je n'en ai pas, Miss Deleah. Ou de poste, à proprement parler ? Je n'en ai pas, je sais. Pas comme votre ami, M. Forcus. Il en a des milliers par an, où je peux tout au plus en espérer des centaines, je suppose.

Deleah devina le sentiment douloureux dans son esprit et s'empressa d'apporter le baume : « Reggie Forcus pourrait avoir des millions là où il en aura des milliers – et plus il en aurait, moins il risquerait d'affecter l'un d'entre nous. Il est ici cet après-midi. , et s'il se souvient, il reviendra peut-être. Mais c'est simplement le caprice d'un jeune homme oisif qui, pour le moment, ne trouve rien de plus amusant à faire.

« Je pensais qu'il semblait s'intéresser beaucoup. Je l'ai surpris en train de regarder… »

" Chez Bessie ? Il l'aime bien, bien sûr, et il y avait autrefois une grande amitié. Si… des choses… ne s'étaient pas produites, j'ose dire que cela aurait pu être plus qu'une simple amitié. Mais cela s'est produit, et… " Elle s'interrompit. désactivé. Jamais elle ne pouvait sans souffrance et difficulté faire allusion à la tragédie qui leur avait coûté si cher.

"Je vous assure, M. Gibbon," recommença-t-elle en lui souriant d'un air encourageant, "vous êtes bien plus important pour nous que M. Reginald Forcus ne le sera probablement jamais."

"Je vous remercie de m'avoir dit cela", dit-il, et ses doigts se resserrèrent sur les manches de son manteau.

Puis il leva les yeux et la regarda alors qu'elle était assise, perchée avec aisance et grâce parmi les tasses de thé sur la table de la cuisine. Chacun de ses mouvements était effectué, chaque posture prise, avec aisance et grâce. C'était, pour la fortune de Deleah, le jour de la petite femme ; le jour où elle, de quelques centimètres, fut déclarée bouche bée, et où celle de cinq pieds et un peu, mince de taille, de pied, de main, de cheville, se glissa avec aisance et naturel dans le cœur d'un homme.

"Merci pour cela", dit encore l'homme de Manchester, avec une sorte de ferveur rauque dans la voix. "Tu es toujours gentil. Je ne pense pas que les anges du ciel soient plus gentils que toi."

Une déclaration dont Deleah, parmi les tasses de thé, rit avec légèreté.

"Non. Ne riez pas," dit-il presque violemment. "C'est vrai ! J'y crois de toute mon âme."

Il regarda à nouveau ses pieds d'elle vers le sol, fronçant les sourcils, s'efforçant de retrouver le calme nécessaire pour procéder à ce qu'il avait à dire dans l'ordre qu'il avait appris à croire être le meilleur pour son cas.

"J'en reçois deux cents par an", a-t-il déclaré. "Cette année, à Noël, je dois avoir une augmentation de deux cent cinquante. L'année prochaine" - il fit une pause, serrant les lèvres - "l'année prochaine, j'ai l'intention de demander une part de l'entreprise."

"Est-ce que tu?" dit Deleah avec un intérêt poli. « Pensez-vous vraiment que vous y arriverez, M. Gibbon ?

"Je l'aurai assez vite. Je l'aurai, pour cette raison : si Boult ne me le donne pas, je le quitterai. Boult ne peut pas se permettre de me perdre. Je ne veux pas me vanter, mais c'est C'est vrai. Il ne peut pas se permettre de me perdre, et il le sait. Vous savez," et il leva la tête, parlant plus naturellement et la regardant avec fierté de son exploit, " depuis deux ans que je suis dans le camp. vous inquiétez d'avoir *doublé* les recettes de mon département ? »

"Vraiment ? Comme vous êtes très intelligent, M. Gibbon ! Vous *devez* être content !"

Il la regarda et rit désespérément. "Vous ne comprenez pas ces choses, Miss Deleah. Vous ne réalisez pas que ce que j'ai fait compte beaucoup."

"Oh, mais oui, M. Gibbon ! J'ai toujours pensé que vous deviez être un homme d'affaires tout à fait merveilleux ; si calme, si régulier, ne pensant qu'à votre travail."

"Je pense à autre chose", dit-il avec ferveur. "Je veux avancer. Je veux m'améliorer et améliorer ma position. Il y a un but pour lequel je travaille. Si un homme se fixe un but et travaille de tout ce qu'il vaut pour l'obtenir, l'obtiendra-t-il, Mademoiselle Deleah ? »

"Il comprend. N'en doutez jamais!"

"Eh bien, voyez ! Quand j'aurai ma part du commerce, je travaillerai tout le show comme j'ai travaillé mon propre rayon. Les autres établissements de la même file pourront monter leurs volets. C'est la plus grosse affaire de draperie de la ville. maintenant — Boult est assez fier pour vous enfoncer ce fait dans la gorge — mais j'en ferai la plus grande entreprise de draperie des comtés de l'Est.

« Comme c'est magnifique de votre part, M. Gibbon ! Et à supposer que M. Boult ne vous donne pas la part ?

"Je ne suis pas sûr que ce ne serait pas mieux. Dans ce cas, je commencerai tout seul. Pas dans un magasin. J'ouvrirai seul un entrepôt pour vendre mes marchandises."

"Ces calicots, ces imprimés et ces 'drabbets', tu vas les acheter à Manchester ?" » intervint Deleah, soucieuse de montrer qu'elle comprenait.

"Marchandises de Manchester. J'emporterai avec moi tous les petits clients qui viennent me voir maintenant pour prendre mon conseil sur ce qu'ils doivent acheter, et beaucoup de commerçants d'une classe supérieure, qui traiteront avec un grossiste mais n'achèteront pas leurs marchandises. de Boult."

"Pauvre M. Boult!"

"Il doit prendre soin de lui-même. J'ai entendu Miss Bessie dire l'autre jour que le commerce de gros était plus distingué que le commerce de détail...." Il s'interrompit et regarda d'un air interrogateur Deleah, qui n'avait aucune opinion sur le sujet.

"Bessie est au courant de ces choses", lui assura-t-elle. "Alors, vous deviendrez un homme très riche, M. Gibbon. Et vous partirez, et ne nous aiderez plus à préparer de la viande hachée, ni à débarrasser la table après le thé du dimanche. Vous conduirez votre voiture avec une *paire* de chevaux... pas un seul misérable comme M. Boult — et vous vivrez dans une belle maison, vous cultiverez des roses et vous construirez des vérandas, n'est-ce pas ?

"Oui," acquiesça-t-il solennellement. Puis il déplia les bras et, les étirant latéralement, saisit de chaque main le rebord de la commode contre laquelle il s'appuyait. "Je voudrais que tu viennes avec moi", dit-il.

"Moi!" » dit Deleah. Le choc de la surprise la coupa un instant le souffle. Elle resta assise et le regarda avec de grands yeux pendant ce qui lui sembla une éternité, sans rien dire ; et lui aussi, pour le moment incapable de parler davantage, se retourna. Enfin « Bessie ? » Deleah est sortie. "Tu veux dire Bessie ?"

" Pourquoi devrais-je parler de Bessie ? *Bessie !* " dit-il, et il chassa de lui l'idée d'elle avec mépris. "Pourquoi devrais-je parler de Bessie ? Je veux dire de toi-toi-toi !" » dit-il, et il supporta son silence avec des yeux désespérément accrochés à son visage.

"Quand je partirai d'ici pour entrer dans cette belle maison, avec la voiture et les vérandas, viendrez-vous aussi ?"

"Oh non!" » dit Deleah en chuchotant, la tête baissée.

Puis ils s'assirent l'un en face de l'autre sur la table et sur la commode et restèrent silencieux, tandis que le sang chantait fort dans les oreilles de Deleah et battait avec une pulsation si cruelle dans les tempes de l'homme qu'il ne savait pas comment supporter l'agonie et pensait que sa tête devait éclatement.

Quand Deleah leva enfin les yeux et le regarda, le changement de son visage l'effraya, sa respiration devint difficile et bruyante comme s'il avait couru. Était-il possible qu'il puisse ressentir cela, ce pensionnaire d'âge moyen calme, inoffensif et sans intérêt, qui n'avait jamais semblé ressentir quoi que ce soit de particulier auparavant ? À son sujet?

"Je suis vraiment désolée", dit-elle avec une véritable détresse, horriblement affligée et honteuse de sa part dans sa douleur. "Je pensais que c'était Bessie."

"Vous m'avez refusé ? Vous le pensez vraiment, absolument ? Il n'y a aucun espoir pour moi ?"

Deleah frissonna. C'était la phrase réglementaire utilisée par l'amant éconduit dans le roman de l'époque. Cela avait enthousiasmé Deleah cent fois en le lisant. Il n'y avait rien de guindé ni de théâtral dans les paroles prononcées par Charles Gibbon, mais elles lui rappelaient le fait fâcheux qu'il était mortellement sérieux, qu'il l'aimait et qu'elle lui portait un coup cruel. Elle se sentait malheureuse, humiliée, honteuse. C'était absurde, disproportionné, qu'il ait dû poser une telle question, sur un tel ton, à la petite Deleah Day.

"Je suis vraiment désolée, M. Gibbon," répéta-t-elle, et il l'entendit dans un silence qui lui fit mal au cœur.

"Veux-tu partir ?" lui demanda-t-elle tout à l'heure. Dans les livres, l'amant rejeté s'éloignait pendant un certain temps afin de se remettre du coup. Elle a été soulagée de constater que dans le cas du pensionnaire, cela n'était pas jugé nécessaire.

"Pourquoi devrais-je partir ?" Il a demandé.

"Il vaudrait mieux continuer quand même", conseilla-t-elle avec empressement. "Bessie n'a jamais besoin de le savoir."

« Bessie ! » répéta-t-il avec mépris ; il lâcha la commode et se retourna, lui tournant le dos, pour qu'elle ne voie pas son visage. " Vous avez détruit tous mes espoirs ; vous m'avez... brisé ; et vous me parlez de Bessie. De quoi, au nom du ciel ou de l'enfer, pensez-vous que je me soucie de *Bessie* ; ou si elle le sait ou non ? "

Deleah, gardant sa place sur la table, écoutait avec étonnement sa voix altérée et étranglée. Leur politesse indéfectible – trop polie ! et pensionnaire à la retraite ! Était-ce vraiment lui, lui tournant le dos, parlant de Bessie… Bessie !… sur un tel ton !

"Vous voyez, je ne l'ai jamais su ! Je n'ai jamais deviné", s'excusa-t-elle, impuissante.

"Non. Je suppose que tu n'as pas pensé à moi. Matin, midi et soir, tu étais tout pour moi. Il n'y avait rien d'autre. J'ai travaillé pour toi, j'ai vécu pour toi…"

Il lui tournait le dos : l'horrible pensée qu'il pleurait lui vint ; sa voix était rauque et brisée.

"Si seulement j'avais deviné..." dit-elle avec une détresse et un embarras hideux. Elle avait pensé, comme toutes les filles, recevoir un jour une offre de mariage ; que cela pourrait un jour être une expérience aussi misérable qu'elle n'avait pas imaginé. Si seulement c'était un étranger, pensa-t-elle bêtement ; quelqu'un en dehors de sa vie, qu'elle avait peu vu ! Mais M. Gibbon, leur pensionnaire ! La vue de lui dans leur entourage lui était devenue aussi familière que celle de son frère aurait pu l'être : elle ne pouvait pas se réconcilier à l'idée que cet homme sous une apparence horriblement inconnue était lui. "Si seulement j'avais deviné—!"

"Et si c'était le cas ?" » demanda-t-il désespérément, sans se retourner.

« J'aurais pu vous le dire plus tôt. Il n'y aurait pas eu un tel… gaspillage.

Elle glissa de la table et resta debout à côté, dans un état d'indécision douloureuse. Elle avait envie de s'éloigner de lui, de s'échapper ; mais en même temps, étant Deleah, elle avait aussi envie de réconforter.

"Je ne le dirai même pas à maman", promit-elle. "Nous continuerons comme d'habitude.
Et bientôt, bientôt nous oublierons ce qui s'est passé."

"Allons-nous?"

"Oh, oui ! C'est étonnant de voir comment on peut ranger les choses, au fond de notre esprit, et continuer comme si elles n'étaient pas là du tout. Assez étonnant."

"Nous ne devrions pas faire un ouvrage sur nos chagrins si nous pouvons nous en sortir aussi facilement!"

"Oh, pas nos chagrins, bien sûr." Elle se souvenait combien le chagrin de la fin terrible de son père était toujours avec elle et le serait aussi longtemps qu'elle vivrait. « Notre chagrin, bien sûr, M. Gibbon, nous ne pouvons pas l'oublier. Mais une petite chose qui ne va pas comme celle-ci – une petite déception… »

"Je vois," dit-il. Puis il émit un son mi-étouffé, mi-hoquet, qui était destiné à rire ; et bientôt il se retourna. " Alors, nous continuerons comme avant, Miss Deleah. Ne craignez pas que quelqu'un apprenne cette « petite déception » par moi. J'ai l'habitude de cacher ce que je ressens. Cela devient facile quand vous... J'ai appris une fois que personne ne s'en soucie.

"Oh, M. Gibbon. Ne dites pas ça s'il vous plaît. Je m'en soucie."

"Non, vous ne vous en souciez pas. Vous ne vous en souciez pas comme je le souhaite. À quoi sert autre chose ? Avons-nous fini de ranger les affaires de thé, Miss Deleah ? Y a-t-il autre chose pour lequel je puisse vous aider ?"

Elle secoua la tête, le regardant avec des yeux qui l'imploraient de ne pas être amer ou malheureux. Et alors qu'elle regardait, voyant son visage rouge familier et sa silhouette trapue et forte sous un jour nouveau, une idée lui vint.

"M. Gibbon", dit-elle, "c'est *vous* qui avez envoyé les billets de concert, ainsi que toutes les fleurs et tous les fruits, ainsi que le canari dans sa jolie cage. C'est vous, vous !"

"Non, non ! M. Boult, bien sûr, Miss Deleah. Vous avez découvert de qui il s'agissait il y a longtemps. Gentil et généreux M. Boult !"

"Et je les ai tous pris, et je ne t'ai jamais remercié—!" Elle tendit la main pour le retenir alors qu'il la dépassait vers la porte ; mais il n'y prêta pas attention, et sans ajouter un mot, elle le laissa partir.

"Qu'as-tu fait de tes roses ?" » a demandé Deleah. Bessie rentra son menton rebondi et baissa les yeux sur l'endroit sous le col de sa veste où ils avaient été épinglés. "J'ai dû les perdre en sortant de l'église !" dit-elle. "Je vous en prie, ne laissez pas l'honorable Charles en entendre parler."

Les trois pauvres roses ! Les roses de Deleah, le pensionnaire avait parcouru les dix miles pour les récupérer !

# CHAPITRE XVI

Pour Bernard

Sir Francis Forcus se tenait dos à la cheminée vide de sa chambre privée de la Brasserie, un exemplaire du quotidien local à la main. C'était une pièce agréable, même si la vue depuis les deux fenêtres ouvertes n'était que sur les grands quais noirs et les entrepôts de l'autre côté de la rue. Il faut se pencher à la fenêtre pour apercevoir la rivière noire qui coule en contrebas, sur laquelle la Brasserie a été bâtie ; des grands wherries et barges déchargeant en contrebas ; voir les canoës et les bateaux de plaisance s'échapper des eaux polluées, des briques et des mortiers du lieu, vers le ruisseau ensoleillé coulant entre les beaux jardins et les verts pâturages du pays, un demi-mile plus loin.

D'une fenêtre d'un des quais noirs et sinistres d'en face, une alouette emprisonnée chantait, récompensant l'homme de son traitement cruel avec le meilleur qu'il avait à donner, à la manière de la création brute, dont la vengeance n'est pas encore venue. Un rayon de soleil qui parvenait épars (dans des localités plus ouvertes et plus favorisées, le soleil était largement étendu en ce matin de printemps) toucha le visage de Sir Francis, qui n'avait aucune expression très contente. Dans le journal qu'il lisait, tout frais de la presse, il y avait le récit d'un course d'obstacles dans lequel le nom de son frère figurait en grande partie. Il n'avait gagné la course, ni ne s'était distingué d'aucune manière, sinon par le nombre et la gravité de ses chutes, et par le fait qu'il avait tué son cheval ; mais le *Brockenham Star* était, dans une large mesure, la propriété de la maison des grands brasseurs, et avait donc tiré le meilleur parti des exploits du jeune homme.

« Ce garçon va encore se briser le cou », se disait le lecteur. Il n'avait pas vraiment la confiance de son frère. La mort du cheval était pour lui une nouvelle ; il ne savait même pas qu'il y avait un steeple.

"A quoi sert-il tout ça ?" » se demanda Sir Francis en regardant sévèrement le journal. "Il ne s'intéresse pas à la Brasserie. C'est un homme depuis des années et n'a jamais fait une demi-heure de travail de sa vie."

Les demi-heures de travail de Sir Francis n'auraient pas représenté grand-chose, mais il avait néanmoins des capacités commerciales. A certaines heures de la journée, on le trouvait toujours, comme maintenant, à son poste, et ce qu'il ne faisait pas lui-même, il veillait à ce que ceux qu'il payait le faisaient efficacement.

Au-dessus de la cheminée était accroché le portrait du fondateur de la Brasserie, ou plutôt de l'homme qui avait fait de l'entreprise déjà fondée un succès phénoménal. Souvent, tandis que l'aîné regardait ce visage sensé, aimable et aux beaux traits, il se rappelait combien son plus jeune fils avait été très cher à son père, dans sa vieillesse, sans esprit d'affaires, épris de plaisir et de course d'obstacles, qui avait été mais un garçon à l'école quand le vieil homme était mort. Très souvent, il lui fallait s'en souvenir ; car entre le veuf d'âge moyen et triste, aimant son devoir et sérieux, et son demi-frère, il y avait très peu de choses en commun.

Un employé ouvrant la porte annonça qu'une dame avait appelé et attendait Sir Francis.

"Une dame ? Ma sœur... Miss Forcus ?"

"Une jeune femme. Elle n'a pas donné son nom."

"Demandez-le, s'il vous plaît."

L'employé revint avec un bout de papier sur lequel était écrit un nom que Sir Francis lut à lui-même, puis à haute voix, regardant l'employé d'un air interrogateur : « Miss Deleah Day. Miss Deleah Day ?

Le commis, n'ayant aucune information à donner ni suggestion à offrir, continua de regarder respectueusement les bottes de son employeur.

« Faites-lui entrer, s'il vous plaît, » dit Sir Francis ; et en une minute, la porte s'ouvrit et Deleah apparut.

Sir Francis, l' *étoile de Brockenham* pendant de sa main gauche, s'inclina solennellement devant la jeune fille, et s'avançant, il tourna une chaise de la table à écrire, dans laquelle il indiqua son désir qu'elle s'asseye. Comme elle était blanche et effrayée ! quelle jeune, petite et extraordinaire jolie chose ! Il se souvenait très bien de la dernière occasion de sa présence dans sa chambre. Qu'est-ce qui l'avait envoyée vers lui maintenant ? Que voulait-elle? Il se rappelait comment Reggie, dont le nom, lui semblait-il, était toujours mentionné à un propos indésirable ou autre, s'était mêlé à la famille répréhensible de cette jeune fille. Reggie, se demanda-t-il ? Ou bien était-ce parce que la misérable entreprise d'épicerie de la mère avait échoué, comme il s'y attendait toujours, et qu'on allait lui demander une autre contribution pour la remettre sur pied ?

Avec ces pensées lui traversant l'esprit, il retourna à son ancienne position près de la cheminée, se tenant raide, droit et grand, sur le foyer, pour observer son visiteur de là.

"Tu as été si gentille autrefois", dit Deleah, et il entendit qu'elle avait du mal à garder sa voix ferme, et vit que ses lèvres tremblaient "... si gentille quand je suis venue vers toi auparavant, que je suis revenue."

Trop inquiet de ce que pourrait être sa mission pour dire qu'il était heureux de la voir, il baissa la tête en signe d'attention courtoise et attendit.

Alors qu'elle était venue pour sa mission odieuse, elle avait pensé à la manière dont elle préparerait le terrain, ce qui la mènerait d'une manière ou d'une autre à la pétition qu'elle devait présenter, mais la parole était trop difficile et elle pouvait à peine prononcer les mots nécessaires : "Je suis venue vous demander de me donner cinquante livres", dit-elle.

Les yeux de Sir Francis s'ouvrirent largement sur elle, mais il ne parla pas. Dire d'emblée qu'il donnerait à la pauvre enfant – l'outil sans doute de sa famille, envoyé par eux pour travailler sur lui parce qu'elle était si jolie, si jeune et si attirante – cinquante livres sans autre explication serait tout simplement idiot : dire que il ne lui serait pas venu à l'esprit.

Elle avait attendu un mot d'encouragement ; aucun ne vient ; péniblement, elle a travaillé: "Je dis 'donner' parce que je ne suis pas sûre de pouvoir jamais vous payer - je gagne très peu d'argent. Mais si jamais je peux vous payer, vous pouvez me faire confiance que je le ferai."

"J'en suis sûr", dit l'homme riche, et il attendit qu'elle continue son histoire. Mais elle restait assise devant lui dans un silence embarrassé, la tête baissée, effrayée et honteuse.

« Nous l'appellerons « Carême », n'est-ce pas ? dit-il à l'instant. " Vous vous sentirez plus heureux ainsi. Et rien ne sera pressé. Pas pressé du tout. "

"Oh merci ! Je vous remercie beaucoup. Je veux vous dire—"

"Non, non," dit-il en levant une main pour vérifier les mots sur ses lèvres. C'était ridicule de donner de l'argent de cette manière, mais il avait le sentiment que s'il connaissait sa destination, il devrait le donner avec plus de réticence.

« Mais je dois vous le dire, s'il vous plaît. Je voulais vous le dire avant, mais… » Ses yeux évitèrent son visage et errèrent avec détresse dans la pièce. Comme elle s'en souvenait bien ! C'était ici qu'elle était venue supplier cet homme, cet étranger !, de garder son père hors de prison. Et maintenant son frère, maintenant Bernard ! Y avait-il une fille au monde aussi accablée de honte qu'elle ! "C'est mon frère..." dit-elle. "Il... j'ai apporté sa lettre."

Elle trouva sa poche, et en sortit la lettre qui lui était parvenue par la poste du matin, lui ravageant le cœur, noircissant le soleil, faisant du chant de l'alouette prisonnière d'en face un chant funèbre, la replongeant dans le malheur qui lui avait été causé. la sienne au moment de la disgrâce de son père. Elle sortit la misérable lettre de son enveloppe et la tendit à Sir Francis avec des doigts tremblants.

"Non," dit-il, et il l'écarta d'un geste. "C'est peut-être quelque chose que votre frère aurait préféré ne pas savoir. Quelque chose qui peut rester entre vous et lui. Et ceci... ces cinquante livres" - il était allé à sa table d'écriture, avait sorti un chéquier d'un tiroir, était écrivant dedans pendant qu'il parlait : « Ceci aussi est entre vous et moi. Personne, d'ailleurs, n'a jamais besoin d'en savoir un mot.

La chaise qu'il lui avait arrangée pour qu'elle puisse s'asseoir était près de la table à écrire ; lui, assis de l'autre côté, leva les yeux vers son visage sans lever la tête : « Tu souhaites que cela soit fait à ton frère ou à toi ?

"À mon frère."

"Voulez-vous me dire son nom ?"

"Bernard Guillaume."

Elle regarda sa forte main blanche se déplacer sur le papier, écrivant si facilement les mots qui étaient si importants pour elle. Comme le gros rubis de la bague qu'il portait à la main qui tenait la plume semblait briller et brûler au soleil. Au petit doigt de son autre main se trouvait un petit cercle simple qu'elle savait être celui de sa femme décédée. Elle remarqua, dans la forte lumière de la fenêtre, comment les cheveux noirs et lisses étaient devenus gris autour des oreilles, comment des rides qui n'existaient pas auparavant s'étaient gravées sur le beau visage impassible. Était-il également très malheureux, se demandait Deleah, au milieu de ses propres ennuis ? Pleurait-il encore, comme on disait qu'il l'avait fait, si lourdement, sa femme perdue ?

Il lui poussa le chèque sur la table. "Là!" il a dit.

Il avait surpris son regard posé sur son visage avec son regard douloureux et interrogateur, et il chassa de lui son doute, son agacement, et malgré lui sourit d'encouragement dans ses beaux yeux suppliants et innocemment vénérés.

"Ne soyez pas malheureux", dit-il. "Cela arrangera les choses, nous l'espérons, et remettra votre frère sur pied. Vous ne devez pas avoir l'air si triste."

A ces mots — il avait eu tort de parler si gentiment — le clair noisette de ses yeux fut inondé de larmes. Les yeux étaient doublement beaux.

"'Je ne le croirai pas mais Desdémone est honnête'" se surprit-il à répondre à cette petite voix agaçante qui ne cessait de murmurer : "Est-ce qu'ils me l'ont mise ?"

Deleah gardait ses yeux mouillés tendus sur lui, de peur qu'en les baissant les larmes ne débordent. "Je ne sais pas ce que tu peux penser de moi", dit-elle d'une voix hésitante. " Je ne sais pas comment j'ai eu le courage de venir. Je n'ai eu que la lettre de Bernard ce matin ; il a dit... il faut le faire aujourd'hui. Ma mère ne doit pas le savoir : il n'y a personne d'autre : je n'avais personne pour le faire. " demande. Tu as été si gentil avec moi une fois, j'ai pensé à toi.

"Je comprends tout à fait. Tout à fait. Tout à fait."

"J'étais alors une enfant", a-t-elle continué, se forçant à essayer d'exprimer ce qu'elle pensait devoir être dit ; " et bien que je n'aie pas le droit de vous déranger, les choses peuvent être pardonnées à un enfant. Mais maintenant... mais maintenant... "

"Mais maintenant," répéta-t-il, et il sourit à nouveau de son léger sourire. Pour lui, elle n'était encore qu'une enfant, et son ton transmettait ce message.

"J'ai vraiment honte", a-t-elle déclaré. "Et tellement... tellement reconnaissant."

Elle plia le chèque, le mit dans son sac à main bon marché et peu utilisé et se leva. Elle se sentit tellement humiliée qu'elle hésita à lui tendre la main, de peur qu'il ne trouve présomptueux de sa part d'attendre qu'il lui serre la main.

« Où est ton frère ? Que fait-il ? Il a demandé.

"Il est à Ingleby. M. George Boult l'a mis dans l'une de ses boutiques à la campagne."

"Oh ! George Boult ?"

Quelque chose dans le ton dépréciatif de l'homme fit rapidement dire à Deleah : "Il a été très gentil avec nous. Il a aidé maman pour l'épicerie et la conseille."

"Alors j'ai entendu." Il se disait que si le frère insatisfaisant devait demander grâce pour les méfaits causés à George Boult, il se retrouverait dans un cas bien triste.

"Il est très jeune, mon pauvre frère", ajouta Deleah. "Et je suppose qu'il s'est fait de mauvais amis. Il n'a jamais de vacances. Il ne peut jamais rentrer à la maison avec maman et nous..."

"Ah, c'est mauvais. Et tu ne peux pas aller vers lui ? Je suis sûr que tu pourrais lui faire du bien." Car cette pensée lui vint, alors qu'il regardait la jeune fille triste dans sa robe soignée et bon marché, se tenant si timidement devant lui, qu'il n'avait jamais vu la bonté écrite si lisiblement sur le visage d'un être humain que sur celui de cette fille. d'un voleur et de la sœur d'un pauvre.

"Les voyages en train coûtent cher et nous sommes obligés de vivre très prudemment", a déclaré Deleah. "La pauvre maman a contracté une ou deux dettes impayées ces derniers temps. Et tant de gens, qui finissent par payer, sont très lents à le faire." Deleah secoua lentement et tristement la tête à propos de ces paresseux. "En plus, je suis occupé, bien sûr, toute la journée."

"Puis-je savoir de quelle manière ?"

"J'enseigne", dit Deleah, et elle releva la tête avec une sorte de fierté de cet aveu qui était très joli. "Je suis la deuxième gouvernante anglaise de l'école pour jeunes filles de Miss Chaplin. Je gagne assez là-bas pour acheter mes propres vêtements et ceux de Franky."

Son courage lui revenait ; au lieu de la difficulté qu'elle avait éprouvée à tirer les mots nécessaires pour expliquer et cautionner sa course, elle avait maintenant l'envie de lui dire des choses, de lui faire des confidences.

"Et qui est Franky ?"

"C'est mon petit frère. Beaucoup plus jeune que les autres, et notre animal de compagnie avec nous tous. Maman dit, mais pour Franky, elle pense qu'elle n'aurait jamais pu survivre aux ennuis qu'elle a eu. Je pense que nous avons tous ressenti cela. Nous je ne pourrais pas être toujours en train de pleurer et de mélancolie en compagnie d'un petit garçon qui ne comprend pas et qui veut tellement s'amuser. Pour l'amour de Franky, il faut être joyeux. Il n'a que sept ans quand tout cela arrive. à papa."

"Franky ne doit pas entrer dans l'une des boutiques de George Boult", a déclaré Sir Francis. « Quand Franky sera en âge de quitter l'école – pour commencer à gagner sa vie – viens me le dire, d'accord ?

Son visage s'éclaira, jusqu'à devenir aussi beau qu'une fleur embrassée par le soleil. "Oh, je le ferai ! Oh, merci", dit-elle ; puis elle tendit la main, et pendant un instant ses doigts se refermèrent de toute leur douce force autour de la main qu'il lui tendait. "Oh merci!" dit-elle encore.

Puis il lui ouvrit la porte et elle partit.

Deleah, lorsqu'elle eut envoyé à son frère le chèque dont le reçu avait dû l'étonner extrêmement, se sentit presque éclater du désir de confier à quelqu'un l'histoire de sa visite chez le riche brasseur. Elle avait envie de contempler ses regards, de répéter ses paroles, surtout de raconter la promesse céleste contenue dans cette dernière phrase divine concernant Franky. Personne ne doit en être informé ; mais Deleah était trop jeune pour être chargée d'un secret ; cela la rendait agitée. Elle ne pouvait pas s'asseoir avec Bessie pour l'entendre discuter du modèle de la manche qu'elle était en train de découper pour une nouvelle robe du dimanche. Elle courut au magasin, pour le soulagement d'être près de sa mère.

Mme Day la regarda avec des yeux accueillants et se tourna de nouveau attentivement vers sa cliente, une bonne dame difficile à satisfaire en matière de bougies.

"Une bougie de suif fera très bien l'affaire pour que les domestiques descendent dans les gouttières, dans la cuisine", déclarait-elle avec irritation. "Mais ni ma fille ni moi ne pouvons supporter l'odeur du suif ; et vos cires sont un prix cruel. Cruel, Mme Day ! Je suppose que vous ne pourriez pas faire une réduction en prenant deux paquets ?"

Mme Day secoua la tête avec patience. "En réalité, nous n'en tirons presque rien, dans l'état actuel des choses", proteste-t-elle tristement. "Ces bougies, appelées composites, les dames commencent à les acheter pour leur usage personnel et domestique. Je vends maintenant plus de bougies composites que de cire ou de suif."

" Vous ne pourriez pas m'obliger à essayer avec un ou deux ? — Oh, bon après-midi, Miss Day. Ainsi, vous n'hésitez pas à venir parfois au magasin pour tenir compagnie à votre maman ? "

"Au dessus de!" » dit Deleah ; et parce qu'elle devait être douce comme du sucre envers les clients de sa mère, elle sourit à Mme Potter, qui se détourna du comptoir pour engager la conversation.

"Et toi, ma chérie ?" Le client suivant de Mme Day était un très petit garçon très minable, dont le visage crasseux et impatient apparaissait juste au-dessus du comptoir.

"Un ha'p'r' o' acides, comme le dernier." Il brandit la pièce dans son poing pour l'assurer de la bonne foi de la transaction.

"Vous m'en avez donné plus que ça, la dernière fois, pour un moment. Vous ne les avez pas pesés", grommela le client.

" Heureusement pour vous, je ne l'ai pas fait ! Tiens ! Prends ton ha'penny et pars. "

Beaucoup de clients de cet ordre non rémunéré avaient la veuve. Lorsque les petits en haillons avaient à peu près l'âge de Franky, ils étaient sûrs de rebondir et de récupérer leur argent. Elle souriait maintenant au scaramouch, qui était surveillé depuis la porte par une demi-douzaine de confédérés. Le ha'penny était apparemment une propriété commune, car chacun réclamait actuellement sa part.

Ces bouchées de bonbons et ces quarts de livre de biscuits brisés donnés aux enfants des plus pauvres lui constituaient le seul plaisir que Mme Day tirait de ses longues heures derrière le comptoir de l'épicerie. Car, malgré l'avidité et l'égoïsme de la nature humaine, la privation la plus ressentie par celui qui a été riche et qui est maintenant pauvre est peut-être l'incapacité de mettre la main dans la poche à la légère, et sans se demander si cela peut être possible. offert ou non, à donner à ceux qui le demandent.

Tandis que Mme Day s'occupait d'une oreille de ses propres clients, elle entendait de l'autre une discussion qui se déroulait dans le coin opposé sur le prix et la qualité du beurre.

« Le nôtre vient de la meilleure laiterie », jeune, très jeune ! - M. » Pretty assurait la pauvre et respectable femme qui hésitait à mettre ses affirmations à l'épreuve. "Frais, tous les jours, maman. Tu voudrais en mettre un peu sur ta langue pour l'essayer ?"

La femme s'exécuta, goûtant le morceau d'un air anxieux. "Mais je ne peux pas me permettre de vous donner un ou deux livres, si je peux l'acheter un centime de moins, juste un peu plus loin dans la rue."

"On n'y trouve pas de beurre comme ça, madame ;" et le jeune M. Pretty, qui aurait sûrement dû être Maître Pretty, de droit, porta un morceau de beurre à sa propre langue et le goûta bruyamment, l'air très sage.

"'Meilleure qualité, un centime.' Je vois le ticket affiché lorsque je passe chez Coman. » Elle se tourna vers la maîtresse du magasin. "J'ai toujours eu affaire à vous pour du beurre, madame", dit-elle. "Je n'ai pas envie de vous quitter, mais là où j'achète mon beurre, il va de soi que je dois acheter le reste de mes grosseries."

" Si Coman en est là, vous l'aurez pour la même somme ; " » a promis Mme Day. Son beurre avait déjà été "lâché" deux fois auparavant, ce jour-là, pour suivre la passion de sous-vente du nouvel épicier qui, pour le malheur de la veuve et de l'orphelin, avait ouvert un magasin plus bas dans la rue. Notre pauvre détaillant vendait aussi ses sucres à un prix inférieur à celui qu'elle leur donnait.

"Vous devez le faire pendant un certain temps", lui avait dit George Boult. " Coman ne peut pas continuer ainsi éternellement. Il va bientôt se lasser de ce jeu. Si je connais un peu le commerce et les commerçants, alors vous pourrez à nouveau le coller sur vos marchandises. "

Pendant que le sujet du beurre était débattu, l'enfant Franky arrivait de l'école de l'après-midi. Il était pensionnaire dans une académie bon marché où étaient envoyés d'autres fils de petits commerçants, école bien inférieure à celle où était allé Bernard. La compagnie d'enfants rudes et ordinaires n'avait pas amélioré les manières de Franky, ni son habitude de parler. Il entra en courant, sans se soucier de la déférence due aux clients, repoussa la dame qui venait de décider de laisser Mme Day essayer de se procurer en ville une bougie plus à son goût, se précipita vers sa mère.

"Je peux aller prendre le thé avec Willy Spratt ? La mère de Willy Spratt dit que je peux aller prendre le thé avec lui. Je le souhaite vraiment. Je peux y aller ?"

"Non, ma chérie. Nous aimons que tu prennes le thé avec nous. Nous ne pouvons pas t'épargner."

"Je peux y aller, maman ? Je peux y aller ? Willy Spratt attend dehors."

Willy Spratt était le fils du coutelier et de sa femme, d'en face. De très bons clients de Mme Day, de très bonnes personnes ; mais-

"Vous n'avez pas parlé à Mme Potter, Franky," dit Deleah pour distraire l'esprit de l'enfant. « Vous connaissez Mme Potter, monsieur. Où sont vos manières ?

"Bien sûr, je vous remercie", dit Franky sans un regard en direction de la bonne dame en question, qui n'avait pas l'intention de s'enquérir de sa santé. "Je peux y aller, maman ? Willy attend dehors ; et je peux y aller ?"

"Oh vas-y!" dit sa pauvre mère. "Allez ! Mais, cher Franky, *ne* tirez pas votre casquette de cette façon hideuse sur vos yeux."

Mais Franky avait baissé la tête sous la main de sa mère, s'était précipité autour du comptoir et était parti rejoindre la société du futur Willy.

Dans un interrègne de paix entre les allées et venues des clients, Mme Day se lamentait auprès de Deleah sur le sujet douloureux de la détérioration de Franky. "Il se brosse même les cheveux et porte sa casquette, à la manière de ce terrible Willy Spratt. Étant si jeune, il n'a aucune chance. Il doit devenir un petit garçon ordinaire."

"Jamais, maman!" Deleah, la consolatrice infaillible, a déclaré. "Eh bien, Franky ressemble à une créature d'un moule différent de Willy Spratt. Franky, avec son cher petit nez, est distinctement aristocratique. Ne riez pas ! Il l'est en effet. Vous et lui l'êtes, vous savez ; et n'importe qui je peux le voir."

"C'est absurde, ma chère", dit la mère, mais elle sourit et fut réconfortée sur ce point. "Il est inévitable, je suppose", poursuivit-elle, "que nous tombions dans le langage de ceux qui nous entourent. Mais cela me contrarie. Avez-vous remarqué que même Bessie parle habituellement de M. Gibbon maintenant sans le « M. » ? 'Gibbon' a dit ceci ou 'Gibbon' a fait cela. Je n'aime pas lui en parler, mais cela offense mon oreille.

"Je ne dirais rien", a conseillé Deleah. "Nous savons que Bessie est... si facilement bouleversée."

"Pauvre Bessie !" dit la mère. Tous deux eurent la vision de Bessie tambourinant sur le sol avec ses talons dans l'hystérie dans laquelle quelques mots contrariants la plongeraient. "Et les aventures amoureuses de Bessie ?" » demanda alors Mme Day. « Je devrais être si reconnaissante de voir Bessie avec sa propre maison. Elle serait si heureuse, mariée. Mais… ?

Elle s'arrêta d'un air interrogateur sur le « mais », sachant qu'il s'agissait d'un très grand.

"Je ne pense pas que Reggie veuille dire quoi que ce soit, maman."

"Non", acquiesça Mme Day en secouant tristement la tête. "Je ne peux pas imaginer                                        comment Bessie peut être si aveugle. Pourtant, s'il en était autrement, quelle évasion de Bridge Street ce serait pour elle."

Deleah resta silencieuse.

"Ou pour toi ?"

Deleah a ri avec ses couleurs vives : "Je n'épouserais pas Reggie Forcus s'il était bourré d'or, maman."

Mme Day s'est détournée pour servir la petite servante en désordre de l'autre côté du chemin dont la famille était soudainement « à court de vinaigre ».

Ses yeux avaient été suffisamment perçants pour voir sur quel visage de ses filles se posait le regard de Reginald Forcus ; elle avait deviné l'attrait qui poussait le jeune homme voluptueux et très recherché à rester assis patiemment pendant des heures le soir, à regarder les jeunes filles travailler. Elle regarda tristement le vinaigre mesuré et le client parti, entre les boîtes de biscuits et les pots de cornichons dans la rue. Elle avait commencé à caresser le rêve que si ce n'était pas Bessie, ce serait peut-être sa jolie Deleah qui, grâce à Reggie, trouverait une issue.

« En supposant qu'il veuille vraiment épouser l'un de nous, cela ne te plairait sûrement pas, n'est-ce pas, maman ? »

Et Mme Day fut obligée d'admettre avec une sorte de honte qu'elle le ferait.

« Ce bébé de jeune homme idiot et irresponsable ; sans deux idées en tête !

Mais la mère savait que si sa tête était vide, sa poche ne l'était pas. Il n'était peut-être pas intelligent ou n'avait pas beaucoup de stabilité de caractère, mais oh, combien de choses qui rendaient la vie agréable il possédait ! Celle qui les avait possédés et les avait perdus n'était pas du genre à sous-estimer la valeur des biens matériels.

"Je suppose que la fin sera que Bessie devra épouser M. Gibbon", dit-elle avec un effort de résignation et lui ôtant à contrecœur le rêve doré. "Je ne devrais pas blâmer Bessie", poursuivit-elle d'un ton judiciaire. "C'est un homme bon et régulier, bien que très calme. Avez-vous remarqué, ma chère, à quel point M. Gibbon est devenu très calme ?"

"Oui maman."

"Je suppose que c'est l'amour qui le rend si silencieux."

Elle le supposait, dit Deleah. Qu'il ait été encore plus silencieux lui aurait plu davantage. Elle aurait pu épargner son féroce « Je t'aime », murmuré derrière la nappe alors qu'elle et lui s'étaient baissés simultanément pour ramasser un couteau tombé la veille ; son passionné "Regarde-moi seulement!" souffla violemment la nuit dernière au-dessus du chandelier qu'il lui avait mis dans la main. Bessie et sa mère considéraient l'honorable Charles comme la propriété de Bessie. Deleah était effrayée et honteuse de ces manifestations irrégulières.

"C'est un homme banal et sans intérêt - mais pour quelque chose dans ses yeux. Je ne sais pas si vous avez remarqué ce que je veux dire, Deleah ? - Pourtant, il fera un mari sûr, sans aucune pensée en tête sauf pour Bessie ; et je suppose que nous devons nous décider au sacrifice. "

# CHAPITRE XVII

Qu'est ce que c'est maintenant?

"Un message pour votre fils, madame ?" M. Gibbon s'enquit un soir, à l'heure du souper, de la veuve et lui annonça que des affaires l'appelaient à Ingleby le lendemain matin.

Il n'ajouta pas qu'il était allé avec des instructions spéciales pour enquêter sur les plaintes faites à nouveau contre Bernard Day par le directeur de la succursale, et rapporter un rapport sur lequel George Boult pourrait agir.

"Le garçon devra être expulsé d'Ingleby", a déclaré le drapier. "Je veux savoir si j'ai le droit de le libérer sur-le-champ, ou si je peux risquer de lui donner une autre chance."

M. Boult s'était abstenu de traiter sommairement le jeune homme, comme cela avait été son instinct. Après tout, il était le fils de William Day ; le fils du seul ami qu'il s'était fait toute sa vie. Le fils de la veuve de Bridge Street, également ; et lui, George Boult, avait été l'arbitre de sa destinée, de celle de ses enfants, et il en était fier. Le résultat n'a pas été tout à fait satisfaisant. Aucune quantité d'enseignement ou d'intimidation ne fera jamais de la mère une femme d'affaires ; mais ensuite il sut qu'il avait apprécié l'enseignement et l'intimidation. Il éprouva un sentiment de satisfaction lorsqu'il lut son nom en petites lettres blanches sur fond noir au-dessus de la porte du magasin : « Lydia Day, autorisée à vendre du tabac et du tabac à priser », et il se souvint que c'était lui qui avait fait naître cette légende. écrit là. Il lui plaisait de se rappeler la belle femme en soie et en dentelles, qui lui tendait de temps en temps une main condescendante, lors des dimanches après-midi qu'il avait passés avec son mari - l'air hautain, la peau foncée et les yeux sombres. beauté, tandis qu'il la conjurait à son esprit - puis d'entrer dans la petite boutique sombre et de voir cette même femme - était-ce en vérité la même chose ? - sa robe noire recouverte d'un grand tablier blanc à bavette, ses manches blanches pour ses coudes, debout derrière le comptoir, pour peser de la mélasse dans le pot d'un client, ou pour vanter les mérites de divers savons récurants.

"C'est moi qui l'ai fait", se dit George Boult, et il en fut ravi.

Sa mère avait bien sûr de nombreux messages pour Bernard. Un paquet de deux chemises pour lui aussi, qu'elle et les filles lui avaient confectionnés, les cousant ensemble une fois la journée de travail terminée. Il devait écrire plus souvent. Il devait lui envoyer ses chaussettes à raccommoder. Faire de longues promenades à la campagne; et ne pas en aucun cas être tenté de passer ses soirées dans l'horrible hôtel dont M. Boult s'était plaint à sa mère qu'il fréquentait.

Le matin, un petit paquet fut remis entre les mains du pensionnaire, en lui demandant de le remettre à Bernard. Il contenait un souverain que la pauvre femme, qui n'avait pas un sou en réserve, avait pris ce jour-là sur une somme due pour faire face à un certain compte. Le salaire du garçon était vraiment très petit ; le grossiste doit attendre le paiement.

Lorsque Deleah rentra de son école dans l'après-midi de ce jour-là, elle trouva le magasin dirigé par M. Pretty seul, un état de choses qui n'était jamais autorisé sauf à l'heure des repas. Deleah est entrée dans la maison et a couru à l'étage avec un esprit inquiétant. En arrivant sur le palier sombre sur lequel s'ouvrait le salon, son cœur se serra au bruit des pleurs bruyants venant de cette pièce. Sa mère était mourante, ou morte, déplorée par Bessie, décida-t-elle, ses pensées bondissant vers le pire qui pouvait arriver.

Ce fut donc un soulagement pour elle de voir Mme Day assise dans sa chaise habituelle, grise et au visage frappé, mais vivante, et comme elle maintenait une position droite, sans doute en bonne santé. La mère regardait droit devant elle avec des yeux aveuglés, ne prêtant aucune attention à Bessie, étendue sur le canapé, poussant des hurlements sur des hurlements.

"Qu'est ce que c'est maintenant?" » Demanda Deleah, debout dans l'embrasure de la porte, comme si elle était frappée là. "Dites-moi vite ce que c'est." Son esprit s'envolait à la recherche d'horribles possibilités. "Est-ce que Bernard est mort ?" elle a demandé.

"Oh, j'aurais aimé qu'il le soit ! J'aurais aimé qu'il le soit !" Bessie pleura et se jeta en position assise. "J'aurais aimé qu'il le soit. Bernard est pire, bien pire que mort. Bernard s'est enrôlé comme soldat !"

Deleah ferma la porte et s'avança dans la pièce. "Est-ce tout?" elle a demandé. Son pauvre petit visage était blanc, ses yeux fous de peur. Que Bernard soit en prison, c'était ce qu'elle redoutait d'entendre. "Oh, maman, si c'est tout, ce n'est pas si terrible."

Puis on frappa à la porte et Charles Gibbon entra. Deleah se tourna vers lui : « Tu n'aurais pas dû leur dire ; tu aurais dû me le dire », lui reprocha-t-elle.

"Je ne pense pas", dit-il sans détour. "Pourquoi devriez-vous supporter le poids de tout ?"

Mme Day était incapable de parler, ses pauvres lèvres tremblaient, ses mains tremblantes qui gisaient impuissantes sur ses genoux.

Bessie la regarda. "Pauvre maman ! Pauvre maman !" elle gémit. "Cela va tuer maman ! La honte va la tuer !"

"Faire taire!" » dit l'honorable Charles, et il se tourna vers elle, la choquant et la faisant taire. "Vous devriez avoir plus de contrôle sur vous-même, Miss Bessie. L'hystérie n'a encore jamais aidé personne au monde."

« Hystérique ! répéta Bessie, mais elle fut si étonnée qu'elle cessa de gémir.

"Madame Day", poursuivit le pensionnaire, "je vous ai annoncé la nouvelle de votre fils un peu brusquement peut-être, mais je n'ai pas pensé que je vous annonçais de mauvaises nouvelles. Beaucoup" - il allait dire "des hommes meilleurs", mais l'a changé en : « Beaucoup mieux lotis que lui ont fait la même chose, et c'est cela qui les a fait. Je vous le dis franchement, dans toutes les circonstances, je pense qu'il a fait la meilleure chose qu'il pouvait.

"Je dois l'acheter, bien sûr", a déclaré Mme Day, sans y prêter attention. « Savez-vous comment s'y prendre, M. Gibbon, et combien cela coûte ?

Si M. Gibbon savait, il ne l'a pas dit.

"Dire que Bernard est un simple soldat, un simple soldat !" Bessie recommença et trembla une fois de plus de sanglots. « S'il vient ici, Deleah, penses-tu qu'il s'attendra à ce que nous partions avec lui ? Nous ne pourrons plus jamais nous revoir avec Bernard – jamais ! Jamais ! Jamais !

Elle s'était toujours disputée avec Bernard, mais elle l'aimait et était fière de sa beauté. Le chagrin de la pauvre Bessie était égoïstement montré, mais c'était quand même un chagrin authentique.

"La discipline sera pour lui la meilleure chose au monde", a promis le pensionnaire. "Un de mes amis qui est également allé au b——— et qui s'est également enrôlé, pour certaines raisons, est maintenant officier."

"Bernard n'aura pas de chance", a déclaré Bessie. "Nous n'avons jamais de chance."

"Il ne sert à rien d'attendre la chance, Miss Bessie—"

"Est-ce que M. Boult l'achètera ?" interrompit la veuve. Aucun argument ne pesait avec elle. Elle n'écouta aucune tentative de réconfort. "Je dois aller voir M. Boult immédiatement et lui demander de le faire."

"Si vous suivez mon conseil, vous ne le ferez pas, madame. Si vous le lui demandez, il ne le fera pas."

"Je le supplierai à genoux", dit la pauvre dame.

Deleah suivit Gibbon jusqu'au palier. « Y a-t-il quelque chose que vous cachez ? » lui murmura-t-elle. "Tu peux me le dire. Je ne suis pas Bessie."

"Ce garçon a été un imbécile, mais il n'y a rien qui ne puisse être étouffé."

Ses yeux pleins de peur s'accrochaient à son visage ; elle était déterminée à entendre le pire. "Tu dois me le dire", a-t-elle persisté.

« Quelques factures ont été payées au comptoir ; seulement pour de petits montants.
Votre frère n'a pas… n'a pas… »

"Tu veux dire qu'il a pris l'argent pour lui-même ?"

Comme son visage était blanc ! Le bruit des soupirs et des gémissements de Bessie venait du salon. Deleah ouvrit une autre porte sur le palier. C'était celle de la chambre de sa mère, mais cela ne lui importait pas. Avec une main sur le bras du pensionnaire, elle l'entraîna et ferma la porte.

"Bernard a volé l'argent ?" elle a chuchoté. Elle n'avait aucune pensée d'elle-même, ni de celui qu'elle tenait par le bras, elle avait oublié qu'il l'aimait. Connaître le pire, et le savoir immédiatement, afin que, d'une manière ou d'une autre, sa mère puisse en être épargnée, c'était ce qu'elle voulait.

Elle n'avait aucune pitié pour elle-même, mais lui avait pitié d'elle, une pitié abondante et écrasante ; la brave petite fille au visage blanc, qui ne gémissait pas, ne se jetait pas et ne disait pas de bêtises ; qui a eu du courage, qui a affronté les choses.

"Votre frère a bien donné les reçus", dit-il lentement, "mais il a omis d'inscrire les comptes comme payés dans le grand livre."

"Et l'argent ? Qu'a-t-il fait avec l'argent ?"

"L'argent va bien. L'entreprise ne perd rien."

"Comment veux-tu dire ? Dis-moi."

"L'argent a été retrouvé dans sa chambre."

"Qui l'a trouvé ?"

"Je l'ai trouvé. Ce n'était que pour une petite somme."

"Et il l'a payé ? Pour qu'ils ne perdent rien ? Pour qu'ils sachent tous que Bernard n'avait été que négligent ? Qu'il n'était pas un voleur ?"

"Tout va bien", lui assura-t-il. "Il n'y a plus rien à craindre, maintenant."

"Tu es sûr de ne rien cacher ? Tu ne me tromperais pas ? Il n'y a plus rien ?"

Gibbon hésita ; ce n'était pas un homme qui mentait ; et il y avait quelque chose de plus. "Il semble qu'il ait contracté des dettes, des dettes que votre frère ne pouvait pas payer avec son salaire."

"Oui?"

"Mais il les a payés."

« Il l'a fait ? Alors… ?

"Vous voyez, Miss Deleah, ils souhaitent savoir d'où il tire l'argent pour payer."

Elle le regarda avec inquiétude les sourcils froncés pendant une minute, puis son visage s'éclaira et une lumière joyeuse brillait dans ses yeux. "Eh bien, je peux leur dire !" elle a dit : "Je lui ai envoyé l'argent pour payer les dettes."

"C'était environ cinquante livres. *Vous* l'avez envoyé ?"

"Oh, l'argent n'était pas le mien. C'était l'argent de Sir Francis Forcus. Je le lui ai demandé. Vous pouvez leur dire que je l'ai envoyé, M. Gibbon; mais ne leur en dites pas plus. Sir Francis souhaitait que ce soit un secret entre lui. et moi."

"Oh!" » dit Gibbon, et il lui retira brutalement la main de son bras.

"Tu ne me crois pas ?"

"Je te crois assez vite ; oh, oui."

"Alors pourquoi es-tu en colère ?"

"Tu aurais pu venir vers moi. Pourquoi n'es-tu pas venu vers moi ?"

"Oh, je ne sais pas", a déclaré Deleah. Les nombreuses raisons qu'elle aurait pu donner semblaient plus douces à retenir.

Il se jeta sur elle, les yeux flamboyants. "Je n'aime pas ces ' *secrets* ' entre un homme et une fille."

Deleah recula avec un peu d'offense. "Si vous saviez à quoi ressemble Sir Francis, vous ne diriez pas une chose pareille, M. Gibbon."

"Comment est-il?"

"Infiniment, infiniment au-dessus de tout ce qui n'est pas gentil, généreux et noble."

"Il est comme n'importe quel autre homme, sauf qu'il a plus d'argent."

Deleah a pris son petit air de dignité. "Je te remercie de m'avoir tout dit sur mon frère", dit-elle. "Je suis tellement soulagé qu'il n'y ait rien de pire à entendre."

Il la regarda traverser le petit carré sombre du palier et entrer dans l'autre pièce. Quand elle tenait sa petite tête si posée sur sa longue gorge gracieuse, quand les coins de ses lèvres étaient un peu baissés, le petit menton arrondi relevé et les merveilleux cils noirs balayaient ses joues, il avait un peu peur d'elle. d'une fille de moins de la moitié de son âge; une fille qui n'était qu'une enfant il y a deux ans, lorsqu'il était arrivé à la maison. Une jeune fille dont les lèvres, autant qu'il ait jamais entendu, n'avaient jamais prononcé un mot grossier ; une fille qui avait pitié des mouches qui se noyaient et qui détournait soigneusement son pied du ver abject. Mais ensuite, il tremblait toujours devant elle, soit d'amour, soit de peur.

L'envie de lui dire que le brasseur fier de sa bourse n'était pas le seul homme à avoir rendu service au malheureux frère pour elle l'envahit. Les quelques livres qu'il avait mises pour pouvoir les retrouver là, dans la chambre de Bernard, lui avaient coûté infiniment plus que les cinquante livres de Sir Francis Forcus. Et c'était quelqu'un qui économisait anxieusement son argent pour le but qu'il avait en vue. Le qualifierait-elle de « gentil, généreux et noble » s'il le lui disait ? Il en doutait largement.

"Nous ne pouvons pas nous promener avec Bernard en tenue de simple soldat", disait Bessie lorsque Deleah revint dans le salon. "Nous sommes descendus, maman, je sais, mais nous ne sommes pas descendus si bas que cela; et Bernard ne peut pas l'attendre de nous."

"Je l'achèterai si je dois vendre les vêtements que je porte", dit Mme Day, inconsciente du fait que sa garde-robe au marché aurait peut-être pu rapporter la somme de trente shillings.

"Je ne serais pas trop pressée, maman."

"Tu ne penses rien aux souffrances de ton pauvre frère, Deleah. Mon fils chéri."

"Je pense à lui. Je pense qu'il sera très en colère si cela est fait tout de suite. Il faut attendre qu'il ait eu le temps d'en avoir marre."

"Dès que le magasin sera fermé, j'irai chez M. Boult et je le supplierai de m'aider à l'acheter", a persisté Mme Day.

Elle se leva avec raideur de sa chaise et se plaça à côté, la main agrippant le dossier, attendant que la force lui vienne de reprendre le fardeau des affaires. Ah, si seulement elle avait eu le loisir de pleurer, si elle pouvait s'allonger sur le canapé et pleurer, comme le faisait Bessie, quel luxe cela aurait été !

L'assistante avait dû « préparer » une commande pour son client le plus important en son absence. Il avait mis les mauvais sucres dans les paquets et le mauvais thé. En atteignant la boîte de « foy grass » de l'étagère du haut, il avait renversé et cassé une bouteille de piccalilli, attrapant son contenu dans le tiroir à sucre cristallisé. Mme Day était très douce avec lui, qui était encore plus jeune que le pauvre Bernard.

# CHAPITRE XVIII

Le dangereux Picsou

Mme Day fut épargnée de la course à laquelle elle s'était attachée auprès de M. George Boult, car ce monsieur, avant que l'heure de monter les volets ne soit atteinte, après avoir eu un entretien avec son homme de Manchester, chercha la veuve dans sa boutique.

Depuis qu'il avait été nommé magistrat, il fallait remarquer que certains changements s'étaient produits dans l'apparence et la tenue du drapier à succès. Il affectait désormais le costume en tweed clair des gentilshommes de la campagne, plutôt que les vêtements noirs et décents du commerce. Un traqueur de cerfs remplaça le grand chapeau auquel sa tête était habituée et il le portait, comme c'était la mode parmi la jeune génération de l'époque, très peu d'un côté. Sa barbe courte était taillée en pointe, ses moustaches relevées aux extrémités, et ses mains portaient des gants de cuir fauve. Au total, il présentait maintenant une silhouette qu'il avait la satisfaction de savoir, malgré la protubérance excessive du ventre et la brièveté et l'épaisseur du cou, comme étant étrangement rajeunie et tout à fait au goût du jour.

« Les affaires ne sont pas très animées aujourd'hui, madame ? » dit-il de sa manière rapide et dure, en regardant autour de lui la boutique vide.

C'était l'heure du thé pour tout le monde. Une heure creuse, lui rappela Mme Day.

"Coman's était plein à mon arrivée", lui dit-il. "Il a un sucre dans sa vitrine à trois pence; une grande pancarte citant le beurre de première qualité à onze pence; une autre indiquant qu'un quart de livre de thé serait offert pour chaque demi-couronne dépensée dans le magasin."

Mme Day soupira de découragement. "Nous ne pouvons pas faire face à lui", a-t-elle déclaré. "Ça ne sert à rien d'essayer."

"Qu'avez-vous l'intention de faire alors ? Pensez-vous que les familles achèteront leur groshery" (il prononçait toujours "groshery") "de vous alors qu'elles peuvent l'acheter moins cher, quelques magasins plus loin ? Pourquoi le feraient-ils, ma' suis-je, à bien y penser ?

"Ils ne le feront pas, bien sûr", acquiesça Mme Day, "mais nous pourrions tout aussi bien être ruinés par manque de coutumes que par la vente de nos marchandises à un prix inférieur à celui que nous leur donnons."

"Je vais vous dire ce qui va vous ruiner", dit-il brusquement. "Et c'est un manque de courage." Apparemment, il tirait du plaisir de cette croyance ; il l'a annoncé avec tant d'enthousiasme. "En affaires, vous ne devez pas être une lâche, madame. Vous devez vous attaquer à l'homme qui vous 'sous-vendez', lui tenir tête, le payer avec sa propre monnaie."

La pauvre Mme Day l'entendit, l'esprit évanoui et les yeux mornes. Que lui importait de payer Coman, en bas de la rue ! Son cœur était plein de Bernard.

"Maintenant, regardez ici, madame ; *réhabillez* votre fenêtre. Où est votre jeune homme ? Où est Pretty ?" Pretty, qui détestait cordialement George Boult, apparut à contrecœur. « Écoutez, jeune homme ; ce soir, quand vous aurez fermé vos volets, videz la moitié de votre fenêtre. Mettez-y le meilleur sucre que vous ayez. Mettez-y une carte, une carte qui criera : « em au fur et à mesure qu'ils passent. Des lettres aussi longues, voyez-vous, et noires— *noires* 'Notre sucre à trois centimes est invité.' Juste ça. Vous voyez ? Et regardez encore, madame, mettez un centime par livre sur vos autres biens, pour compenser ?

Mme Day a faiblement admis qu'elle comprenait.

"Oh, ces choses sont assez faciles à gérer, comprenez-les. Je ne m'oppose pas à cette sous-vente de la part de Coman. Un petit conflit commercial éveille l'intérêt, nous excite tous, clients et vendeurs. Nous sommes trop enclin à Brockenham pour aller dormir. Nous devons nous réveiller, Mme Day.

Puis, sans guère de pause et sans changer de ton, il aborda le sujet qui lui tenait si à cœur. "Je suis venu vous parler, madame, de votre garçon. Il s'est conduit envers moi avec la plus basse ingratitude - mais nous n'avons pas besoin d'y parler, cela n'a pas d'importance, même si je dois dire : compte tenu de ce que j'ai fait pour vous tous... "

Mme Day jeta un coup d'œil vers M. Pretty, lui dressant les oreilles, et le renvoya à sa tâche de moudre le café dans la cave.

"M. Boult, si vous pouviez m'épargner !" » plaida-t-elle avec une sorte de dignité pitoyable. " Nous vous devons beaucoup, je le sais ; aucun de nous n'est ingrat. Mais je vous prie d'avoir la prévenance de m'épargner les plaintes de mon fils. "

"Je n'oublie pas que vous êtes sa mère, madame. Je ne l'oublie pas un instant. Sinon—"

« Ce que Bernard a fait est pour moi la cause du plus grand chagrin, un chagrin que je ne sais pas vraiment comment supporter. Je venais vous voir, monsieur Boult. Je venais vous demander… vous supplier… »

Il leva sa main carrée, vêtue du nouveau gant orange, pour la faire taire. "Ne le demandez pas", dit-il. "Je sais ce que tu veux que je fasse. Gibbon m'a préparé. Tu souhaites que j'achète ce fils qui ne fait rien. Pas un centime de mon argent ne servira à le faire. Pas un centime !"

Il abaissa vivement la main sur le comptoir pour souligner les mots. Mme Day, le regardant avec des yeux tristes, ne dit rien.

"Le garçon s'est comporté comme un petit mal conditionné et ignorant... Eh bien ! Je vous épargnerai. Nous savons comment il s'est comporté. Laissez-le payer pour cela. Il aura un malade, je n'en doute pas. Servez-le bien. . Servez-le bien, n'est-ce pas.

"Mais, M. Boult, c'est mon fils."

"Quelle différence cela fait-il, ma chère dame ? Tout garçon en mauvaise posture est le fils d'une mère."

"Si Bernard pouvait avoir encore une chance !"

"Il l'a compris. En le rachetant, vous essayez de lui supprimer sa chance. Ce garçon a été élevé trop doucement. Donnez-lui des difficultés, c'est le meilleur remède pour lui."

"Pensez à la compagnie forcée avec ceux avec qui il doit s'associer !"

"Quand il a pu choisir ses compagnons, il a choisi le pire qu'il pouvait trouver. Il fait partie d'un équipage plus rude maintenant, mais de loin meilleur pour lui."

Les larmes coulaient sur les joues de Mme Day. Elle les essuya furtivement avec sa main, mais il les vit. Je les voyais et je leur en voulais avec le sentiment impatient de blessure que les larmes d'une femme suscitent chez cet ordre d'homme. Il lui tourna le dos et commença à tripoter les citrons exposés dans une boîte sur l'autre comptoir.

"Réfléchissez à ce que je vous ai dit, madame. Des paroles de sagesse que vous avez entendues, et chacune d'entre elles est pour votre bien. Et veillez à ce que votre jeune homme exécute ma suggestion pour la fenêtre de demain, voulez-vous?" ? Miss Bessie à l'étage ?

Mme Day, regardant la rue à travers ses larmes, a déclaré qu'elle croyait que sa fille était dans le salon.

"Je vais juste courir et présenter mes respects à Miss Bessie, alors."

Il avait pris l'habitude, ces derniers temps, de monter se présenter dans ce quartier après chaque entretien d'affaires dans la boutique. Bessie feignit de considérer la prédilection pour sa société comme une présomption de la part de George Boult.

"Un homme aussi vieux que mon propre père !" disait-elle souvent à Émilie, avec qui elle avait de nombreuses confidences.

"Raison de plus pour qu'il vienne vous fasciner", a déclaré Emily.

Il lui aurait été difficile d'expliquer comment cette vieille fille d'un certain âge était devenue une autorité en matière de questions de cœur ; mais elle avait toujours une opinion à offrir sur de telles questions, et elle la donnait avec une gravité et un caractère concluant qui la rendaient définitive.

"C'est lorsqu'ils dépassent le moment où les femelles sont susceptibles de leur jeter un œil qu'ils deviennent dangereux, tellement ils sont alors fous d'amour", a-t-elle affirmé.

"Je ne pense pas que le vieux Scrooge soit un jour dangereux", rétorqua Bessie avec regret. Elle était très intéressée. "Qu'est-ce que tu entends par 'dangereux', Emily ?"

Emily ne voulait pas entrer dans les détails. Elle hocha la tête d'un air sage. "Faites attention!" elle a conseillé. "Et rappelez-vous, Miss Bessie, je suis toujours à portée de main quand il est proche."

L'idée que le vieux drapier puisse tout à coup se déchaîner donnait toujours au *tête-à-tête une saveur* qui, autrement, aurait pu lui manquer. Elle était, à vrai dire, un peu déçue de le trouver après chaque visite pas plus alarmant qu'avant. Elle a même essayé de le pousser à lui montrer le symptôme "dangereux", le traitant avec le caprice et le dédain qu'elle n'aurait pas osé montrer sans l'assurance répétée d'Emily qu'elle pouvait jouer comme elle l'entendait avec lui et qu'il ne s'offusquerait jamais. La mère, Deleah, et même le petit Franky, devaient veiller à leurs « P et Q » avec l'homme qui, comme il l'avait lui-même exprimé, « se tenait derrière eux ». Bessie était sur un autre plan, se dit-elle, et pouvait faire ce qu'elle voulait.

"J'ai intimidé votre mère à propos de votre frère malfaisant", a-t-il déclaré. "J'ai pensé que je ferais mieux de vous dire un mot ou deux sur le même sujet."

"Merci, M. Boult. Vous avez oublié d'enlever votre chapeau."

Il l'enleva à contrecœur, car il cachait le sommet chauve de sa tête, et, sans qu'on le lui demandât, s'assit sur la chaise en face de la sienne.

Chaque homme porte avec lui son idéal de ce à quoi devrait ressembler une femme, même s'il le change probablement plusieurs fois avant d'arriver à l'âge, aux yeux d'Emily, dangereux pour un amant. À l'âge de cinquante-cinq ans, l'idéal de George Boult a été réalisé par Bessie Day. Elle avait la peau claire et était très rondelette. Sa taille était extrêmement fine, comme c'était le goût de l'époque, mais ses hanches et son buste étaient larges ; il y avait une promesse d'un double menton à venir plus tard. Le collier de Vénus apparaissait de manière séduisante dans sa jeune gorge pleine, et dans les jointures de ses petites mains blanches se trouvaient des fossettes.

"C'est comme ça que tu passes tes journées ?" lui demanda George Boult en désignant le livre qu'elle tenait toujours entre ses mains.

"La lecture ? Une partie de ma journée. Une très bonne façon aussi de la passer. Vous ne trouvez pas ?"

"J'appelle cela une manière de pécher. Une perte de temps pécheresse."

"Oh, M. Boult ! Mais il n'y a que des gens stupides et incultes qui ne lisent pas."

"Je lis mon journal tous les jours", dit-il, comme si elle l'avait accusé. "C'est tout ce pour quoi les hommes d'affaires ont du temps."

"Je suis tellement content de ne pas être un homme d'affaires, alors."

"Vous ne le serez jamais ! Une des oisives de la terre, Miss Bessie. Ceux qui ne travaillent pas ne filent pas non plus."

"Un muguet", lui rappela Bessie.

"Je vous l'ai déjà dit, une jeune femme belle et en bonne santé comme vous n'a pas le droit de rester assise devant le feu et à ne rien faire."

« Que me suggérez-vous de faire ? »

" Descendez et attendez dans le magasin. Pourquoi pas ? Si vous le faisiez, votre mère pourrait se débarrasser de Pretty. "

Bessie se tourna vers lui, un visage rouge de colère : « Je n'attendrai jamais dans le magasin », dit-elle. "Je déteste le magasin. Je déteste tous les magasins, sauf pour y dépenser de l'argent."

"Ah, tu ferais ça, je n'en doute pas", dit-il avec une certaine amertume. Il condamna catégoriquement la grosse et paresseuse fille. Il aurait aimé la voir à genoux frotter les planches. Il aurait apprécié l'occasion de la punir pour sa frivolité, son impertinence, ses absurdités, qui pourtant l'attiraient d'une manière inexplicable. Il la regarda avec colère et Bessie le regardait. Peut-être allait-il enfin montrer la « dangerosité » de l'incident à son époque de sa vie.

« Comme vous le faites tous maintenant, j'ai peur que vous n'ayez pas beaucoup d'argent à dépenser », se contenta-t-il de dire ; puis il a commencé sur l'autre sujet. "Et qu'en est-il de ce misérable garçon ?"

"Je vous remercierai de ne pas le traiter de misérable garçon, M. Boult."

"Qu'est-ce qu'il est d'autre ? C'est un misérable garçon."

"C'est mon frère."

"Ouais, ouais !" » dit M. Boult, incapable de trouver une expression articulée pour son mépris. " C'est encore plus dommage pour toi ! Ta mère s'évertue à racheter ce jeune cul. Je lui ai dit que je ne lui donnerais pas un sou dans ce but. "

"Est-ce qu'elle t'a demandé un sou ?"

"Tout ce que j'ai toujours eu l'intention de faire pour Maître Bernard, je l'ai fait. Je vous préviens à tous. Si vous choisissez de le ramener à la maison ici, de traîner et de vous dévorer, les femmes hors de la maison et du foyer, ne comptez pas sur moi pour vous aider. toi."

"M. Boult, nous sommes malheureux, mais nous ne sommes pas tout à fait sans amis."

"Je suis content de l'entendre. C'est une nouvelle."

"Laissez-moi vous dire qu'il y en a d'autres—"

" Dommage qu'ils ne se soient pas manifestés plus tôt ! "

Dans son âme, il croyait qu'aucune famille n'avait jamais eu un guide, un philosophe et un ami tel qu'il l'avait été pour eux. Pour beaucoup, il n'aurait pas cru à la suggestion selon laquelle il devait partager l'honneur de s'être lié d'amitié avec un autre.

"Si vous avez un autre ami comme moi dans votre manche, vous feriez mieux de le présenter et de le laisser investir un peu plus d'argent dans l'entreprise. C'est ce que nous recherchons, Miss Bessie."

Il se leva de sa chaise et avança d'un pas vers elle : "Qui sont donc ces puissants amis ? Sortez-les."

« Et si je ne choisissais pas de te le dire ?

"Je devrais m'attendre à ce que vous ayez vos raisons. Je vous souhaite le bon après-midi,
Miss Bessie." Il lui tendit la main.

"A quoi ça sert ?" » s'enquit Bessie en regardant avec une curiosité dédaigneuse la peau de chien jaune. "Vous ne devriez pas serrer la main d'une dame qui porte un gant, M. Boult."

Là-dessus, il retira la main, mit son chapeau et s'éloigna.

"Bonjour, M. Boult."

"Ouais ! Ouais !" M. Boult a répondu depuis l'atterrissage.

Et tandis qu'il descendait l'escalier sombre et sortait par la porte privée, il se dit quelques mots à l'opposé d'un compliment à Miss Bessie.

# CHAPITRE XIX

Quand la beauté appelle

"Oh, Reggie !" » dit Deleah d'un ton suprêmement contrarié.

Elle regarda le jeune homme qui marchait à sa rencontre – sa silhouette plutôt élégante mais suffisamment belle, resplendissante dans la dernière et la meilleure coupe de manteau, de gilet et de chapeau, les cravates les plus récentes autour de son cou, l'arrangement le plus court de chaînes en or enroulées autour de sa personne. – avec une expression sévère de désapprobation sur son visage.

"Maintenant, qu'est-ce que tu fais ici ?" lui demanda-t-elle alors qu'il se tournait et marchait à ses côtés. " N'est-ce pas dommage de votre part, Reggie ! Je vous ai dit que Miss Chaplin avait entendu parler de votre « traînée » pour moi, comme elle l'appelait ; et que j'avais promis que cela ne se reproduirait plus. J'ai passé plus de temps. sur le chemin du retour, à travers des rues bien moins agréables, pour vous échapper - et pourtant vous voilà en train de m'attaquer à nouveau.

"Ne sois pas en colère contre moi, ma chérie, je n'y peux rien", plaida le jeune homme.

"Je n'y peux rien !" répéta-t-elle, doucement méprisante. "Vous me ferez renvoyer de l'école. Ce sera notre prochain malheur."

"J'aimerais que la vieille femme vous renvoie. J'aimerais qu'elle vous chasse, de sorte que vous n'ayez pas un sou en dehors de ce que je pourrais vous donner, ni nulle part où aller sauf pour venir vers moi."

"Combien de fois t'ai-je demandé de ne pas dire ce genre de chose ?"

"Mais bon sang, pourquoi pas moi ? À mon âge, on sait ce qu'on pense, j'imagine… ?"

"Tu pensais le savoir il y a un an quand toute la ville parlait de toi et d'Harriet Hart. Tu pensais le savoir deux - ou était-ce trois ans avant ça ? - quand tu as dit que tu étais amoureux de Bessie."

"Parcelle de pourriture idiote, Deleah ! On vous dit n'importe quoi, ma chère. Ne le croyez pas. Je n'ai jamais été amoureux - pas éperdument, comme je le suis maintenant - de toute ma vie auparavant. Vous pouvez le croire. il."

"Je ne veux pas le croire. Oublions-le. Fais-le, Reggie !"

"Non, parlons-en. Tu vois ce que je veux dire. Je veux dire, je veux que tu m'épouses, chérie."

"Absurdité!"

"Je peux te dire qu'il n'y a pas de bêtises là-dedans. C'est carrément, mortellement sérieux. Et je vais te dire autre chose, Deleah, puisque tu as entraîné Bessie : que tu n'as pas besoin d'être jaloux d'elle..."

"Jaloux ! Vraiment, Reggie ! Oh, quel jeune homme vaniteux !"

"Attends. J'y reviendrai tout à l'heure. Je te dis que même quand j'avais l'air gentil avec Bessie, il y a des années, je pensais à toi. Je pensais que tu étais la plus jolie petite fille que je connaisse. J'ai regardé. Et c'est ce que tu étais ; je pensais que tu serais une beauté ; et tu es une personne parmi les filles que j'ai vues pour te toucher. chérie. Je le pense vraiment.

"Mais si tu le fais, je t'en suis très reconnaissant, mais cela ne fait aucune différence,
Reggie."

"Et quant à mon vanité - vous insinuez toujours que je suis vaniteux - je ne le suis pas plus que n'importe quel jeune homme ne le serait à ma place, avec beaucoup de filles qui essaient de l'attraper - Ah, voilà ! Ne me saute pas dessus, Deleah. Tu vois ce que je veux dire, beaucoup de filles cherchent à se marier, et j'ai de l'argent et j'ai un nom... "

"Sur les chariots des brasseurs. 'Forcus and Sons; Brewers.'"

"C'est un nom dont je n'ai pas honte, et qui est assez connu en tout cas !"

"Et mon nom, ou celui de ma mère, est inscrit sur l'entrée d'un magasin, 'autorisé à vendre du tabac et du tabac à priser' ; et c'est un nom dont nous ne pouvons pas être fiers, Reggie."

"Mais je le supporterai, Deleah. J'ai pris ma décision et j'irai jusqu'au bout. Le nom ne serait plus le tien, ma chérie, quand tu aurais pris le mien; et comme pour l'épicerie... "

"Eh bien, le voici!" Dit Deléah. "Et alors au revoir, Reggie."

"Je venais avec toi."

"Tu ne peux pas, sauf si je te le demande."

"Et tu ne vas pas le faire ? Tu n'es pas très poli ou gentil avec moi, Deleah, sur ma parole !"

"En effet, je suis très, très gentil, Reggie. Et tu le diras quand tu seras plus sage. Alors, au revoir. Fuis et deviens plus sage, Reggie."

"Deleah, quelque chose doit être fait pour Bernard", dit Mme Day avec un ton désespéré. Elle avait appelé la jeune fille dans sa chambre pour tenir une conférence loin de l'excitable Bessie. "Quelque chose que je dois faire pour mon pauvre garçon, sinon je sens que je vais perdre la raison. Tu dois m'aider à faire quelque chose, Deleah. Regarde ça."

Elle sortit de sa poche une lettre reçue le matin du malheureux fils. Deleah l'a lu avec un douloureux mélange de pitié et de mépris.

C'était en effet une lettre affligeante à recevoir pour n'importe quelle mère ; et Mme Day avait trop longtemps été nourrie du pain de l'affliction.

"Vous voyez, il me supplie de faire quelque chose, de l'acheter."

"Oui. Je pense que sa lettre est abjecte."

"Ne le fais pas, chérie ! Le fait de le blâmer rend la situation pire pour moi, pas meilleure. D'une manière ou d'une autre, cette chose doit être faite – *d'une manière ou d'une autre* , si je veux connaître une certaine paix, pour pouvoir continuer. Deleah, Reggie Forcus le ferait. faites n'importe quoi pour vous. Demandez à Reggie Forcus de faire ça.

"Oh, maman ! Non !"

"Mon compte est à découvert à la Banque. Je n'ose pas demander une somme supplémentaire. Que lui représenteraient ces quelques livres ? Il dépense autant pour un dîner pour quelques hommes au Royal."

"Je ne peux pas lui demander. Ne vois-tu pas que je ne dois pas le faire ?"

"Je vois ce que tu veux dire. Mais oh, Deleah, nous semblons être allés au fond des choses. Que sont pour nous, au fond, toutes ces règles et subtilités que les gens les plus heureux observent ? Vous voyez ce que dit mon garçon ? Il est « en enfer ». Il le dit avec tant de mots. Mon garçon !

Sur ce, Mme Day jeta ses bras sur la table près de laquelle elle était assise, et sa tête sur ses bras, et se laissa aller à des larmes amères : « Mon garçon ! Mon garçon ! Mon pauvre cher et précieux Bernard ! elle sanglotait désespérément.

Cette vue rendit Deleah presque désespérée : "Je ne peux pas faire ce que tu demandes. Je ne peux pas demander à Reggie. Mais… il y a une autre personne…"

Elle s'arrêta là en se disant : "La troisième fois. La troisième fois ! Je ne peux pas lui demander de l'argent la troisième fois !"

"Bernard ! Mon Bernard !" s'écria la mère, le visage caché dans ses bras.

"Maman, je t'en prie, ne pleure pas si terriblement, tu me brises le cœur. Je ne peux pas faire ce que tu demandes, mais je ferai ce que je peux", a promis Deleah.

# CHAPITRE XX

Sir Francis passe un appel

La lettre dans laquelle Deleah, de sa main la plus soignée et dans un langage formel, expose sa prière pour que, pour le bien de sa mère, Sir Francis Forcus, qui avait déjà montré une si généreuse bonté à sa famille, rachète son frère Bernard ; lui, ayant quitté la boutique de M. George Boult à Ingleby, et maintenant enrôlé dans tel ou tel régiment, s'adressa à ce gentleman dans sa résidence privée, The Court, Cashelthorpe.

Il lut la lettre parmi d'autres pendant qu'il prenait son petit-déjeuner, poussa un haussement d'épaules et un reniflement d'impatience, et la mit de côté sur un petit tas de celles qui exigeaient une réponse.

Avant de partir pour la ville, il le choisit parmi les autres et le relut. Puis, se levant, la lettre toujours à la main, il exprima ses sentiments à ce sujet, pour l'éclairage de sa sœur.

"Ils m'ont encore confié cette jolie enfant", dit-il. "C'est de cette petite fille Day dont tu es tombée amoureuse, l'année dernière, dans les Salles d'Assemblée, Ada." Il jeta la lettre sur ses genoux.

"Cette jolie petite chose au concert ?" Elle a lu la lettre. "Que vas-tu faire?" elle a demandé.

"Déclin."

"Oh, Francis ! Pourquoi ?"

"Parce que ce garçon est un vaurien. J'ai déjà entendu parler de lui. Il est plus en sécurité là où il est."

"Elle trouvera ça si méchant, pauvre enfant."

"On n'y peut rien."

"Est-ce que ça coûterait cher de le racheter ?"

"Ce n'est pas l'argent."

"Le principe?"

"Non. Ni encore, tout à fait, le principe."

"Ce serait gentil et bon enfant de faire ce que demande la pauvre petite chose."

"Oui. Mais pour paraître bon enfant, je ne vais pas devenir un outil."

« Vous allez donc simplement répondre que vous ne le ferez pas ? » Elle rit un peu, le regardant alors qu'il se levait, grand, solennel et beau, dos au feu. "Faire cela vous coûtera plus cher que simplement joindre l'argent."

" Là n'est pas la question, Ada. J'écrirai, ou... " Il s'arrêta une minute, retroussant ses lèvres comme à son habitude lorsqu'il se décidait à une voie qui ne lui plaisait pas tout à fait - " J'irai et la voir", a-t-il terminé.

"Ce sera plus gentil", dit la sœur. Être gentil était la religion d'Ada Forcus ; il est possible qu'elle n'en ait pas prétendu une meilleure, ou une plus susceptible de bénéficier à l'humanité.

"Ils habitent au magasin, je suppose ?" Il a demandé.

"Au-dessus du magasin, les pauvres. Je suis vraiment désolé pour cette pauvre Mme Day."

"Tu t'occupes d'elle, n'est-ce pas ? Tu fais ce que tu peux ?"

"Je leur dis d'y apporter *des* choses chaque semaine."

"Et c'est le cas ?"

"Vous savez combien les domestiques sont difficiles. Mme Twiss s'en plaint. Ils ne boivent pas le thé dans la cuisine; les groseilles ne sont pas si bonnes. Elle y apporte toujours les allumettes et le noircissement. Tout le reste, Mme Twiss. trouve tellement mieux chez Wolsey... »

"Et Wolsey, sans aucun doute, lui donne un pourcentage sur sa commande. Cependant…."

Sir Francis a réalisé son intention d'appeler Deleah au sujet de sa lettre dans l'après-midi du même jour.

Miss Deleah n'était pas encore rentrée de l'école, lui fut-il informé par Emily, répondant à la porte. Elle ne durerait probablement pas plusieurs minutes. Entrerait-il et attendrait-il ?

Le monsieur, acquiesçant, fut conduit en haut de l'escalier raide et à travers le palier sombre. Emily n'avait pas besoin de lui demander son nom : il n'y avait probablement personne à Brockenham qui ne connaisse de vue le riche brasseur. Avec un sentiment de fière satisfaction, le vieux domestique ouvrit la porte du salon et annonça sur une note de triomphe : « Sir Francis Forcus.

Sortant de l'obscurité du hall, de l'escalier et du palier, ses yeux furent presque éblouis par la luminosité et la douceur inattendues de la longue pièce, éclairée du côté de la rue par les trois fenêtres profondes. Partout se trouvaient des traces d'occupation par des femmes raffinées. La rue en contrebas était chaude, sordide et poussiéreuse, mais la pièce avec ses fenêtres ombragées grandes ouvertes était fraîche. Dans l'une d'elles, l'oiseau de Deleah chantait, et les plantes en fleurs sur les larges sièges en dessous avaient été poussées d'un côté pour faire place à la petite pile de livres de Deleah. La boîte à travail de Bessie était ouverte sur la table. Un ou deux tableaux sans valeur commerciale, mais conservés avec les meubles solides et beaux des jours prospères de la famille, accrochés aux murs lambrissés et peints.

À côté de la boîte à ouvrage en palissandre avec son contenu débordant de mousseline et de rubans destinés à la confection d'un tablier d'après-midi sur lequel elle travaillait, Miss Day était assise. A proximité, les mains sur le châssis relevé de la fenêtre spéciale de Deleah, se penchant en avant pour regarder dans la rue, son compagnon se levait. Ce n'est que lorsque Bessie s'avança pour saluer le visiteur inattendu et stupéfiant, que Sir Francis, se tournant vers l'autre occupant de la pièce, reconnut son frère.

Quelle que soit la surprise qu'il ait pu ressentir, il ne l'a pas montré.

"Tiens!" » dit Reggie en se retournant et en ayant l'air un peu idiot. Il leva un doigt sur ses cheveux blonds et lisses, en guise de salutation respectueuse.

"Oh c'est toi!" » dit Sir Francis, sans prêter plus attention au jeune frère.

À l'opposé du très populaire Reggie, avec ses manières faciles et son bon caractère indéfectible, Sir Francis, calme, réservé, sobre en paroles et dans une société peu sympathique, à vrai dire, invinciblement timide, était un homme difficile. personne avec qui faire parler. Il dit quelques mots contraints à Bessie, dont il ne comptait pas plus sur la présence de celle-ci que sur celle de son frère ; et Bessie, luttant vaillamment pour paraître à l'aise avec lui, et échouant complètement, leur répondit selon son espèce.

"Très chaud, aujourd'hui."

Bessie avait peur qu'il ressente cela dans cette rue étouffante et sans air.

"Mais tu es délicieusement à l'ombre ici."

Bessie, redressant son dos et faisant la moue de ses lèvres vives, raconta comment le temps lui faisait désirer un jardin, une rivière, des arbres ondulants ou le bord de la mer.

"Ou tout ce que vous ne pouvez pas obtenir", commenta Sir Francis, regardant avec dégoût le visage potelé et idiot, rose et blanc de la jeune femme avec laquelle il avait été pris au piège dans des relations sexuelles. "Tu as des roses, je vois," dit-il à voix haute.

"Ils me sont envoyés", sourit Bessie consciente. Elle ne considérait pas qu'elle mentait. Ce qui avait été envoyé à Deleah, elle continuait à le persuader, lui était destiné.

"Je sais à qui va l'argent pour ça", éjacula intérieurement Sir Francis. Il jeta un coup d'œil à son frère, baissant à nouveau sa tête idiote par la fenêtre. "Je suis content d'être venu, après tout. Je vais mettre un terme à ça", résolut-il.

"Vos jardins à Cashelthorpe doivent être charmants maintenant, Sir Francis."

Sir Francis avoua sans émotion qu'ils étaient charmants.

"C'est pourquoi tu les quittes et tu pars en Écosse la semaine prochaine", supposa Reggie en retirant sa tête par la fenêtre.

"Ça doit être agréable de voyager", s'est exclamée Bessie, s'emparant du sujet. Elle lui exigeait un programme ponctué de son « Délicieux ! Délicieux ! des endroits qu'il avait l'intention de visiter.

Et ainsi pendant quelques minutes, Bessie luttant avec toute sa mauvaise intelligence pour y parvenir, ils entretinrent une conversation douloureusement lente. Et pendant tout ce temps, la pauvre fille fournissait désespérément des raisons improbables et impossibles pour se rendre compte du fait ahurissant de sa visite ; tout le temps, Sir Francis se demandait avec quelle rapidité il pourrait s'enfuir sans incivilité ; tout le temps, Reggie, tandis qu'il guettait la silhouette de Deleah qui descendait la rue, marmonnait pour lui-même : « Il est de nouveau sur ma piste, pendez-le !

A la fin des dix minutes difficiles, Sir Francis se leva : « Vous venez ? » il a demandé à Reggie.

"Pas seulement pour l'instant, vieil homme", dit Reggie, qui savait mieux.

« Attention à ne pas dégringoler en bas », a-t-il appelé après le départ de son frère.

Sir Francis, regardant fixement dans sa direction, ne daignait pas le remercier pour sa prudence, pas toutes inutile. Emily, qui l'attendait dans le petit couloir au bas de l'escalier, avait ouvert la porte extérieure pour éclairer le visiteur distingué sur son chemin.

"Mlle Deleah devrait être là maintenant, monsieur", dit-elle alors qu'il s'évanouissait. Elle aurait aimé que tout Brockenham le voie sortir de cette porte, et pourtant elle aurait aimé le garder là pour Deleah.

"Cela n'a aucune conséquence, j'écrirai", dit-il, et il partit avec un sentiment d'évasion.

"Bien!" Bessie respira alors que la porte se refermait sur le visiteur. "N'était-ce pas extraordinaire ! Que diable... ?"

Ses sentiments ne lui permettaient pas de terminer sa phrase. Elle regarda ensuite Reggie, les yeux et la bouche ouverts, l'agitation dans laquelle la visite l'avait plongée palpitait encore visiblement dans toute sa personne.

"Oh, le cher vieux garçon est venu s'occuper de moi", expliqua Reggie, calmement indifférent. "Je vais le faire chaud maintenant."

"Mais *pourquoi* ?"

"Il n'aimera pas que je sois ici chez moi, comme ça, tu sais", avoua le jeune naïf.

"Mais, Reggie, tu es ton propre maître, n'est-ce pas ?"

Reggie a dit qu'il l'était très bien et a penché la tête par la fenêtre pour chercher à nouveau Deleah. Il savait très bien pourquoi elle avait mis tant de temps à venir, elle avait fait des pieds et des mains pour échapper à sa surveillance. Ce n'était pas très flatteur pour son *amour-propre* , mais cela le piquait, dans son habitude indolente et gâtée. Bessie se serait précipitée dans ses bras, il le savait très bien, sans s'éloigner d'eux, et trois ou quatre autres jolies filles auraient également été connues. Mais il ne voulait ni de Bessie ni des autres. C'était Deleah qu'il voulait. Et – Bessie était là – il était son propre maître.

Sir Francis, alors qu'il s'éloignait, préparait des plans pour contrecarrer les résolutions concernant sa propre gestion de ses affaires que Reggie prenait dans la fenêtre au-dessus de lui. Il avait déjà détourné assez facilement le penchant insensé du jeune homme dans cette direction. C'était peut-être plus difficile maintenant, mais il ne ménagerait aucun effort pour recommencer efficacement. Il n'était pas favorablement impressionné par la jeune femme qu'il venait de quitter ; sa joliesse potelée ne lui avait pas plu ; ni les rubans mauves qui coulaient dans son dos. Quant à son histoire familiale, elle était non seulement indésirable, mais peu recommandable.

Ainsi, marchant avec son air habituellement calme dans les rues de sa ville natale, peut-être sa figure la plus connue et la plus imposante, mais dans un état d'esprit ébouriffé et indigné, il oublia Deleah Day et sa course jusqu'à ce qu'il la voie. venez en courant sur le trottoir dans sa direction.

De toutes les personnes au monde, elle désirait le moins rencontrer Sir Francis
Forcus jusqu'à ce qu'il ait répondu à la lettre qu'elle lui avait coûté tant d'écrire. La laisserait-il passer ? Elle redoubla de pas, et, lui faisant un petit salut timide, essaya de passer en toute hâte, mais avec un mot d'excuse il l'arrêta.

« J'ai reçu votre lettre, Miss Day, » dit-il ; et puis en la regardant, en regardant sa jeunesse, sa beauté, son impuissance, la grâce rétrécie de sa silhouette, la peur de lui qui s'exprimait dans sa tête baissée et son regard détourné, le cœur de l'homme riche lui manqua ; il a constaté qu'il ne pouvait pas lui dire qu'il n'accéderait pas à sa demande. "Je voulais te dire que je ferai ce que tu demandes," se retrouva-t-il à substituer maladroitement le refus ferme qu'il avait prévu. "Mais en même temps, tu me pardonneras de dire que je pense que tu as tort."

"Tu veux dire que maman ne devrait pas racheter Reggie ?"

"Je suis sûr qu'elle serait bien plus sage de ne pas le faire."

"Alors je dirai à maman ce que tu dis. D'autres personnes le lui ont dit, mais venant de toi, cela pourrait avoir plus de poids." Deleah, à sa manière innocente, était une flatteuse, s'en rendit-il compte ; mais elle ne jaillissait pas comme Bessie. Il a remercié sa bonne étoile pour cela.

Elle se tenait devant lui, ayant clairement envie de s'échapper, sa silhouette légère presque prête à s'enfuir. Elle était bouleversée par la conscience de la médiocrité de sa robe d'école et de ses gants usés ; impitoyablement, le soleil brillait sur eux, faisant ressortir la misère de leur qualité et tous les défauts d'un long usage et de l'âge. Cela brillait sur lui de manière presque aveuglante, lui semblait-il ; de sorte que le regarder, si beau, si grave, si grand, alors qu'il se tenait devant elle, lui faisait mal aux yeux. Ils s'étaient rencontrés dans une des rues principales de la ville ; les hommes qui passaient devant eux avaient l'air de créatures si misérables, pensa-t-elle, à côté de sa grande silhouette. Comme elle avait la présomption de l'avoir harcelé par ses ennuis dégradants !

« Maman était si triste à propos de Bernard », fut-elle obligée de s'excuser. "Maman voulait que j'interroge ton frère, qui connaissait très bien Bernard; mais j'ai pensé qu'il valait mieux ne pas le déranger. J'ai pensé qu'il valait mieux, comme tu m'avais aidé auparavant, te demander de m'aider encore."

"Il vaut mieux venir à moi", dit-il avec une grande gravité.

"Ton frère est très généreux", continuait-elle en répétant avec nervosité tout ce qui lui passait par la tête. "Il nous aurait donné de l'argent sans se demander si c'était bien ou mal. J'aurais dû avoir l'impression que nous profitions de lui. Il ne me semblait pas juste de lui demander."

Il se demandait en l'entendant comment elle était devenue un jour ; et puis lui aussi se retrouva plongé dans un sujet qu'il n'avait pas, un instant auparavant, eu l'intention d'évoquer.

"Je viens de vous voir chez vous. J'y ai trouvé mon frère. Puis-je vous demander s'il est un visiteur fréquent ?"

Le petit visage qui était si clairement pâle devint soudain comme une rose écarlate. « Ces derniers temps, je suis une visiteuse très fréquente », dit-elle ; et, malgré sa timidité, elle releva la tête et le regarda bien en face.

"Un jeune homme inactif ne pourra jamais comprendre que d'autres personnes sont occupées", a-t-il déclaré. "Je suis sûr que vous êtes tous trop occupés pour souhaiter que mon frère traîne toujours."

Deleah le regardait en silence. Elle comprenait parfaitement ce qu'il voulait dire.
Qu'avait-elle à dire ?

"Je vais essayer de lui faire comprendre qu'il perd un temps précieux et s'ennuie", a-t-il déclaré; sourit pour rendre ses paroles acceptables, leva son chapeau pour continuer son chemin ; mais il a encore été retardé d'une minute.

"Dans l'affaire de ton frère, tu comprends, je ferai ce que tu demandes."

"Je vais persuader maman d'abandonner son idée de l'acheter."

« Quel est son régiment ? Elle lui a dit que c'était à Aldershot. Il y a quelques années, il se trouvait à Brockenham. "Je connais plusieurs officiers", se souvient Sir Francis. "Je pourrais écrire au Colonel Greene à propos de votre frère. Si cela ne lui faisait aucun bien, cela ne pourrait lui faire aucun mal ; et il y a une chance que Greene s'intéresse à lui."

Deleah dit avec une tête détournée que ce serait très bien de sa part ; et, lui faisant un petit salut grave, il s'éloigna précipitamment.

# CHAPITRE XXI

En route pour ça !

"Je resterai à l'écart de son chemin pendant un jour ou deux - hébergé au Royal au lieu de rentrer chez moi", avait expliqué Reggie à Bessie pendant le quart d'heure où il était *en tête-à-tête* avec elle avant l'arrivée de Deleah. "Au moment où il me reverra, il aura complètement oublié de me trouver ici."

"Je suppose que tu ne vois pas que toute cette histoire d'être 'trouvé' dans notre maison ne nous est pas très élogieuse ?" » dit Bessie.

"Oh attends !" dit Reggie. "Comment puis-je l'aider s'il s'y oppose ? Vous savez tous très bien que vous êtes assez bien pour moi."

Ce n'était pas un jeune homme intelligent ni plein de tact, bien que de bonne humeur. Il n'avait pas l'intention d'offenser et n'a jamais compris pourquoi il le faisait parfois. Bessie était « susceptible », comme il le déclarait souvent, mais elle n'avait aucune méchanceté. Tant qu'elle faisait pendre le jeune homme, tant qu'elle pouvait s'habiller pour lui, lui mettre ses longs rubans mauves, lui coiffer un chignon dont les dimensions devraient surpasser celles de n'importe quel autre chignon de Brockenham, tant qu'Emily continuait à faire de lui le sujet de ses clins d'œil, de ses hochements de tête et de ses insinuations, elle vivait dans son paradis et était assez contente.

Mais en s'installant au Royal Reggie, il n'évita pas longtemps la discussion qu'il prévoyait pouvoir être désagréable ; car dès le lendemain matin, avant de se lever de son lit, il reçut un message de son frère lui demandant sa présence à une certaine heure à la Brasserie.

«Je suis partant maintenant», se dit-il lorsqu'il reçut le message; mais il ne songeait pas à l'ignorer.

Il se présenta donc assez ponctuellement dans l'agréable salon privé qui donnait sur la rivière qui coulait au loin, noire et huileuse ; où le portrait du père des deux hommes était suspendu au-dessus de la tête de Sir Francis alors qu'il se tenait sur le tapis du foyer.

"Oh, te voilà, Reggie ! Bonjour."

"Me voici. Pointu comme une épingle neuve et brillant comme un bouton."

« J'espère que je n'ai pas bouleversé mes projets de la journée en vous faisant appeler ; mais… Vous ne vous êtes pas surmené ces derniers temps, n'est-ce pas ?

"Merci, non," dit Reggie, choisissant d'ignorer le sarcasme, s'il en avait l'intention.

" Vous êtes très jolie et en forme, j'en suis sûr. Ce manteau en velours marron est le dernier en date, je suppose ? On dirait un peu que vous envisagez d'abandonner la bière pour les arts, hein ? Je me demandais si tu souhaites voyager pendant un an ?"

Reggie s'assit et regarda son frère avec un regard vide et perplexe. Ce n'était pas du tout ce à quoi il s'attendait. Il pensa à Deleah en un éclair. Si Deleah voulait l'épouser et partir avec lui, c'est exactement ça !

"Vous n'avez pas beaucoup fréquenté le monde", poursuivit le frère. " Moi non plus, direz-vous. Mais je ne peux pas être épargné. Vous le pouvez peut-être. Nous essaierons, en tout cas, de continuer notre affaire sans vous. "

Reggie, acceptant la remarque avec le plus grand sérieux, hocha solennellement la tête en silence.

"Vous pourriez même combiner l'utile à l'agréable, ce qui, j'en suis sûr, rencontrerait votre approbation."

"Quand veux-tu que j'y aille ? Je ne peux pas être prêt avant un petit moment."

"Pourquoi pas ? Si tu y vas, je veux que tu partes immédiatement."

"Comment appelles-tu tout de suite ?"

"La semaine prochaine, au plus tard."

Reggie secoua la tête. Il ne pouvait pas être sûr de Deleah à cette époque. Combien de temps faudrait-il pour se marier, se demanda-t-il.

"Non, merci. Je m'en fiche vraiment. Je ne pourrais pas m'enfuir si tôt."

"Pourquoi pas?"

"Il y a les courses de Widdimouth la semaine prochaine, et j'ai réservé plusieurs engagements pour la semaine suivante."

"Le fait est que je veux que tu t'éloignes pendant un moment, Reggie. Cet endroit est très bien si tu as une entreprise ou une profession à exercer, mais simplement passer ton temps ici n'est pas sain."

"Qu'est-ce qui ne va pas avec Brockenham ?" » a demandé Reggie, qui avait une grande admiration pour sa ville natale. "Quelqu'un a encore bavardé sur moi ?"

"Personne ne m'a parlé de toi. Mais Ada a entendu une nouvelle intéressante à ton sujet, hier."

"Ada est aussi mauvaise que les autres vieilles femmes."

"C'est absurde. Tu ferais mieux d'y aller, Reggie. Je le pense vraiment."

Reggie passa une main annelée sur ses cheveux lisses et blonds, palpa sa moustache, ouvrant ainsi la bouche sous les doigts caressants.

"Les engagements dont vous parlez sont négligeables ?"

Reggie hocha la tête, regardant son frère, occupé avec les coins de sa moustache, se décidant à plonger. "Le fait est," dit-il, "je pense m'installer."

Sir Francis quitta sa position sur le tapis du foyer, se dirigea vers la table pour disposer plus symétriquement quelques papiers qui s'y trouvaient ; en revenant, il reprit sa place au foyer. "Se marier, tu veux dire ?" Il a demandé.

Reggie hocha la tête, gardant toujours la bouche ouverte, pour mieux gérer sa moustache.

"Mon cher ami, cette intention ne doit pas vous décourager. Vous l'avez eu si souvent auparavant. Partez pour douze mois au moins. Fiancez-vous, si vous le souhaitez toujours, quand vous rentrez à la maison."

"Peut-être", corrigea naïvement Reggie, "si je devais retarder notre départ d'un mois, ou même de deux mois, nous pourrions nous marier, et elle pourrait y aller aussi."

"Qui est cette dame en ce moment, puis-je demander ?"

"J'imagine que vous avez fait une assez bonne supposition", dit Reggie, audacieux comme un lion. "Tu m'as vu là-bas hier."

"Une fille de Mme Day, à l'épicerie ; veuve de... ? Mais nous n'avons pas besoin d'entrer dans cela."

"Cela ne semble pas nécessaire. Sa fille."

"Bien-!" » dit lentement Sir Francis. " Vous m'avez donné une raison de plus, mon cher enfant, et celle-là, suprême, pour hâter votre départ. Suivez mon conseil, vous ne le regretterez jamais, et partez demain. "

"Non", dit Reggie, puis tous deux se turent.

Lorsque l'aîné reprit, il avait changé son ton facile, presque indifférent, pour un ton plus ferme et moins indulgent.

"Ce que vous proposez est impossible", a-t-il déclaré.

"Je ne le vois pas."

"Avez-vous pensé à ce que vous alliez épouser ? L'épicerie, les dettes, la mère impuissante, le soldat de mauvaise réputation d'un frère (il s'est enrôlé, me dit-on, pour se sauver de la prison, comme le père s'est suicidé pour le même but). Une charmante famille avec laquelle s'allier, vraiment !"

"Je n'ai pas l'intention d'épouser la famille. Je devrais permettre à la mère, pas mauvaise du tout. Je l'aime cent par an, de fermer boutique. Je devrais..."

"C'est absurde ! L'idée est ridicule ; monstrueuse. Mariez-vous s'il le faut, mais prenez une fille de votre propre position dans la vie. Assez facile à trouver—"

"Je m'en fiche de la position !"

« Alors, ne vous trompez plus. Mais si vous ne le faites pas, épousez au moins une femme qui a du sang honnête dans les veines – pour le bien de vos enfants.

Reggie détourna la tête d'un air boudeur. "Les Days étaient assez bons pour moi avant qu'ils ne tombent dans le pétrin", a-t-il déclaré.

Son frère releva la tête et redressa les épaules, se tenant droit et imposant devant la grille vide. "William Day n'a jamais été assez bien pour moi", a-t-il déclaré.

"Je ne vois pas qu'une fille doive souffrir toute sa vie parce que son père n'était pas assez bien pour toi," dit Reggie d'un ton maussade.

"Essayez de ne pas être un con, mon cher. Vous ne pensez pas qu'on puisse vous permettre de faire une chose aussi folle sans que je vous dise ce que j'en pense. Vous savez, je n'ai jamais eu beaucoup d'opinion sur votre jugement. — sauf peut-être en matière de chevaux ; mais dans votre admiration pour cette Miss Day, votre goût est à mon avis étonnamment mauvais, je la considère comme une jeune femme banale, presque vulgaire.

« Vulgaire ? *Vulgaire* !

" Elle est prétentieuse, elle est affectée, elle jaillit... qu'est-ce que c'est que d'être vulgaire ? Elle n'est même pas jolie... "

"Pas beau!" Reggie a pleuré et s'est levé de sa chaise. "Pas joli ! Deleah Day !"

"Deleah ! La jeune ?"

"Je te le dis depuis le début, n'est-ce pas ? Pour qui pensais-tu que c'était ?"

"C'était l'autre, lorsque nous parlions des jours précédents", lui rappela Sir Francis, mais catégoriquement, et son visage était tombé.

Ici, c'était une affaire plus sérieuse. Pas cette reine extravagante et affichée, pas Bessie avec sa joliesse potelée, ses ruses bon marché, ses filets tendus à la vue de l'homme ; mais Deleah, la petite enfant délicate et charmante. Le mariage n'en serait pas moins horriblement indésirable du point de vue social et du point de vue familial ; mais il serait infiniment plus difficile de s'arrêter. Sir Francis, dans son domaine de veuvage, avec vingt ans d' expérience en plus, n'était pas encore si vieux qu'il ne pouvait imaginer à quel point profondément et dangereusement amoureux un jeune homme de l'âge de son frère pouvait s'imaginer avec Deleah Day.

Reggie rappelait l'attention sur lui par un fort reniflement de mépris. "Il est peu probable que j'aie pensé à Bessie lorsque Deleah était sur place", a-t-il déclaré.

"Sauf que la sœur cadette a une apparence plus attrayante, toutes les objections restent les mêmes dans les deux cas."

"Les jours sont difficiles, je l'admets", a déclaré Reggie sans passion; « et le père et le frère étaient pourris ; mais personne ne pensera à ces choses en regardant Deleah. Je n'ai pas peur.

Sir Francis contemplait son jeune frère d'un air méditatif. "Dites-nous précisément où nous en sommes, Reggie. Êtes-vous réellement fiancé à cette fille ?"

"Oh, oui ! Je suis fiancé avec elle, c'est vrai."

"Que signifie exactement être 'assez bien engagé' ?" Il y avait quelque chose qui indiquait un manque de confiance dans le ton de Reggie.

"Il n'y a aucun doute sur moi. Je cours tout droit."

"Mais la fille ? Qu'a-t-elle à lui dire ?"

" Le fait est qu'elle a peur de Bessie. Elle n'en revient pas que j'aie été autrefois considéré comme la propriété de Bessie – par Bessie. Je ne l'ai jamais été ; mais Bessie a choisi de revendiquer ma propriété. "

"Donc, bien que vous soyez fiancée à Miss Deleah Day, Miss Deleah Day, d'après ce que j'ai compris, n'est pas fiancée à vous ?"

"C'est à peu près notre situation actuelle, je suppose."

"Je vois", dit Sir Francis.

# CHAPITRE XXII

L'importun M. Gibbon

La nouvelle que les adresses du jeune M. Forcus lui étaient adressées non pas à elle mais à sa sœur cadette n'aurait pas pu surprendre Bessie. Elle a dû remarquer la direction des regards admiratifs du jeune homme ; elle devait savoir pourquoi, lorsqu'il était seul avec elle, il surveillait la rue jusqu'à ce que Deleah entre ; elle devait, dans une certaine mesure, être préparée au fait qu'il s'était désormais déclaré l'amant de Deleah et qu'il avait même demandé l'approbation de Mme Day pour son procès.

Mais Bessie n'avait aucune dignité. Elle se donnait sans réserve chaque fois que l'occasion s'en présentait. Elle a maltraité Deleah, elle a grondé sa mère, elle a pleuré bruyamment sur ses torts. Elle a déclaré qu'il y avait eu une indécence positive de la part de Deleah en encourageant à faire l'amour avec un jeune homme qui lui avait autrefois fait l'amour, aussi lointain soit-il.

"Je ne pense pas que Deleah l'ait encouragé, Bessie."

« L'aurait-il fait sans ? Tu te souviens de ce qu'était Reggie à l'époque, maman, et combien il *avait besoin* d'encouragement… »

"Ma chérie, Deleah a beaucoup trop de respect pour elle-même..."

" Et voilà ! Toujours Deleah. Je suppose que si Deleah prenait un couteau et me poignardait au cœur, vous lui trouveriez des excuses ! "

"Oh, Bessie, ne sois pas injuste."

"C'est vous qui êtes injuste. C'est vous qui avez gâté Deleah, en la caressant, en la louant et en lui disant à quel point elle est jolie..."

"Ma chère Bessie!"

"Tu ne le dis pas avec tant de mots, mais tu la *regardes toujours* . Tu l'es, maman ! Je te vois le faire. Et quand Deda rentrera à la maison, je lui dirai ce que je pense de la façon dont elle s'est comportée. à moi, de manière sournoise ; je ne l'épargnerai pas. Et puis, si nous vivons ensemble pendant vingt ans, je ne parlerai plus à Deleah, maman, je ne le ferai pas ! Je ne le ferai pas!"

La pauvre Mme Day s'éloigna précipitamment, emportant son visage harcelé et tous ses soucis maternels dans le domaine encore plus déroutant des soucis commerciaux ; mais Emily, ayant entendu la voix élevée de sa jeune maîtresse (Bessie était toujours perçante lorsqu'elle était dérangée), alla aussitôt à son secours.

Bessie s'était installée sur le canapé - ce sanctuaire mi-victorien pour la belle affligée - et, encouragée par la sympathie de la fidèle servante, elle devait se mettre à pleurer, se mettre à rire, se mettre à crier et à pommeler le crin avec ses talons, comme c'était son habitude lorsqu'elle était déplacée. Emily, remettant à plus tard la vaisselle de son dîner, s'assit à côté du canapé jusqu'à ce que Bessie devienne suffisamment calme pour devenir attentive, alors elle écouta avec sympathie, flatta et apaisa.

"Il y en a d'autres qui sont prêts à mourir pour toi, et ne demande pas mieux, si Deleah a arraché celle-ci," déclara Emily. "Il y en a un qui, à mon avis, vaut, en termes d'affection et de rigueur, une douzaine de vos Forcus." Et Bessie, écoutant avec avidité, savait que le pensionnaire de la famille, l'homme de George Boult à Manchester, était indiqué. "Le voici entre vos mains. Vous pouvez l'avoir à prendre", promit Emily; et Bessie se calma, méditant.

" Vous avez traité celui-ci cruellement, Miss Bessie. Vous avez ça ! Et lui assis à côté, son cœur prêt à s'envoler vers vous, sans rien dire ; tandis que cet autre jeune type, sa fleur à la boutonnière, son cheval qui grimpe sur les pierres de la rue en bas continue sa route.

"J'ai négligé le pauvre honorable Charles ces derniers temps, je l'avoue", dit Bessie avec un soupir de remords.

"Et lui, ce patient, ce fidèle ! Eh bien, maintenant, Miss Bessie, écoutez-moi. Tournez le dos à Reggie, donnez-lui la froideur, voyez comme il l'aimera ! Et vous payez vos adresses à notre jeune homme. La maîtresse me racontait qu'il s'était associé à M. Boult et qu'il serait riche comme lui, sinon plus riche, un jour. Vous conduiriez votre kerridge, ma chère, et Reggie lui-même ne pourrait pas vous le donner. plus."

Bessie s'étira avec complaisance et feignit de bâiller, pour indiquer que le sujet était plutôt insignifiant : « J'ose dire que je pourrais faire pire », a-t-elle admis.

Grâce à des moyens si judicieux, Bessie blessée a retrouvé une partie de son calme d'antan.

Mme Day, accourant maintenant pour voir comment sa fille se comportait, la trouva assise sur le canapé, buvant du thé, ses joues rebondies rougies, la lumière de l'excitation dans ses yeux.

« Maman, » dit-elle, « il y a quelque chose que je voulais te demander. Devrais-tu vraiment t'opposer à ce que moi et l'honorable Charles en parlions, après tout ?

Mme Day regarda la jeune fille d'un air dubitatif sans répondre. Elle avait ses propres idées au sujet des intentions de l'honorable Charles.

"Je veux dire, devrais-tu penser que je me marie en dessous de moi, et ce genre de choses ?"

"Non, ma chère. Je ne devrais certainement pas faire d'objection à ce sujet. Est-ce qu'il s'est donc produit quelque chose qui vous a mis cette idée en tête aujourd'hui ?"

"Je suppose que tu peux comprendre, maman, que je ne souhaite pas voir ma sœur cadette se marier avant moi ? Si Deleah pense qu'elle va me faire ce genre de mépris, elle se trompe. C'est ce que je ne supporterai pas de elle, et donc je lui dis ; et donc je te dis que c'est—c'est—"

"Oui, oui, ma chérie. Je t'en prie, ne t'excite plus, Bessie."

"Donc, si Deleah persiste à emmener Reggie - et elle méritera amplement tout ce qu'elle aura avec lui - je me déciderai à Gibbon."

" *M.* Gibbon, Bessie. "

"M. Gibbon, alors. Je ne pense pas que ce soit un homme dont il faut avoir honte, n'est-ce pas ?"

" Certainement pas. Je crois que c'est un jeune homme plutôt stable et honorable. Un peu maussade, peut-être... "

"Il y a une raison à cela. Et si Deleah, lorsqu'elle est Mme Forcus, a honte de lui, cela ne m'importera pas, parce que j'ai honte de Deleah, et donc j'ai l'intention de lui dire quand elle rentrera à la maison."

« Et vous pensez que M. Gibbon *veut dire* … ?

Bessie eut un rire méprisant : "Si tu n'as pas d'yeux dans la tête pour voir, maman, demande à Emily !"

Ah, si ces choses pouvaient être ! Pensa Mme Day en redescendant vers ses fonctions derrière le comptoir. Si seulement ses filles pouvaient trouver un foyer pour elles-mêmes, comme elle lui en serait reconnaissante. Car les affaires allaient mal ; tous les clients qui méritaient d'être gardés avaient disparu ; le peu de capital qu'elle avait en main avait diminué, disparu. Dans le journal du matin, elle avait lu que le régiment dans lequel Bernard s'était enrôlé avait reçu l'ordre de partir en Inde. Trop tard maintenant pour l'acheter, même si elle y avait été autorisée. Si elle n'avait pas été obligée de montrer un visage calme au-dessus de son comptoir, elle aurait passé la journée en larmes à la pensée des privations et des souffrances endurées par son garçon. Son pauvre jeune Bernard.

Elle était si fatiguée de tout : de sourire, les larmes coulant sur son cœur, d'écouter les plaintes des clients, les doléances de la pauvre Bessie en haut, de la pauvre Bessie déraisonnable et égocentrique, qu'elle aimait pourtant tant, lorsqu'elle était elle-même aime se noyer dans les ennuis. Si seulement les filles pouvaient trouver un foyer – elle savait que Deleah subviendrait aux besoins de Franky – elle fermerait son odieuse boutique, abandonnerait la lutte humiliante – elle était un vaisseau de terre – pour nager avec l'odieux Coman qui était de fer. Elle se coucherait alors, se coucherait, dormirait, dormirait, dormirait, et ne se relèverait plus jamais. Chrétienne orthodoxe comme elle l'était, dans son existence anxieuse, inquiète et fatiguée, les joies du Ciel ne la tentaient pas tant que la possibilité de profiter d'un sommeil long et ininterrompu.

Elle resta tard dans la boutique ce soir-là, et lorsqu'elle monta enfin à l'étage, elle ne trouva qu'une sombre fête de famille déjà à la table du souper qui l'attendait.

Franky, qui parlait généralement, tous ceux qui se taisaient, brillait par son absence, sa sœur Bessie lui ayant ordonné de quitter la pièce parce que ses vêtements sentaient mauvais.

C'était une source constante de griefs et de frictions entre l'aîné et le plus jeune espoir de la maison. Le pauvre garçon n'avait pas beaucoup de vêtements de rechange, et comme il était en âge de se mêler de tout ce qui s'avérait utile sans faire appel aux nerfs olfactifs de sa sœur, on ne pouvait nier le fait que sa petite tunique brune, son petit pantalon usé avaient acquis une certaine valeur. une odeur très *boyy* . Sauf sous la protection de la présence de sa mère, il était donc souvent exilé à la cuisine pour prendre ses repas avec Emily. Il n'y allait jamais sans protestations, sans pleurs, et souvent sans coups de pied, et sans coups de poing de la part de Bessie, qui restait derrière, après de telles rencontres, troublée par la victoire et prête à se quereller avec n'importe qui sur place.

Ce soir-là cependant, ignorant la présence de Deleah, elle avait eu l'intention de se montrer très aimable envers le pensionnaire, qui, par malchance, n'était pas du tout venu à son souper. Sous l'influence décourageante du silence de Bessie, la conversation tomba à plat entre Deleah et sa mère. Le repas terminé, Mme Day, plus que fatiguée d'habitude, annonça son intention d'aller se coucher, exemple rapidement suivi par Bessie, qui souhaitait éviter à ce moment un *tête-à-tête* avec Deleah.

Ce soir-là, dès que la mère et la sœur étaient parties, et avant que Deleah ait fini de ranger les livres, le travail et les objets de peinture de Franky, qui avaient été utilisés plus tôt dans la soirée, le pensionnaire est entré.

Il était extrêmement rare que l'honorable Charles se retrouvât seul avec la plus jeune fille de la maison – que ce soit par hasard, par sa direction ou par celle des autres, il ne pouvait le dire.

Deleah Day, dans sa robe de coton blanche avec de minuscules taches noires, un large col brodé noué avec un ruban noir à la gorge, ses cheveux noirs et épais brossés derrière ses oreilles et rassemblés à l'arrière de sa petite tête, était une personne agréable. figure au foyer pour saluer tout ouvrier pauvre à son retour au repos et au coin du feu.

Il ne voulait pas de souper, il n'en voulait pas. Son appétit était faible ces derniers temps, il descendait le matin comme s'il n'avait pas dormi de la nuit. Les affaires, maintenant qu'il s'y intéressait de plus en plus, semblaient exiger trop de son temps et de sa santé.

"Tu dois fumer", dit Deleah en mettant le pot de tabac à son coude. Elle le touchait toujours avec des doigts persistants : c'était celui avec lequel William Day avait l'habitude de remplir sa pipe du soir. Elle plaça près de lui la petite carafe de whisky dans laquelle le pensionnaire, en mélangeant du citron et de l'eau chaude, se préparerait un dernier verre. Il semblait ignorer ces préparatifs pour son confort.

"Je faisais juste le ménage, avant d'aller me coucher", lui dit-elle.

Elle avait envie d'y aller, ardemment. Mais plus elle désirait éviter un *tête-à-tête* , plus elle savait dans son bon cœur qu'elle ne devait pas montrer son inquiétude. Elle s'assit donc au coin de la table en face de lui et commença en toute hâte à lui montrer combien elle était parfaitement à l'aise en lui racontant le mal de tête de maman ; et comment elle croyait que c'était dû au fait que la pauvre maman s'inquiétait des affaires ; ce qui, depuis que l'horrible Coman avait ouvert en face dans le but exprès, semblait-il, de sous-estimer Mme Day, avait été si peu satisfaisant.

L'homme de Manchester n'avait rien d'encourageant à dire sur ce thème. En effet, ses déclarations sur n'importe quel sujet, ils avaient tous trouvé ces derniers temps d'une manière irritante et limitée.

Il a utilisé ce soir une de ses phrases souvent répétées lorsqu'on avait parlé des difficultés de Mme Day. "Je ne connais rien à la file d'attente des épiceries. C'est tout à fait distinct des draperies, bien sûr."

"J'aurais aimé que vous alliez faire l'épicerie, M. Gibbon. Alors vous auriez pu nous aider."

" Vous avez entendu, je suppose, que j'ai arrangé le problème avec le gouverneur, de la façon dont je vous en ai parlé ? Vous avez entendu dire que je devais être associé à Michaelmas ? "

"Je suis très content."

« Je me demande si c'est le cas ?

"Pourquoi pas ? Bien sûr."

"Tu te souviens de ce que tu as dit à propos de la belle maison dans laquelle je devais vivre ?"

« Quand allez-vous le prendre, M. Gibbon ?

"Quand viendrez-vous y vivre, Miss Deleah ?"

Elle était assise sur une chaise basse et appuyée négligemment sur la table, la joue dans la main, les doigts perdus dans la masse de ses cheveux noirs ondulés, les yeux tournés avec un intérêt poli vers son visage. Elle les laissa tomber maintenant et regarda la nappe sans parler.

"Quand?" répéta-t-il, et il fut de nouveau essoufflé de la manière horrible dont elle se souvenait.

"Je vous l'ai dit : je ne vais pas du tout y vivre, M. Gibbon."

Il se pencha vers elle, se jetant en avant sur ses bras croisés sur la table ; elle sentit ses yeux briller sur son visage penché : « Oh, oui, Miss Deleah ! il a imploré.

«Je vous l'ai déjà dit», dit-elle; puis, affligé, comme un enfant fatigué par les importunités : "Oh, je te le souhaite, je souhaite que tout le monde me laisse tranquille !"

C'était très bien d'être jolie et admirée, mais Deleah n'avait pas connu beaucoup de satisfaction, à cause de la jalousie de Bessie et de circonstances fâcheuses, si loin des regards et des amants.

Il y avait un jeune maître de musique assistant, qui venait deux fois par semaine chez Miss Chaplin, qui avait pris l'habitude de rougir et de pâlir lorsque Deleah lui parlait. A son grand embarras, on retrouvait un bouton de rose ou une gerbe de myosotis déposés sur la chaise où elle s'asseyait pour jouer aux convenances lorsque les élèves prenaient leurs leçons. Les jours où, avec beaucoup de difficulté, elle parvenait à échapper à Reggie, un voyou d'un lycéen de sixième, dont elle ne connaissait même pas le nom, la surveillait sortir de l'école et la suivait de près, gardant une sentinelle. elle, d'une manière qui, selon elle, la rendait ridicule, à sa propre porte. Elle avait surpris M. Pretty en train de regarder entre les boîtes de biscuits pour l'observer dans la rue. Il laissait n'importe quelle cliente qu'il servait se précipiter avec une assiduité haineuse avec un tabouret sur lequel elle pouvait s'asseoir, dès son entrée dans le magasin. Il incitait Franky, qui avait une grande admiration pour M. Pretty, à s'asseoir avec lui dans la cave le soir pour parler de la sœur cadette. Il y avait Reggie qui harcelait toujours ; et voici encore les attentions importunes de l'honorable Charles.

"J'aimerais tellement que vous me laissiez tous tranquille !"

"Comment puis-je te laisser tranquille alors que je t'aime tant, Deleah."

"Oh!" dit Deleah en soupirant d'impatience.

Elle savait comment les jeunes dames se comportaient en pareilles circonstances dans les livres délicieux de son cher Anthony Trollope ; mais elle n'était ni en colère, ni effrayée, ni particulièrement timide ; elle n'avait pas non plus envie de se jeter dans les bras d'un homme et de poser sa tête sur son épaule. Elle était mal à l'aise devant ces déclarations d'amour, et se sentait ridicule ; c'était tout.

"Tu le sais, n'est-ce pas, Deleah ?"

"Oui. Je le sais, puisque tu me le dis."

« Et tu y crois ? Tu crois en mon amour désespéré ?

"Je suis sûr que vous ne racontez pas d'histoires, M. Gibbon."

"Bien?"

"Je pense que c'est dommage."

"Pourquoi?"

"Je pense que tu pourrais aimer quelqu'un d'autre."

"Non, je te veux."

"Tu ne peux pas m'avoir", dit Deleah d'un ton mesquin et se sentant plus désespérément inadéquate que jamais.

"Je peux", a déclaré Gibbon, et il l'a dit avec férocité. "Je peux ! Je peux ! Je peux                                                                                                    !
Vous entendez ?"

"Je pense que je vais aller me coucher." Deleah se leva d'un bond ; elle avait tellement envie de fuir ; elle regarda avec inquiétude la porte fermée qui se trouvait de son côté de la table.

Gibbon se leva également. "Regarde-moi, Deleah," dit-il. Elle regarda et vit la pâleur de son visage. Cela la rendait malade et désolée de voir à quel point l'homme était devenu pâle. "Est-ce que cela veut dire M. Reginald Forcus ?"

"Certainement pas!"

"Tu n'es pas fiancée avec lui ?"

"Certainement pas!"

"Regarde-moi, continue à chercher." Ses yeux fixaient les siens, elle était obligée de regarder. "L'aimez-vous mieux que moi ? Il est la meilleure chance, de loin en loin ; mais pour autant, il n'est peut-être pas le meilleur homme. L'aimez-vous le plus ?"

"Je ne sais pas si c'est le cas."

"Maintenant. J'ai autre chose à te demander."

"Non ! Je pense que vous êtes dommage. Je suis très fatigué. Laissez-moi aller me coucher, M. Gibbon."

« Réponds-moi d'abord. Et l'autre ? »

"L' *autre* ! Je ne sais pas ce que tu veux dire."

"Sir Francis, cela vous a donné les cinquante livres. Et lui ?"

Les yeux de Deleah, fixant les siens, se dilatèrent, son visage devint plus blanc que le sien. "Je ne sais pas ce que tu veux dire", dit-elle. "Sir Francis Forcus et moi ? Moi ! *Moi !* Deleah Day !" Elle murmura ces mots avec une sorte de respect. Il y avait presque là un sacrilège.

"Pourquoi pas ? Pourquoi pas ?"

"Je pense que vous devez être fou, M. Gibbon."

"Je le suis. Je le suis souvent. Assez fou. Fou d'amour pour toi."

"Oh!"

"Pourquoi soupires-tu comme ça ?"

"J'aimerais tellement que tu ne le fasses pas."

« Ne serait-ce pas quoi ? »

"Soyez tellement ridicule."

"C'est tout ce que tu as à me dire ?"

"Ça... et bonne nuit."

"Je ne pensais pas que tu pouvais être aussi cruel."

"Je ne suis pas cruel", a déclaré Deleah ; puis, de façon tout à fait inattendue pour elle, un sanglot lui monta à la gorge, et c'était tout ce qu'elle pouvait faire pour retenir les larmes d'apitoiement sur elle-même. "Je ne suis pas cruel, mais vous me tourmentez tellement. Je veux être gentil avec vous, mais je ne veux pas entendre parler de tout cela, qui me semble si ridicule. Vous êtes plus âgé que moi, vous devriez le savoir. Vous devriez savoir à quel point c'est idiot de dire de telles bêtises à une fille comme moi. Et je veux aller me coucher, M. Gibbon. Voulez-vous s'il vous plaît vous éloigner et me laisser me coucher ?

Il posa la main sur la poignée de la porte comme pour la lui ouvrir, mais la maintint là. "Ce n'est pas la fin", a-t-il déclaré.

"Oh non!" elle soupira avec une morne prescience.

"Je travaille pour toi du matin au soir - seulement pour toi - pour pouvoir te mettre dans une belle maison et faire de toi une dame. Seulement pour toi! Et toute la nuit je ne peux pas me reposer en pensant à toi . Ma nuit sera horrible, ce soir.

"Oh, M. Gibbon, je suis terriblement désolé !"

"Alors, tu ne peux pas me dire un mot avant de partir ? Tu ne peux pas dire que tu y penseras ?"

" Bien sûr que j'y penserai ; je ne peux m'empêcher d'y penser. Mais je ne veux plus en parler. Laissez-moi partir maintenant, voulez-vous ? Laissez-moi me coucher ! Bonne nuit, Monsieur. .Gibbon."

"Dites 'Bonne nuit, Charlie.' On m'appelle "Charlie" à la maison."

Il n'y avait aucune aide si elle voulait s'échapper. "Bonne nuit, Charlie", marmonna-t-elle, et elle s'enfuit dans sa propre chambre, dans un état entre rire et pleur qui rappelait les attaques de Bessie.

"Tout cela est tellement ridicule !" se répétait-elle en se déshabillant. "'Bonne nuit, Charlie!' Imaginez que je l'ai appelé « Charlie ». Charlie, en effet ! » Elle serra les dents à ce souvenir. "J'aurais préféré le frapper plutôt que de l'appeler Charlie !"

Mais tandis qu'elle se déshabillait, l'aspect le plus sérieux de la situation se présenta à l'attention. Sa mère voulait qu'elle se marie — elle en était propriétaire et elle avait une foi absolue dans la sagesse de sa mère. Les filles épousaient-elles des hommes qui éprouvaient pour elles les mêmes sentiments qu'elle éprouvait pour cet homme et Reggie Forcus, se demandait-elle ? Il était indiscutable que des hommes, « plus horribles qu'eux », comme elle se disait, trouvaient des filles assez sympathiques pour les épouser. Doit-elle prendre l'un ou l'autre ? Elle ne le souhaitait pas — mais le devrait-elle ?

Elle enfila sa chemise de nuit, se coiffa et récita même ses prières — les mêmes prières dans les mêmes mots qu'elle avait prononcées à son chevet dans la rue Queen Anne le soir de la fête du Nouvel An, il y a longtemps ; elle n'avait même pas oublié le nom de son père dans ses pétitions, débattant de ces choses. Elle dormait dans une petite chambre chez Mme Day, et lorsqu'elle se leva de ses genoux, elle prit sa bougie et entra dans la chambre de sa mère. "J'écouterai ce que maman a à dire à ce sujet", se dit-elle.

Mme Day était éveillée dans l'obscurité, pensant à Bernard et aux dangers de l'Inde.

"Maman", dit Deleah en levant la bougie pour regarder sa mère. Sa lumière tombait sur son propre visage charmant, à moitié caché dans les vagues lâches de cheveux noirs bouclés. "Tu ne dors pas, n'est-ce pas ? Bien sûr que non !

Je crois que tu restes là toute la nuit, à regarder dans l'ombre et à penser à des choses misérables ! Je me demande si cela améliorerait vraiment les choses, si tu l'aimerais." beaucoup, qu'elle aussi a décidé d'épouser M. Gibbon ! »

Deleah l'a regardé pendant une minute, puis elle a ri ; et Mme Day vit qu'elle riait de tout son cœur. "Bessie prend tous mes jeunes hommes !" dit-elle. " Tu vois, maman, avec la meilleure volonté du monde pour te plaire, je ne peux pas me marier ; alors c'est fini ; et autant aller me coucher. "

"Viens m'embrasser, chérie."

Mme Day passa un bras retenu autour des épaules de la jeune fille. "Rien de tout cela ne te rend malheureuse, Deleah ?"

"Cela me donne seulement envie de rire", a déclaré Deleah.

# CHAPITRE XXIII

Deleah n'a aucune dignité

Environ un jour après sa rencontre avec le magnat local dans la rue principale de Brockenham, Deleah se retrouva, à son extrême surprise, en route vers la brasserie Hope, en réponse à une lettre de Sir Francis Forcus, lui demandant de faire appel à lui là-bas pour une question d'affaires. Il avait nommé l'heure de l'après-midi à laquelle elle sortait de l'école.

"Je vous ai fait venir parce que je souhaitais vous voir seul, et j'ai pensé qu'il pourrait être difficile de le faire chez vous", a déclaré Sir Francis.

Son discours était plus formel, son aspect plus redoutable que jamais, pensa-t-elle, tandis qu'il lui montrait la chaise dans laquelle il voulait qu'elle s'asseye, et qu'il s'assit, retranché derrière son bureau, à quelque distance d'elle. "J'espère que cela ne vous dérangera pas de venir me voir ici, ma propre maison étant si loin ?"

Deleah, timidement mais très honnêtement, a déclaré que cela ne la dérangeait pas du tout. « Il va me dire qu'après tout, il a décidé de racheter Bernard », se dit-elle, mais elle ne put entretenir longtemps cette illusion.

"J'ai un mot ou deux que je voulais vous dire à propos de mon jeune frère, Reginald," dit-il en se plongeant dans son sujet.

Il s'assit, le visage un peu détourné d'elle, regardant les papiers sur son bureau, et parla d'un ton aussi froid et sans engagement que s'il lisait ce qu'il avait à lui dire, écrit là.

Deleah recevant sa communication dans un silence inconfortable, il poursuivit : « Pour plusieurs raisons, dont certaines professionnelles, il a été arrangé pour que mon frère quitte Brockenham pendant un an. Pour voyager !

S'arrêtant là, elle ne trouvant toujours rien à dire, il ajouta en regardant de plus près le papier sur le bureau : "Il n'ira pas."

"Je suis désolée", dit timidement Deleah.

"Il n'ira pas, à cause de toi." Puis il tourna son visage vers elle, et Deleah vit que son visage exprimait une froide désapprobation. "Je suis sûr que vous ne souhaitez pas vous trouver à la lumière de Reginald, Miss Day ?"

"Oh non."

"J'en étais sûr. C'est pourquoi j'ai été encouragé à vous faire venir. Il vaudrait mieux que nous discutions un peu. Vous avez de l'influence sur Reggie ?"

"Je crois que non." Une ou deux fois, elle avait tenté d'imposer au jeune homme ses propres idées sur ce qui était juste et convenable, et elle avait échoué. Pourquoi devrait-elle prétendre à une quelconque influence ?

"Mais bien sûr que oui. Je veux vous demander d'être suffisamment altruiste pour l'exercer pour le bien de mon frère."

"Je le ferais avec plaisir si je le pouvais."

"Alors renvoyez-le. Cela lui fera un bienfait inestimable."

"Je peux lui dire qu'il vaudrait mieux qu'il s'en aille, mais il n'est pas facilement amené à faire une chose qu'il n'aime pas.

"Il me dit, sans aucun engagement de votre part, qu'il se considère lié à vous."

Elle secoua vivement la tête, le visage rose : "Oh non !"

"Il est toujours fiancé à... quelqu'un : pauvre Reggie !"

"Est-il?" » demanda-t-elle innocemment.

"Reginald est mon frère", continua-t-il, et il détourna son regard de son visage et regarda les ongles de sa main gauche avec une attention absorbée. "Il est cependant tellement plus jeune que moi qu'il ressemble presque à mon fils. Vous me reconnaîtrez, j'en suis sûr, le mérite de ne pas vouloir dénigrer Reginald, quand je vous dirai que ce n'est en aucun cas le premier fois que Reginald a pensé au mariage. » Il fit une pause et sourit intérieurement en contemplant les ongles. "Ou plutôt, devrais-je le dire, ce n'est pas la première fois qu'il parle à des jeunes femmes de leur engagement."

Deleah resta silencieuse, déterminée à ne pas parler jusqu'à ce qu'elle soit absolument tenue de parler.

"Cela n'a pas coûté grand-chose à mon frère de changer d'avis", dit Sir Francis en baissant la main et en regardant la jolie fille assise devant lui.

"Puisqu'il doit le faire si souvent, c'est bien", a déclaré Deleah.

"C'est bien, d'une certaine manière", approuva Sir Francis. "Mais supposons qu'il ait fait un pas irréversible, puis qu'il ait changé d'avis ?"

"Ce serait plus grave", a admis Deleah.

"Vous comprenez ce que je veux dire, Miss Day ?"

"Parfaitement. Vous voulez dire, s'il m'épousait et qu'il se repentait ensuite, sans avoir eu le temps de se repentir auparavant. Ayant été pris au mot dès qu'il parlait - et rattrapé."

"Cela expose le cas avec plus de force que je n'avais pensé le faire ; mais..."

"Mais c'est ce que tu veux dire ?"

"Tu n'es pas offensé, j'espère ?"

"Non, parce que je comprends tout à fait. Il serait surprenant que vous ne ressentiez pas ce que vous ressentez à ce sujet."

Sa voix trembla un peu et Sir Francis éprouva du regret. Après tout, du point de vue de la jeune fille, quel sacrifice il exigeait si froidement d'elle. Il se sentit soudain honteux et à moitié effrayé par ce qu'il avait décidé de faire.

"J'espère que vous croyez que je ne suis motivé par aucun sentiment d'antagonisme envers vous-même, Miss Day ?"

"Je pense que je comprends ça," dit-elle doucement.

Et il savait qu'elle comprenait, et il lui était reconnaissant de ne pas lui avoir dit : « Tu détestes, non pas moi, mais l'épicerie ; mais l'idée d'une alliance avec la fille de mon père, la sœur de mon frère. « Après tout, cette fille est une dame », se dit-il, et la pensée lui traversa l'esprit : son jeune frère à la tête vide était-il susceptible d'épouser une meilleure femme que celle-là ? Néanmoins, son devoir en la matière était clair devant lui.

"Et tu feras ce que je te demande ? Tu m'aideras à renvoyer le garçon ?"

"Il n'acceptera pas mes ordres, j'en ai peur."

"Il n'ira pas à moins que vous le lui disiez ;" et il se permit de lui sourire de manière convaincante.

« Alors je lui dirai, » dit-elle gravement ; et sentant que c'était tout ce qu'il voulait avec elle, elle se leva et se tourna vers la porte.

Il l'atteignit avant elle. « Ma tâche a été peu gracieuse », a-t-il déclaré. "Il m'a semblé que cela m'était demandé. J'espère que vous me pardonnerez." Il le dit très sincèrement, très humblement, mettant de côté pour le moment toute sa grande formalité. Et la colère et l'orgueil blessé qui étaient dans son cœur fondirent.

"Vous avez toujours été très gentil avec moi. S'il y avait quelque chose à pardonner, je vous le pardonnerais", dit-elle simplement ; et son visage était charmant avec son air de confiance innocente en lui, son sourire hésitant et timide.

"Ce que j'ai dit, c'est pour le bien de mon frère", lui assura-t-il, le cœur rempli de remords. "Mais je crois que c'est également bon pour le vôtre. Vous ne le pensez peut-être pas aujourd'hui, mais vous pouvez me croire sur parole que vous en viendrez à le penser."

Il lui serra la main d'un air rassurant pendant un moment ; puis elle est partie.

La lettre de Sir Francis Forcus se trouvait dans l'assiette du petit-déjeuner de Deleah. La famille avait la mauvaise habitude de s'attendre à voir les lettres des uns et des autres. Ils savaient tous qui avait écrit et ce qu'il avait demandé. Au souper, lorsque la famille se réunissait à nouveau, on attendait de Deleah qu'elle décrive l'entretien et proclame publiquement ce qui s'était passé.

Préférant garder l'affaire pour elle, elle avait échappé à sa mère et à sa sœur en se passant de son thé, gagnant seulement par ce retard l'ajout, à ceux déjà impatients de ses nouvelles, de l'innocent Franky, de la toujours curieuse Emily, de un honorable Charles rongé par des craintes jalouses.

Ils ne voulaient même pas la laisser prendre place à table avant d'être sur elle. "Bien?" » demanda Bessie, alerte, ses yeux soupçonneux et brillants posés sur sa sœur, qui paraissait un peu pâle de visage, un peu languissante d'allure, l'effet de s'être privée de son thé, peut-être.

"Bien?" Deleah a fait écho.

"Je ne suppose pas que ce soit un secret. Maman, je ne suppose pas que Deleah ait été envoyée chercher par Sir Francis Forcus pour quelque chose qu'elle ne peut pas dire!"

Emily, versant la bière du dîner du locataire, remarqua que Miss Deleah était toujours du genre à garder les choses pour elle, même lorsqu'elle était bébé.

"Je ne peux pas imaginer, Deleah, ce qu'il a pu vouloir de toi", a déclaré Mme Day en réponse à l'appel de Bessie.

"Ce n'était pas grand-chose, maman."

"Ça ne pouvait pas être *rien*. Dis au moins si c'était bon ou mauvais", insiste la sœur aînée. "Je ne vois pas pourquoi Deda a besoin d'être si affecté et idiot, maman."

"Oh, laisse-moi d'abord dîner", pria Deleah.

"Merci, M. Gibbon. Du bœuf, s'il vous plaît."

Les yeux proéminents et brûlants du pensionnaire, les yeux dont Mme Day et Bessie avaient découvert qu'ils sauvaient son visage de la banalité, étaient posés sur son visage, avec une interrogation désespérément avide. Dans son cœur, il croyait que Sir Francis l'avait fait venir pour la supplier de se marier avec lui ou avec son frère. Et si elle avait consenti ! Et si elle allait le dire maintenant ! Ses mains rouges et carrées tremblaient pitoyablement alors qu'il découpait le bœuf et le mettait dans son assiette.

"Peut-être que Miss Deleah préférerait garder ses nouvelles jusqu'à mon départ", se força-t-il à dire.

"Oh non", a déclaré Deleah, qui aurait infiniment préféré le faire, mais qui ne devait pas se blesser.

"Il s'agit de Reggie, je sais", dit Bessie, ses yeux remplis de questions féroces sur la jeune fille.

Ce n'est que lorsqu'Emily s'est retirée à contrecœur que Deleah a avoué que Bessie avait raison et lui a annoncé la nouvelle avec défi, dans une phrase. "Sir Francis m'a fait venir pour me demander de ne pas épouser son frère", dit-elle en s'appliquant au contenu de son assiette comme si elle l'appréciait vraiment.

Pendant une minute, bouche bée de surprise, ils la regardèrent.

"Mais *allais* -tu l'épouser ?" Bessie s'enquit enfin.

"Non", dit Deleah; "Je n'étais pas."

"Et tu le lui as dit."

"Non."

"Ma chère Deleah !" de sa mère. "Tu aurais dû lui dire, bien sûr."

"Je ne l'ai pas fait. Je ne sais pas pourquoi. Je sentais que je ne pouvais pas. Je n'ai presque rien dit, je pense."

"Mais maintenant, je l' *épouserais* !" Bessie a pleuré. "Aucun homme ne devrait me faire une telle insulte pour rien." Son visage était devenu rose. Elle a ressenti très vivement l'insulte faite à la famille. "Maintenant tu *dois* l'épouser, Deleah. Maman, dis à Deleah que, pour le bien de sa propre fierté, elle doit épouser Reggie maintenant."

"Non!" dit M. Gibbon. Il posa son couteau et sa fourchette avec fracas et fixa Bessie d'un regard furieux.

"Non!" dit-il, et après l'avoir regardée jusqu'à ce que, étonnée, elle détourne les yeux, il tourna un regard protecteur vers Deleah. "Mlle Deleah n'a rien à faire de tel", dit-il d'un ton rassurant.

"Je ne le ferai certainement pas", a déclaré Deleah.

« Devons-nous alors nous asseoir docilement face à une telle grossièreté ? » demanda Bessie en général. "Tu ne t'affirmes jamais, Deda, toi et maman. C'est pourquoi les gens osent vous traiter ainsi. Sir Francis ne m'aurait pas fait venir comme un serviteur, pour me donner ses ordres. Qu'avez-vous fait, Deda ? Vous êtes restée là, humblement, comme un idiot, pour écouter, je suppose ?

"Mlle Deleah a fait ce qui était juste. Le moins dit a été réparé le plus tôt possible", a déclaré le pensionnaire. Il ne s'était jamais ouvertement présenté comme le champion de Deleah auparavant.

"Je suis aussi du côté de Deda", a déclaré Franky. "Deda a le plus de son côté. Puis-je avoir un autre morceau de tarte, maman?"

"Non, vous ne pouvez pas", dit immédiatement Bessie. "Maman, Franky a crié dans son sommeil la dernière fois qu'il a mangé deux morceaux de tarte."

"Je peux avoir un autre morceau de tarte, maman ?"

Mme Day expliqua à Franky qu'au lieu de manger plus de tarte, à cette heure de la nuit, il devait se coucher ; et Bessie avec enthousiasme a lancé une nouvelle idée.

"Je suppose que c'est pour cela qu'il est venu ici", a-t-elle pleuré.

"Sir Francis a appelé et a trouvé Reggie Forcus avec moi", a-t-elle expliqué en se tournant vers le pensionnaire. "Il est venu ici pour m'espionner. Sans aucun doute, il voulait me dire ce qu'il a dit à Deleah, mais il a trouvé une autre personne à qui s'adresser. Je ne lui ai donné aucune chance de m'insulter, je peux le dire. toi ! Alors il a fait venir Deleah, qui ne peut pas se défendre.

"Pauvre petite Deleah !" dit tendrement la mère en regardant la jeune fille, visiblement indisposée à ce moment-là à se défendre et apparemment occupée à son souper.

"Miss Deleah pourrait trouver ceux qui la défendraient si elle disait le mot", dit Gibbon, très audacieux ; le bœuf n'était pas goûté dans son assiette, mais ses yeux dévoraient Deleah.

Bessie lui lança un regard de désapprobation étonnée et poursuivit en s'expliquant sur ce qu'aurait été sa propre conduite à la place de Deleah. Comment elle aurait écouté Sir Francis avec un calme apparent, sans rien dire, le conduisant à sa propre destruction, et ensuite...

"J'ai écouté, je n'ai rien dit. Je pensais tout le temps à quel point c'était horrible pour lui de devoir faire ce qu'il a fait."

"Eh bien, ma chère enfant, cela ne vous concernait pas, vous n'aviez pas besoin d'en être mécontent."

"Non, maman. Mais je l'étais, et malheureuse de devoir m'asseoir pour l'écouter. Je voulais désespérément m'enfuir, c'est tout. Je suis venue à l'instant même où j'ai pu."

« Au lieu de cela, j'aurais dû dire, » expliqua Bessie impatiente, « j'aurais dû dire : « Jusqu'à présent, je n'ai pas pensé à votre frère, Sir Francis. Mais maintenant que vous avez osé... *osé* m'insulter et ma famille de cette manière, je vous dirai ce que je ferai. Je l'épouserai demain matin, je l'aurais fait aussi", déclara Bessie en regardant autour de la table, les yeux brillants d'une forte approbation.

"Ma chère Bessie. Ne laissez pas vos sentiments vous envahir à ce point", réprimanda Mme Day.

"Deleah n'a aucune dignité, maman. N'importe qui peut voir Deleah se comporter sans la moindre dignité."

Deleah écoutait misérablement, faisant semblant de ne pas entendre. Elle n'était pas d'accord avec l'idée de Bessie de ce qui était digne, mais elle savait qu'elle avait fait mauvaise figure. Elle se sentait humiliée, blessée, impuissante. Sir Francis Forcus avait été pour elle son idéal de ce que devrait être un homme et un gentleman. Il l'avait aidée au jour de sa nécessité, et elle l'avait immédiatement placé comme son héros sur un sommet, l'avait admiré et adoré en secret et de loin. Elle savait qu'elle s'était assise devant lui cet après-midi, honteuse, impuissante et puérile ; remplie d'autant de chagrin pour celui qui la blessait si maladroitement que pour elle-même. Elle n'avait pas souhaité riposter ; elle ne se serait pas vengée de lui si elle l'avait pu ; le seul effort dont elle avait été capable avait été celui de lui faire croire qu'elle avait été le moins blessée possible, que la situation n'était pas horrible pour elle.

Pourtant, lorsqu'ils lui ont demandé pourquoi elle n'avait pas fait preuve de plus d'entrain, elle n'a pas pu expliquer. Elle ne pouvait que rester silencieuse et malheureuse et les laisser parler.

Même M. Gibbon, habituellement si préoccupé et silencieux à présent, parlait. Il a dit qu'il supposait que Sir Francis Forcus se considérait comme un gentleman, mais que lui, l'homme de Manchester, avait toujours eu des doutes à ce sujet et qu'il espérait un jour avoir l'occasion de lui dire qu'il était un *snob* . Et plus encore, avec une loquacité indésirable et balbutiante, à cet effet, avec le feu des yeux, avec une répétition injustifiée et excitée.

# CHAPITRE XXIV

Les destins au cœur froid

Lorsque Mme Day et ses filles se retirèrent ce soir-là, leur pensionnaire se leva pour écrire une lettre.

Deleah l'a trouvé sous son assiette au petit-déjeuner le lendemain matin, Gibbon prenant toujours son petit-déjeuner tôt et seul.

"Je pense que vous vous êtes comporté noblement", disait la lettre. "Ne faites pas attention à ce que peuvent dire les autres, dans leur méchanceté et leur jalousie. L'homme Forcus est un snob fier de son sac. Mais s'il est trop fier pour vous recevoir dans sa famille, rappelez-vous qu'il y en a un autre qui a meilleur goût. Mon La famille est très respectable, mais ils vous recevraient volontiers, pour mon bien. Et quant à moi, je penserais toujours que vous m'avez fait honneur en devenant mienne. Quel honneur je vous prie, ma bien-aimée Deleah, de me faire.

Deleah froissa le mot dans sa main - elle était devant sa mère et sa sœur ce matin-là - et l'emporta dans la cuisine où Emily préparait les toasts du petit-déjeuner et l'enfonça, avec le tisonnier et avec bonne volonté, dans le cœur. des charbons ardents.

Elle pensait en pensant ainsi à la conversation avec sa mère, l'autre soir, dans laquelle le nom de l'honorable Charles avait figuré. Elle n'avait alors qu'à moitié pensé ce qu'elle avait dit, mais maintenant – comment avait-elle pu envisager un instant un tel mariage à la légère !

"Et de quelle lettre d'amour de jeune homme brûlez-vous maintenant, Miss Deleah ?" » Demanda facétieusement Emily, agitant gracieusement sa tournée de toasts devant les barreaux.

"La lettre d'amour d'un jeune homme qui ne devrait jamais se faire confiance pour en écrire une", lui dit calmement Deleah. "Sa lettre d'amour était abominable, Emily."

Elle avait ce matin-là une lettre d'amour d'une autre sorte. Il lui fut apporté et remis en présence de ses élèves au moment mal à propos où Miss Chaplin était entrée inopinément dans la petite salle de classe où l'on enseignait aux juniors et où se trouvait le domaine de Deleah. Miss Chaplin avait cru entendre des rires venant de cette direction, et avait fait irruption dans la chambre pour prier Miss Day de garder les enfants en ordre.

La pauvre Miss Day était désespérément impatiente de conserver son poste à l'Académie de Miss Chaplin et, pour cette raison, et parce que Miss Chaplin en était tout à fait consciente, elle a trouvé prudent et pratique de faire du pauvre jeune professeur le bouc émissaire de toutes les irrégularités qui pourraient survenir. engagée à l'école, pour décharger sur elle les irritabilités refoulées, elle n'osait pas s'exprimer sur les assistants les plus précieux, qui pourraient ressentir de telles ébullitions à des moments inopportuns.

Elle avait été avisée le matin même que trois élèves dont elle était fière, qui faisaient le crédit scolaire, devaient partir au trimestre prochain. Elle avait eu un « contact » avec la gouvernante allemande et Fräulein avait été insolente. Mais Fräulein était précieuse, et Miss Chaplin avait mis sa colère en bouteille pour la vider sur la tête innocente de Deleah.

"Je dois vraiment vous demander, Miss Day, de maintenir un meilleur ordre dans votre classe. J'ai entendu des rires. Fréquemment, lorsque je passe la porte, j'entends des rires..."

Mais où était Miss Day, qui devrait être responsable d'un état de choses aussi terrible ?

L'une des petites élèves avait glissé de la forme sur laquelle elle était assise et s'était roulée sous la table, et Deleah s'était également glissée sous la table, à sa recherche, ce dont les autres élèves s'étaient moqués. La gouvernante déconcertée reçut à quatre pattes les réprimandes de son directeur.

"Vraiment, Miss Day !" s'écria la femme scandalisée. "Votre attitude n'est guère convenable à adopter devant les élèves, n'est-ce pas ?"

Et au moment le moins opportun, la porte de la salle de classe s'est à nouveau ouverte et Kitty Miller, cette étudiante de jour qui rentrait parfois chez elle avec Miss Day et gardait "Le Livre Deleah", est apparue. Elle brandit une lettre à la main.

"Que me donnerez-vous en échange, Miss Day ?" s'écria-t-elle, seulement trop tard en apercevant la silhouette impressionnante de Miss Chaplin.

Deleah a pris la missive, et il aurait été difficile de décider si celle qui l'avait donnée ou celle qui l'avait prise avait l'air le plus coupable.

La voix indignée de Miss Chaplin arrêta Kitty Miller au moment de sa fuite ignominieuse. "Attendez!" commanda les tons alarmants. Kitty resta immobile, tremblante en entendant. "Qui vous emploie pour transmettre des lettres à Miss Day, Kitty ?"

Kitty, couleur betterave, regardait Deleah, blanche comme un lys.

"Qui t'a donné cette lettre, Kitty ?"

Et la pauvre Kitty, regardant Deleah avec pitié, mentit – en vain, mais pour le bien de son amie – et dit qu'elle ne savait pas.

"C'était un gentleman ?"

Kitty, confuse et démoralisée, balbutia qu'elle avait oublié.

Deleah est venue à son secours. Deleah, qui savait bien que son heure était venue : "C'est de M. Reginald Forcus", dit-elle. Elle avait déjà reçu des avertissements au sujet de Reginald Forcus.

"Et qu'est-ce que ce monsieur a à vous écrire d'une telle importance immédiate que cela doive provoquer une interruption du cours ?" » demanda Miss Chaplin, la tête en l'air.

Et Deleah, regardant la note dans son enveloppe, a dit qu'elle ne savait pas.

"Ouvrez-le et voyez", recommanda naturellement Miss Chaplin.

Deleah hésita à obéir, la maîtresse d'école lui tendit la main, mais Deleah, choisissant d'ignorer ce geste, mit la lettre dans sa poche.

La dame âgée dessina ses lèvres fines en une ligne serrée sur son visage étroit. Elle trouvait vraiment immoral qu'une fille reçoive une lettre d'un gentleman, elle sentait vraiment que le ton élevé de son école était mis en danger par ce manquement flagrant aux bonnes manières commis par Deleah Day. Elle devait punir l'iniquité, elle devait protéger des effets pervers de l'exemple pernicieux les jeunes immaculés dont elle avait la garde.

Lorsque Deleah, cet après-midi-là, tomba sur Reggie qui l'attendait au coin de la rue, une expression stupide de joie à son approche sur son visage idiot et beau, elle avait reçu son renvoi de l'école.

Elle était remplie de colère contre lui comme étant la cause de ce qui était pour elle une calamité.

"J'ai reçu un avis de départ. *Vous* l'avez fait, Reggie," le salua-t-elle. "Ta lettre idiote de ce matin était la fin."

"C'est aussi une très bonne chose", a déclaré l'irrévérencieux Reggie. "Je suis très heureux de l'entendre."

"Et que penses-tu que je dois faire maintenant ?"

"C'est ce que je suis venu te dire. C'est juste un piment pour mes projets, comme tu le verras, chérie."

"Ce n'est pas du tout un "spiffin" pour moi."

"Toi, attends ! Toi et moi allons nous marier, Deleah. Nous allons le faire tout de suite, tu vois ?"

"Oh non, Reggie !"

"Oh, oui, Deleah. Voyez si nous ne le ferons pas ! Je ne fais rien de sournois. Je l'ai dit à Francis, franchement. Il n'est pas idiot. Il sait quand je pense quelque chose. Et je suis mon propre maître. "

"Mais tu n'es pas à moi, Reggie."

" Attends un peu. On se disputera tout ça après. Ce que j'ai à te dire cet après-midi, c'est ceci : je veux te mettre à cheval. "

"Absurde!"

"Attends ! Attends seulement ! Où penses-tu que j'étais cet après-midi ? Je suis allé à Runnydale pour voir la petite jument brune du vieux Candy. C'est celle que sa fille montait. Elle est mariée et est partie ; et je vous l'ai promis. Non ! Attendez un peu, cette petite jument est sûre comme un âne, je ne vais pas vous la monter quand même. jusqu'à ce que vous ayez eu des leçons ; et j'ai été et j'ai vu cela aussi. "

« Régie ! »

" C'est vrai, c'est vrai. Je suis allé chez Ben Steel à mon retour de Runnydale. Il a prévu de vous sortir deux fois par semaine. Je viens avec vous, pour que vous ne vous sentiez pas bizarre. Je l'ai dit à Ben. Je m'y prendrais comme un canard dans l'eau. "Cette jeune femme sera superbe à cheval", a déclaré Steel, un peu effronté de sa part, mais je dis, Deleah, que diront les vieilles femmes de Brockenham. quand ils te verront avec moi, un coq, chevauchant côte à côte devant leurs fenêtres ?

"Ils ne me verront jamais faire ça, Reggie. Je ne vais pas monter avec toi, mon cher garçon."

" Attends ! Tu changeras d'avis quand tu verras la petite jument brune de Laura Candy. Laisse-moi l'amener pour que tu la voies demain. Écoute, je dois la faire venir ce soir. Oh, arrête tout, Deleah, nous retarderons le mariage si tu veux, mais j'ai décidé de faire quelques promenades ensemble. Tu ne sais pas à quel point je serai fier de rouler avec toi à mes côtés. Broad Street, et à travers la place du marché, et jusqu'à St. Margaret's Lane, cela donnera à toutes les vieilles femmes ricanantes de quoi parler.

C'est avec difficulté qu'elle lui fit comprendre que l'aider à nourrir ses commérages n'était pas son ambition, qu'elle refusait son escorte à cheval dans les rues de sa ville natale, ainsi que sa compagnie tout au long de la vie. Les événements de la journée lui avaient endurci le cœur ; et elle réussit enfin à le convaincre.

"Et, Reggie, tu ne dois plus venir chez nous ; tu ne dois jamais m'écrire de lettres ; tu ne dois pas me harceler dans les rues."

"Oh, dis-je, Deleah ! Viens ! Tu ne peux pas le penser."

"Je pense chaque mot."

"Mais est-ce que je ne peux même pas parfois te rencontrer par hasard ?"

"Si tu le fais, je te couperai."

"Et si je ne suis pas coupé ?"

"Je vais appeler un policier."

Elle rit, mais elle lui fit voir qu'elle était sérieuse. Il marchait à ses côtés, découragé, un air affligé sur son visage bon enfant et agréable. La saison de chasse n'était pas là depuis plusieurs mois. Sa tête et son cœur avaient été remplis dernièrement de Deleah, son temps avait été passé à parcourir Bridge Street dans l'espoir qu'elle pourrait regarder par la fenêtre, à la harceler quand elle revenait de l'école, à s'asseoir dans la pièce d'en face. la boutique avec Bessie, pour se débarrasser du temps jusqu'à ce que Deleah apparaisse.

"Si je dois renoncer à te voir et à essayer de te voir, que dois-je faire ?" Il a demandé.

"Vous devez voyager."

"Pourquoi c'est ce que Francis m'a inculqué !

"Voilà, alors. Deux personnes qui savent ce qui est bon pour toi, Reggie."

"Francis est vraiment pressé. Il veut que j'y aille la semaine prochaine."

"Et pourquoi pas?"

"Je ne sais pas pourquoi pas, maintenant", a admis un misérable Reggie.

"Alors vas-y tout de suite et dis-lui que tu es prêt."

Pour l'amour de sa parole envers son frère, elle lui arracha un consentement réticent et le quitta. Mais une heure plus tard, Emily, apportant le thé, annonça qu'un monsieur avait appelé pour voir Miss Deleah.

"Vous pouvez deviner de qui il s'agit", dit Emily en étendant le tissu. "Il est dans sa charrette à chien à la porte, et son cheval reposé, il dit qu'il ne peut pas entrer ; mais il ne retiendra pas Miss Deleah une minute."

Bessie, agenouillée sur le siège de la fenêtre, regardait la rue : « C'est Reggie, bien sûr », dit-elle. Puis elle se tourna vers sa sœur. « Deleah, » dit-elle, « ne sois pas stupide ; *prends* Reggie. Ne te laisse pas rebuter par ce vieux frère arrogant et vaniteux ; ne t'inquiète plus de moi et des choses que j'ai dites. une vraie chance. La meilleure que vous aurez jamais *eue* .

Elle dut prononcer les derniers mots par-dessus les balustres, car Deleah, ne prêtant aucune attention à son exhortation, descendait les escaliers en courant.

À côté de Reginald Forcus, dans son intelligent chariot à chiens, le petit Franky Day, à son grand plaisir et à sa grande surprise, était assis. Il était venu en courant dans la rue pour prendre son thé, lorsque Reggie l'avait abordé avec l'agréable attention d'un coup de fouet enroulé autour de ses mollets.

"Bonjour, jeune!" Reggie l'avait salué.

"Bien sûr, je vous remercie", avait répondu Franky.

"Tu viens faire un tour avec moi ?"

Aucune autre invitation n'avait été demandée par Franky, mais il s'était immédiatement installé, les grands yeux brillants, le petit cœur battant haut, sur le siège vacant à côté du conducteur. L'immense honneur lui revenait de tenir les rênes, le palefrenier se tenant à la tête de Black Michael, tandis que Reggie descendait pour parler à Deleah à la porte.

"Deleah," dit-il, "je suis venu te dire que j'ai fait tout ce que tu m'as demandé. J'ai vu Francis et je pars la semaine prochaine."

"Bon Reggie !"

"Je l'ai fait parce que tu me l'as demandé ; et maintenant je veux que tu fasses juste une chose pour moi. Je sais que tout est fini, et il n'y a aucun espoir pour moi, et après cette nuit, je ne te verrai plus. . Je veux que tu viennes faire un tour avec moi ce soir.

"Non, Reggie."

"Oui, Deleah. Je dois aller à Runnydale, pour dire à la vieille Candy que je ne veux pas de cette petite jument. Franky arrive. Franky peut s'asseoir entre nous, Deleah—"

Il était très fier de lui pour sa prévoyance en sécurisant Franky. Deleah, chaperonnée par Franky, ne pouvait avoir aucune excuse.

Elle le refusa très gentiment, à cause de son air posé et parce que, si absurde que cela puisse être de sa part, sa voix avait faibli lorsqu'il avait lancé son appel et ses yeux étaient devenus humides. "Mais tu ne dois pas emmener Franky, Reggie", dit-elle en appelant l'enfant à descendre et à venir prendre son thé.

"Laisse-moi y aller, Deda ! Laisse-moi y aller !" Plaida Franky.

"Oh, Deleah, juste pour me faire plaisir - c'est la dernière fois que je te verrai - tu viens aussi!" le jeune homme la réessaya. Lorsqu'elle refusa de nouveau, il s'écarta d'elle avec rage et monta sur son siège ; Le marié, quittant la tête agitée de Black Michael, se leva derrière lui. Elle a rappelé Franky, mais ils sont partis sans réponse. Deleah, les regardant pendant une minute, vit le petit visage excité et rayonnant de joie de l'enfant tourné avec admiration vers le jeune homme à côté de lui.

Puis elle retourna dans la petite entrée noire qui lui servait de couloir et monta l'escalier raide et étroit avec une marche en retard. Comme le soleil de l'après-midi avait brillé sur Reggie, ses cheveux blonds et lisses, sa cravate aux couleurs vives, la fleur dans son manteau. Comme le harnais de cuivre avait brillé, et comme le manteau de satin de Black Michael avait brillé ; comme Odgers, le palefrenier, était impeccable, dans sa livrée verte et chamois ; quel air de richesse et de bien-être à chaque rendez-vous.

Deleah aurait très bien aimé s'asseoir derrière le cheval fougueux aux côtés du gentil Reggie ; s'être précipité dans la campagne aux odeurs douces – loin du fromage et du café et de leurs odeurs mêlées, loin de Bessie et de ses plaintes sur la chance que Deleah avait gâchée ; loin de la société du pensionnaire qui la regardait avec des yeux si brûlants, sous un penthouse de main, surveillant chacun de ses mouvements, qui murmurait son imprudemment féroce "Je t'aime" quand la moindre excuse pouvait rapprocher sa tête de la sienne. Loin de la pensée de Miss Chaplin et de la nécessité de se mettre en quête d'une nouvelle situation.

Elle n'avait pas souhaité épouser Reggie, mais maintenant qu'il avait disparu de son souvenir passé, une valeur qu'il ne possédait pas auparavant semblait lui attacher. Comme la vie aurait été facile avec lui ! Chaque jour, Franky aurait pu aller faire un tour en voiture ; sa mère aurait pu tourner le dos à l'épicerie...

Depuis le moment où elle a posé le pied sur l'escalier inférieur jusqu'à ce qu'elle ait atteint le palier, Deleah s'est presque autorisée à croire qu'elle rappellerait le jeune homme et tout ce qu'il représentait pour elle et les siens. Mais avant d'avoir ouvert la porte du salon, elle s'était souvenue de Sir Francis et de son mépris envers elle et les siens, et son visage avait brûlé de honte.

"Bien?" » questionna Bessie en entrant, les yeux brillants d'impatience.

"Il voulait que j'aille faire un tour en voiture. Je n'irais pas. Il a emmené Franky."

"Franky, dans son costume old school, et sans avoir changé son col ?"

Emily, qui rôdait autour d'elle pour entendre le résultat de ce court entretien sur le pas de la porte, était également horrifiée à l'idée de la honte causée à la famille par l'état de Franky. "Ses ongles sont si noirs quand il rentre de l'école, et souvent son visage est taché. Quel spectacle à offrir devant Odgers."

"Odgers lui tourne le dos."

"J'aurais quand même aimé lui gratter le dessus de la saleté. Et il a mis la culotte avec le patch dans le dos !"

Mme Day, après s'être levée pour son thé et s'être retirée de nouveau au magasin, prit place derrière le comptoir et envoya M. Pretty à son repas.

Aucun client n'entrait. Elle tourna ses yeux tristes et patients vers la rue, pensant non pas au coutelier d'en face, avec le fils duquel Franky avait noué une amitié si indésirable, ni aux passants sur le trottoir étroit, ni aux passants. les charrettes des commerçants claquaient sur les pavés ; je pense à Bernard en route vers l'Inde et aux dangers et privations indicibles, à Deleah et à son renvoi de l'école. Sa jolie et bonne enfant, d'avoir reçu un si mauvais traitement ! Deleah, qui si elle l'avait choisi, aurait pu les dominer tous. Elle pensait aussi à ses affaires en déclin constant, et à l'impossibilité pour elle de s'occuper de celles de Coman, en bas de la rue. Demain était le septième, jour réservé chaque mois par M. Boult pour s'occuper de ses affaires ; feuilletant ses livres, la catéchisant, l'interrogeant, lui donnant des conseils à sa manière tyrannique et intimidante. À partir de là, ses pensées se tournèrent vers le sujet abordé par Bessie de manière irritante et inquiétante, à travers le thé.

"C'est dommage que l'enfant n'ait pas eu le visage lavé, certes", a-t-elle déclaré.

Enfin un client ! Non, seulement le petit garçon du coutelier, le copain de Franky, d'en face.

Le coutelier louait une parcelle de jardin sur l'une des routes et, une fois le thé terminé, les soirs d'été, Franky et le fils du coutelier couraient ensemble dans leur jardin pour se plonger dans les espiègleries enfantines possibles dans cet espace restreint.

"Franky n'est pas là ce soir", dit Mme Day au garçon. "Il est parti faire un tour en voiture avec M. Forcus." Elle lui a donné une dose de gouttes d'acide pour lui-même et le garçon s'est enfui.

"Tout va bien, merci. Dites à Franky que j'ai regardé", a-t-il appelé.

La prochaine venue était la grosse petite bonne à tout faire de la boucherie voisine. Elle était rousse, avec un gros goitre sur lequel sa robe noire de l'après-midi ne pouvait pas vraiment se boutonner. Elle travaillait à peine du petit matin jusqu'à tard le soir, et Mme Day, toujours pleine de compassion pour les faibles et les opprimés, était gentille et douce avec elle.

Elle était généralement essoufflée par la précipitation et les problèmes du goitre,                                                                    et
Mme Day ne prêtait plus particulièrement attention à son état de haletage.

"Qu'est-ce que tu fais ce soir, Alice?" lui a-t-elle demandé.

"C'est du savon," haleta Alice. " Du savon, des allumettes et six œufs pour le petit déjeuner du matin, et je devais vous le dire, s'il vous plaît, comme vous deviez en mettre sept, au lieu de six, car un dans le dernier lot était rassis. Et avez-vous entendu , s'il vous plaît, il y a eu un accident avec le cheval délicat de M. Forcus ?

Les yeux sombres de Mme Day fixaient la jeune fille avec un visage pâli par la pâleur des morts.

" Voilà donc ! Maître, il vient d'entrer et il l'a dit. Son cheval est en kilt ; et le palefrenier, il a des coupures au visage ; et votre petit garçon, qu'il a emmené monter avec lui, a le cou. cassé."

# CHAPITRE XXV

Pour réparer

"Bien sûr, nous devons faire quelque chose pour eux", a déclaré Sir Francis. "La difficulté est de décider quoi."

Lui et sa sœur avaient suivi en calèche les funérailles de Franky Day. Sir Francis avait souhaité, voyant qu'il devait apparaître là, apparaître discrètement, mais Ada avait pensé qu'elle aussi, aussi douloureux que cela puisse être, devait être présente, et Ada ne pouvait pas y aller à pied. La voiture Forcus avait donc figuré en bonne place dans le maigre cortège qui suivait le petit cercueil jusqu'au cimetière.

"Nous devons nous rappeler que les pauvres ont connu des jours meilleurs et faire attention à la manière dont nous proposons", a déclaré Miss Forcus. "Je suis convaincu que nous découvrirons qu'ils préfèrent mourir de faim plutôt que de toucher à notre argent."

"J'espère qu'ils savent que Reggie est parti ; sinon cela aurait pu paraître sans cœur qu'il ne soit pas là aujourd'hui."

"Ils comprendront. Et Reggie n'aurait pas pu le supporter. C'était déjà assez douloureux comme ça", a déclaré Sir Francis.

Cela avait été très douloureux. Il pensait à la figure de la pauvre mère, sans larmes, regardant la petite tombe ; des pauvres filles en pleurs qui s'accrochaient à elle. La petite école commune de Franky avait fréquenté et se tenait à distance, dirigée par le maigre jeune maître responsable, mais le petit fils du coutelier autrefois méprisé s'était avancé, poussé en avant de manière encourageante par ses camarades, et avait laissé tomber sur le cercueil un tas de des fleurs cueillies dans le jardin de la route, où Franky et lui avaient adoré jouer. Il n'y avait aucune autre fleur. C'était avant le jour des expositions florales commémoratives.

"S'ils nous laissaient supporter les frais funéraires, ou érigeaient un petit monument dans le cimetière, ou une fenêtre dans leur église ?" Suggéra Ada.

"Si nous pouvions faire quelque chose pour les aider à gagner leur vie", a déclaré Sir Francis.

Le jour des funérailles de Franky avait été le premier à lui rappeler que l'été était terminé. La chapelle était froide et sombre, et pendant qu'ils se tenaient autour de la tombe, il commença à pleuvoir. Dans le salon de Cashelthorpe, le feu était allumé et le thé attendait le frère et la sœur. Aussi consolants qu'étaient ces réconforts, ils ne pouvaient dissiper la tristesse qui opprimait le bon cœur d'Ada Forcus.

"Je n'oublierai jamais ces pauvres choses aujourd'hui. Jamais!" dit-elle en pleurant sans honte dans sa tasse de thé.

L'homme, bien sûr, n'a pas pleuré, mais lui aussi a semblé pour un moment accablé par l'ombre de ce qui était arrivé.

"J'ai parlé aujourd'hui à leur ancien serviteur", dit-il. "Il semble que l'enfant ait été rappelé ; Reggie n'a pas voulu écouter ; il est parti avec lui."

"Je suis horriblement désolé pour Reggie. Mais oh, je ne peux pas oublier à quel point le cercueil avait l'air *petit* . Francis, quelle belle famille ils forment ! Je n'ai pas pu m'empêcher de remarquer que, même lorsqu'elles pleuraient, les filles étaient jolies."

C'était plus que ce qu'on aurait pu dire d'Ada ; et elle le savait, mais elle pleurait quand même.

"La plus jeune fille est extrêmement belle", dit le frère, "et en plus, c'est une fille consciencieuse et bonne."

Il pensa que, si elle l'avait souhaité, elle aurait pu être sa belle-sœur, et cette réflexion lui fit encore mieux comprendre que quelque chose devait de la famille de Forcus à celle de Day.

"J'irai voir George Boult demain", dit-il.

"Le drapier, tu veux dire ? Pourquoi ?"

"C'est leur conseiller. Mettez la pauvre femme dans cette misérable boutique. Il saura ce qu'on peut faire pour elles."

Sir Francis, cependant, ne se trouva pas grandement aidé dans son projet bienveillant par M. George Boult, circonstance surprenante pour l'homme à qui le caractère du drapier à succès n'était pas inconnu. Qu'il aurait accepté sans scrupules tout ce qu'on pouvait obtenir de la part de la veuve, c'était ce qu'on attendait de lui ; au lieu de cela, il reçut froidement toutes les propositions du riche, et n'encouragea même pas vaguement ses intentions charitables.

Par l'intermédiaire de son frère, pourtant innocent en la matière, une profonde tristesse était tombée sur ces pauvres gens. Ce serait un grand soulagement pour Sir Francis et sa famille s'il pouvait être autorisé à leur être utile d'une manière ou d'une autre. Son nom n'a pas besoin d'apparaître. M. Boult pourrait organiser la transaction. Il avait entendu dire que les affaires de l'épicier ne réussissaient pas... ?

Le magasin doit être abandonné. George Boult l'a reconnu. La femme était trop timide pour faire du commerce. Toutes les femmes l'étaient. Aucun reproche à lui faire, spécialement. Elle avait été travailleuse et prudente. Elle se tenait derrière son comptoir le matin même. Il l'avait vue là-bas. Mais quels clients auraient envie d'aller acheter du savon et des bougies à une femme à moitié morte de chagrin ?

"Elle ne doit pas être autorisée à rester là", a déclaré Sir Francis. "Je peux facilement nommer un homme qui prendra entièrement en charge et remettra Mme Day en liberté. J'enverrai un homme demain."

"J'en mets un aujourd'hui", a déclaré George Boult, qui avait décidé de le faire pour le moment seulement. Il gonfla sa poitrine, rajusta ses épaules, secoua la tête dans son col bas et prit un air important. "Il est sans aucun doute de notoriété publique que Mme Day et sa famille se sont tournés vers moi pour obtenir des conseils et de l'aide jusqu'à présent", a-t-il déclaré.

"J'ai promis à William Day que je veillerais sur eux. J'ai tenu ma promesse et j'ai l'intention de la tenir. Je vous suis tout de même obligé."

"Mon offre d'aide de toutes les manières possibles reste valable, vous vous en                                                                    souviendrez", a déclaré Sir Francis. Il n'abandonnerait pas son intention bienveillante sans lutte. "Y a-t-il quelque chose à faire pour les filles ?" " Il a demandé. " Le plus jeune est professeur dans une école, je crois ? "

"Obtenu le sac!" » dit facilement M. Boult ; puis, ne voyant aucune raison pour qu'il ne le fasse pas, il expliqua que c'était grâce aux attentions de M. Reginald Forcus que le malheur était arrivé. "C'est ce que me dit Miss Bessie", a-t-il terminé, et il a demandé avec un regard brillant à Sir Francis s'il avait le plaisir de faire la connaissance de Miss Bessie. "Mlle Bessie est une jeune femme remarquablement belle", a-t-il déclaré.

Il fit un signe d'adieu familier à son visiteur lorsque, mal à l'aise et découragé, ce dernier se retira. Les Forcus n'étaient même pas des clients. Sir Francis et lui étaient assis ensemble sur le banc des magistrats. « Nous sommes à peu près à égalité maintenant », se dit-il ; et il se rappela qu'il avait désormais aussi le droit de mettre une cocarde sur le chapeau froncé de son cocher à la livrée moisie.

Que le grand et puissant brasseur élève sa propre veuve pour jouer à la Providence, et laisse tranquille la propriété particulière de George Boult !

Sir Francis, pour sa part, était plus troublé que jamais lorsqu'il sortit de cet entretien. La fille renvoyée de son école aussi ! Il semblait que tous les malheurs des pauvres jours devaient être imputés à sa porte. Lui, qui détestait devoir envers qui que ce soit, ne pouvait pas se libérer de cette lourde dette.

"J'irai les voir", a déclaré Ada en racontant le mauvais succès de sa mission.

"Ils détesteront te voir."

"Je vais y aller. Je suis sûr que ce sont des gens sympathiques."

De cette visite également, aucun récit très satisfaisant n'a pu être donné. Cela avait été très douloureux. Mme Day n'était pas présente. Elle avait envoyé un message remerciant Miss Forcus d'avoir appelé et demandant à être excusée. Il n'y avait eu que des filles. Elle pourrait dire seulement celle d'une fille, car l'aînée s'était mise à pleurer sauvagement à l'apparition de Miss Forcus, et ne s'était pas remise lorsqu'elle était partie.

"Le pauvre petit garçon semble avoir été leur idole", dit Ada avec un soupir misérablement opprimé.

La jeune fille avait beaucoup plu à la dame par son attitude ; si posé, si altruiste, si évidemment conscient de l'épreuve éprouvante que c'était pour le visiteur, si gentiment s'efforçant d'être aimable.

Sir Francis hocha la tête. "J'ai toujours aimé les manières de cette jeune fille."

"Et elle est plutôt adorable, Francis."

Il ne connaissait pas cette beauté, dit le frère, mais il la croyait simple, consciencieuse et bonne. Il regarda le visage simple de sa sœur : « Chaque femme qui est là est charmante », annonça-t-il.

"J'y retourne", a déclaré Ada.

"Cela ne ressemblera pas à une intrusion ?"

"Je vais prendre le risque. Ils semblent n'avoir pas d'amis."

Après la deuxième visite, elle eut quelque chose de plus précis à raconter. "J'espère que vous approuverez, mais si vous ne le faites pas, on n'y peut rien", dit-elle, "car l'affaire est arrangée. Cette jeune fille, Deleah, vient ici."

"Ici ? En visite, tu veux dire ?"

" Elle vient pour être ma compagne. C'est la seule manière que je puisse découvrir par laquelle nous pouvons leur être utiles. La pauvre enfant reçoit quinze livres par an. Je peux lui en donner cinquante... "

"Vous n'avez pas oublié à quel point ce jeune imbécile, Reggie, s'est encore plus ridiculisé à propos de cette fille. Il l'aurait épousée, je suppose, sans la façon extraordinairement décente dont la jeune femme s'est comportée à ce sujet."

"Heureusement, Reggie est absent", se réconforta Ada. "Il aura été amoureux une douzaine de fois avant de revenir."

"Mais qu'allez-vous faire de cette fille ? Cela ne vous ennuiera-t-il pas de l'avoir toujours là ? Vous n'avez jamais voulu de compagnon auparavant."

"Comment sais-tu que ce n'est pas le cas ?" lui a demandé sa sœur en riant. "Je ne le savais pas moi-même, mais j'imagine que j'en ai toujours voulu un. Enfin, je vais en avoir un."

Il y avait chez Ada Forcus cet indéracinable amour de la gaieté que certaines femmes portent jusqu'au tombeau. Depuis que, à la mort de sa femme, elle était allée tenir la maison de son frère, on n'avait guère fait preuve d'indulgence envers cette passion. Dans la tombe de sa femme, non seulement tout le cœur de Sir Francis avait été enterré, mais apparemment l'amour de tout ce qui faisait l'éclat de la vie. Au moment où le caractère poignant de son chagrin s'était dissipé, avoir un comportement solennel et triste, éviter les effets perturbateurs de la distraction sociale, était devenu une seconde nature pour lui. Sans sa volonté personnelle, mais naturellement et irrésistiblement, cette habitude de mélancolie qui était tombée sur son maître semblait envelopper sa maison. Il aimait que son frère soit avec lui dans la maison où il était né, mais il n'acceptait pas les amis de son frère. Il était très attaché à sa sœur, qui avait une demi-douzaine d'années de plus que lui, mais l'idée qu'elle puisse désirer une autre compagnie que la sienne ne s'était apparemment pas présentée.

"Il y a certaines choses qu'un homme ne peut jamais apprendre", se disait Ada, une femme du milieu de l'époque victorienne, lorsque Sir Francis lui prophétisait qu'elle trouverait un compagnon ennuyeux. "Et la première est qu'une femme, aussi heureuse soit-elle située dans la maison d'un homme, doit avoir une autre femme facile d'accès avec qui parler, coudre, chuchoter."

# CHAPITRE XXVI

Un chef de famille

Lorsqu'on lui expliqua qu'un homme devait être mis dans le magasin pour lui offrir des vacances, Mme Day refusa l'indulgence. Son cœur était brisé, mais elle n'était pas malade. Avoir eu un peu de temps à consacrer à Franky – l'emmener faire des promenades à la campagne, lui faire la lecture, l'aider dans son occupation favorite : peindre de vieux numéros de l' *Illustrated News* et *du Punch* aurait été une joie. Souvent, elle avait désiré avoir le loisir de faire ces choses. Mais maintenant que Franky était parti, à quoi servent les loisirs ? Elle ne voulait même pas avoir le loisir de pleurer. Elle qui avait si souvent pleuré dans cette dernière douleur ne pouvait verser aucune larme.

Cria Deleah, mouillant l'oreiller tous les soirs avec ses larmes. Quand on parlait de choses sans rapport avec l'enfant perdu, les larmes montaient, noyaient les beaux yeux noisette ; elle tremblait, en essayant de parler, sur les épais cils noirs ; elle roulait, faisant semblant de ne pas le remarquer, sur ses joues.

Bessie pleurait, hurlait même, allongée, le visage enfoui dans le coussin du canapé, appelant d'une voix étouffée le nom de Franky.

» s'écria Emily en nettoyant avec de l'alcool à base d'ammoniaque le costume d'écolier défraîchi dont l'odeur avait tant offensé les narines de la sœur aînée. Je mettais encore un autre patch dans la partie postérieure du pantalon, la seule utilité de tels travaux étant de retarder à jamais le rangement des petits vêtements.

Mais la mère n'a pas pu exprimer une tristesse aussi facile, au-delà des mots et des larmes. "Je ne suis pas malade. M. Pretty et moi pouvons nous débrouiller", a-t-elle déclaré, et le substitut fourni par George Boult a été renvoyé.

M. Pretty se montra très gentil avec elle, renonçant pour le moment à fumer clandestinement dans la cave, à s'amuser avec les jeunes de son âge qui passaient devant la porte, et à s'occuper sérieusement des devoirs auxquels il s'était toujours soustrait jusqu'alors.

Tous ceux qui s'approchaient de la mère endeuillée commettaient l'erreur commune d'ignorer sa perte. Même ses filles faisaient cela autant que possible ; de sorte qu'à l'endroit où le nom de l'enfant était sur toutes les lèvres, on ne l'entendait plus.

Ceux qui ont enduré une telle perte savent combien l'oreille est malade à cause du son d'un nom que pourtant la langue refuse de prononcer ; comme le cœur s'émeut à sa musique quand enfin elle est prononcée.

M. Pretty ne comprenait pas cela, mais il ne connaissait pas non plus le credo accepté selon lequel il est préférable pour les nouveaux morts de ne pas parler. Il n'avait pas semblé aimer beaucoup l'enfant, s'était souvent plaint de lui comme d'un obstacle lorsque Franky avait voulu l'aider à moudre le café ou à nettoyer les groseilles, mais il avait accumulé une réserve de paroles et d'actions dans lesquelles il puisait. maintenant pour l'oreille de sa mère. Des histoires sur la méchanceté de Franky, même : sur sa prédilection pour le voisinage d'un certain tiroir qui contenait des cerises en conserve. De son audace en osant s'adresser à l'assistante en la qualifiant de « jolie » sans le monsieur, et, le jeune s'y opposant, de sa substitution facile par un adjectif qui était certainement plus descriptif de son apparence. De sa chevauchée sur le dos de M. Pretty lorsque celui-ci, pour accomplir son devoir, doit ramper à quatre pattes sous le comptoir ; il s'accrochait à ses jambes lorsque le devoir l'appelait à nouveau à monter les marches de l'étagère la plus haute. Rien n'était trop absurde, aucun petit disque n'était trop insignifiant pour être précieux aux oreilles de la mère.

Les mouvements de Willy Spratt, le fils du coutelier, étaient pour elle une source d'intérêt furtif. Instruit par ses parents, qui pensaient peut-être que sa vue serait pénible pour la pauvre femme, l'enfant abandonna et alla au magasin dépenser ses sous. Regardant à l'intérieur, d'abord un peu nostalgique, au passage, il courut bientôt, en chantant ou en criant, près de la porte, sans penser au petit compagnon qui l'attendait autrefois pour l'y rejoindre. Quand enfin il se remettait à revenir pour sa part de bonbons, Mme Day détournait le regard de lui avec ressentiment, le laissant à M. Pretty pour le servir. Elle ne pouvait pas se résoudre à parler à l'enfant qui était bien vivant et heureux de ses gouttes d'acide, tandis que Franky gisait dans sa tombe.

De la compagnie de M. Boult, les Jours en avaient alors plus qu'assez. M. Gibbon avait l'habitude de se lever et de se retirer dans sa chambre ou de sortir se promener dans les rues lorsque le chef de son entreprise apparaissait. "J'en ai assez de lui pendant les heures de travail", s'excusait-il ensuite. "M. Boult est très bien à sa place."

"Je suis sûr que j'aimerais qu'il reste là !" Bessie déclarerait. Elle pensait que l'honorable Charles était jaloux ; car avec la fille aînée, le drapier en était venu à se livrer à une sorte de badinage intense qui aurait pu plaire à George Boult et qui, apparemment, ne déplaisait pas à Bessie, mais que ceux qui regardaient devaient trouver fatigants.

Bessie feignait toujours de s'ennuyer de ces rencontres d'esprit avec le gros homme chauve qui avait été le contemporain de son père : « Vous n'avez pas le droit de bâiller quand je vous parle, Miss Bessie », lui reprochait-il. "Pourquoi fais-tu cela?"

"Parce que je suis fatigué."

"Tu veux dire parce que tu es fatigué de ma compagnie ? Ce n'est pas pour ça que tu bâilles, cependant. Tu bâilles parce que tu as une indigestion."

"Moi ? Indigestion ? Qu'est-ce qui vous fait penser cela, je vous prie ? Est-ce que j'ai l'air d'une indigestion ? Ai-je des taches sur le visage ou un nez rouge ?"

"Non, mais tu grossis. Tu manges trop."

"M. Boult, comment *osez* -vous !"

"Vous mangez trop et travaillez trop peu. Vous ne faites pas assez d'exercice pour digérer votre nourriture."

« Vous faites des remarques personnelles, M. Boult. Aucun gentleman ne peut faire des remarques personnelles à une dame à moins qu'elles ne soient élogieuses… » et ainsi de suite.

Lorsque Deleah est partie, il a semblé que Bessie était devenue plus attirante. Peut-être que dans les espaces restreints de Bridge Street, il n'y avait pas assez d'espace ou d'air pour le développement des deux sœurs ; ou il se peut que Deleah, avec sa beauté et son charme supérieurs, ait fait briller l'autre, et que Bessie en ait été consciente. Certes, elle devenait plus aimable, plus utile, elle devenait même plus jolie et plus aimable. Et George Boult venait souvent, et plus souvent. Presque une nuit sans qu'il ne vienne.

L'entreprise, non payante, doit être cédée ; il n'y avait aucune raison absolue de se presser ; Mme Day pouvait tenir jusqu'à ce qu'une offre avantageuse soit faite, a décidé M. Boult. La maison, ouverte pour le recevoir quand bon lui semblait, lui convenait. Il aimait le salon long et étroit au-dessus du magasin, avec sa cheminée à une extrémité et ses trois fenêtres profondes à l'autre, où il pouvait s'asseoir maintenant comme dans sa propre maison et parler à Bessie volontairement oisive, ou à Bessie. faisant semblant de coudre – Bessie toujours agréable à regarder, et étrangement stimulante, avec son traitement audacieux à son égard.

Deleah partie, Franky partie, c'était très confortable là-bas, surtout quand les soirées d'hiver arrivaient, et la pauvre veuve restait tard dans sa boutique pendant que lui et Bessie s'asseyaient et « plaisantaient », comme il disait, seuls.

Comme elle a osé ! se demandait-il souvent. Rien que de penser à tous les bienfaits qu'il avait apporté à la famille, et qu'elle avait osé !

« Que seriez-vous devenus si je n'avais pas dressé cette liste d'abonnements et lancé vos affaires ? il lui a demandé.

"Qu'allons-nous devenir maintenant que l'argent est dépensé et que l'entreprise a échoué ?" rétorqua-t-elle.

"Laissez-moi faire", lui dit-il, et il lui promit quasiment que l'avenir de la famille était en sécurité avec lui. Il s'attendait peut-être à ce qu'elle soit submergée de gratitude ; au lieu de cela, elle lui donna une leçon de bonnes manières, non inutile, lui conseillant qu'un personnage aussi important ne devait pas s'abaisser en sonnant de sa propre trompette.

Dans le salon au-dessus de la boutique, il n'y avait aucune attraction pour Charles Gibbon, la silhouette légère et le visage chéri de Deleah en étant absents. Il pouvait très bien se permettre une maison maintenant. Pas la grande maison dont Deleah avait parlé, mais une maison qui suffirait à ses modestes besoins. Une maison avec un grand jardin au-delà, où, à supposer qu'une dame aimant les fleurs vienne y vivre, on pourrait cultiver des roses, du chèvrefeuille, du jasmin. Un jardin où l'on pourrait construire une tonnelle suffisamment grande pour que deux personnes puissent y manger leurs fraises, en saison, ou y boire un verre de vin, un dimanche après-midi. Loin de la ville, par choix, sur une route à la porte de laquelle on pouvait se tenir debout pour observer le départ du maître qui se rendait au travail le matin, et l'accueillait à son retour le soir.

Pendant ses heures libres, il s'occupait à chercher une telle retraite, et lorsque celle idéale fut trouvée, il quitta ses appartements de Bridge Street et alla y vivre.

George Boult a pris la peine de se rendre un dimanche après-midi à la petite maison couverte de treillis, à un kilomètre et demi de la ville, et a découvert le jeune partenaire en manches de chemise roulant le gravier du jardin. Boult, un sabbatarien strict, a été plus que choqué d'observer cette violation du décorum. Le fait que le jardin arrière ne soit pas négligé le rassurait cependant. "Nous devons faire attention à ce genre de choses. Les clients sont souvent exigeants", a-t-il déclaré.

Le patronage du visiteur qui insistait pour s'approprier le petit domaine mettait en colère son propriétaire, déjà conscient avec inquiétude que la pelouse n'était qu'à moitié assez grande pour les jeux de croquet ostensiblement disposés dessus ; que les meubles de la salle à manger étaient beaucoup trop grands pour lui, et que ceux du salon étaient absolument inadaptés à son usage. Il voulait oublier ces défauts que l'autre croyait de son devoir de signaler consciencieusement.

"Très joli. Très joli. Très approprié en effet", fut finalement le verdict prononcé. Les douleurs de l'honorable Charles n'en étaient pas du tout apaisées. Puisque la demeure, évidemment aux yeux de M. Boult, laissait beaucoup à désirer, ce n'était pas un compliment de se voir dire qu'elle convenait. "Une très jolie petite cage, Gibbon. Où est l'oiseau ?"

"Ne vous pressez pas," dit Gibbon, d'un ton maussade et peu communicatif. Désirant sincèrement son départ, il s'était promené avec son visiteur jusqu'à la porte. L'avoir le dimanche ainsi que toute la semaine, c'était un peu trop, se disait-il sans rien dire à haute voix. Et à ce moment passait une voiture dont les domestiques portaient les livrées vertes et fauves des Forcus. L'une des deux dames assises dans la voiture, l'air surprise, se pencha avec empressement et salua les hommes à la porte. M. Boult, surpris, se précipita sur son chapeau. Gibbon, tête nue, ne plia même pas le cou en réponse au salut, mais son visage devint d'un blanc de plomb.

« Accélérez la participation ! Je suppose que leurs voitures passent toujours en courant ? M. Boult a dit : car la route sur laquelle se trouvaient les Laburnum était celle qui menait à Cashelthorpe.

Il travaillait généralement à l'arrière de la maison et ne pouvait pas dire à quelle fréquence ils passaient, a déclaré Gibbon.

"Tu préfères regarder ton terrain de croquet de trois mètres plutôt que Deleah Day dans la voiture des Forcus, Gibbon ?"

Gibbon arracha une feuille de la haie et la mit dans sa bouche, mais ne répondit pas à cette remarque facétieuse.

« Que font-ils, conduisant leurs chevaux et traînant leurs domestiques en plein dimanche après-midi ?

Ils se rendaient parfois, l'après-midi, à un office à la Cathédrale. Gibbon, qui bien qu'habituellement à l'arrière de la maison connaissait évidemment quelque chose des mouvements des Forcus, était capable de communiquer.

"La petite Miss Deleah a une grande estime d'elle-même, assise là-haut en cérémonie."

Il ne devrait pas le penser, a déclaré Gibbon. " Qu'est-ce qu'elle est, sinon une servante là-bas ? Elle était une dame bien plus grande, à mon avis, lorsqu'elle était assise dans la pièce au-dessus de la boutique de sa mère. "

"C'est Bessie qui devrait monter dans sa voiture", a déclaré M. Boult.

"Peut-être qu'elle le fera," dit Gibbon, et il regarda son partenaire, qui croisa le regard de l'autre durement.

"Si elle le fait", dit-il avec une soudaine fanfaronnade, "l'imbécile à qui appartient la voiture est un homme ruiné. Retenez bien mes paroles. Jeune femme extravagante et oisive. Mourez dans l'atelier - c'est ce que fera Bessie Day. Écoutez ici, Gibbon. vous savez comment ça se passe, vous savez tout ce que j'ai fait pour eux. Je pourrais monter les volets de la boutique demain, et ils n'ont pas pu s'en empêcher, moi non plus. Elle sait que je les tiens dans le creux de ma main. Pourtant, l'entendre me jouer ! Quelle audace ! Gibbon, » il toucha l'épaule du jeune homme avec le doigt raide de sa main épaisse, « je pensais cela. tu... hein ?

"Non", dit Gibbon avec décision.

« Un joli petit endroit tout prêt – quand tu auras dépensé quelques kilos de plus – ?

"Non, merci."

"Est-ce ainsi?" » dit Boult, et il pinça les lèvres, hochant la tête et semblant prendre le temps de retourner l'information dans son esprit. Puis il se pencha en avant et toucha de nouveau l'épaule de l'autre, en la tapotant deux ou trois fois en guise d'emphase. "Vous êtes sage", dit-il confidentiellement. "Croyez-moi sur parole, Gibbon, vous êtes sage. Si j'étais un homme qui se mariait, ce qui, Dieu merci, je ne le suis pas, je ne risquerais pas d'épouser Bessie Day s'il n'y avait pas une autre femme sur terre."

# CHAPITRE XXVII

Promotion pour Mme Day

Deleah vivait depuis plusieurs mois à Cashelthorpe comme compagne de Miss Forcus, quand, un certain jeudi après-midi, elle s'excusa, comme c'était souvent son habitude de le faire, de s'occuper de Miss Forcus, et alla passer l'heure et demie du matin. journée de fermeture matinale avec sa mère et sa sœur.

Mme Day était seule au moment de son arrivée, et le fait que sa mère soit de mauvaise humeur était évident pour Deleah.

" Viens te promener avec moi, maman ; il n'est pas bon que tu sois enfermée par un pareil jour dans cette chambre étouffante. "

Mme Day a refusé, mais elle ne pouvait nier que la pièce était étouffante. Il n'y avait plus de fleurs sur la table maintenant que les offrandes de Gibbon avaient cessé. Pas de plantes sur le large siège de la fenêtre. Dans un coin réservé aux affaires de l'enfant se trouvaient la boîte de peinture de Franky et certains de ses jouets. Les yeux de la mère se détournèrent de Deleah, désormais bien habillée dans sa jolie mousseline et son chapeau à longue plume d'autruche, et se posèrent sur ces souvenirs.

"Sans ce qui lui est arrivé, tu ne serais pas là où tu es, Deleah", dit-elle.

"Mais tu souhaites que je sois là, maman ?"

" Oh ! je le souhaite, ma chérie, puisque tu es heureuse ; seulement... "

Elle n'a pas mis de mots sur cette pensée – seul Franky semblait être mort à cause de cela. Franky, qui était venu pleurer un jour parce qu'un camarade de classe s'était moqué de l'écusson de ce pantalon : Franky qui avait tant supplié quelques heures avant sa mort d'avoir une petite boîte d'outils de prestidigitation comme celle de Willy Spratt, qui avait lui être refusé. Son petit Franky écrasé à mort sous les roues du carrosse Forcus ! Dans son cœur, la mère aurait aimé que Deleah rejette les bonnes choses que lui offrait la main de Forcus.

"Bien sûr que je ne suis pas content !" Dit Deléah. "Comment puis-je être heureuse, maman, si tu es malheureuse ? Et pauvre petit Franky, tu crois que je l'oublie ? Et Bernard, et... pauvre papa ? Et encore une fois, je ne suis pas heureuse parce que je ne gagne pas *l'*argent qu'ils ont. paye-moi", dit Deleah, et ses joues devinrent roses à cette pensée. "C'est par charité qu'ils me le donnent. Je *ne peux pas* gagner cinquante livres par an en restant simplement assis dans une voiture, ou en cousant des perles sur une toile, en donnant quelques messages aux domestiques, en écrivant quelques lettres ! Je me demande s'ils me le donnent. je serais contente si j'abandonnais tout, maman ? »

"Nous quittons le magasin", lui dit Mme Day. "Tu dois essayer de rester où tu es, pour le moment, Deleah. Miss Forcus est gentille avec toi ?"

"Oh, c'est tellement gentil!"

« Et Sir Francis ?

"Je suppose qu'il sait que je suis dans la maison. Oui. Parfois, il me dit pas mal de mots par jour. Parle-moi de la sortie du magasin, maman."

"M. Boult m'a prouvé que nous ne sommes pas solvables."

"Qu'est-ce que ça veut dire ? Non pas que nous soyons en faillite ? Oh, maman ! Comme si nous n'avions pas eu assez de honte sans ça !"

"Il n'y a pas de fin à cela", dit désespérément Mme Day. "Mais toi, au moins, tu n'en as plus, Deleah." Elle avait un triste air de détachement ; les ennuis qui les avaient accablés avaient été communs à tous, mais Mme Day était assise, en cet après-midi de vacances, comme si elle était choisie et mise à part, une reine des chagrins. Deleah n'aimait pas cette attitude.

"Tu ne penses sûrement pas que je veux m'en sortir, maman ! Penses-tu que je veux vivre dans le luxe pendant que toi et Bessie n'avez pas de maison ?"

Et à ce moment-là, Bessie apparut, arrivant de la cuisine et d'une confabulation confidentielle avec Emily. Son visage était rouge et ses yeux brillaient d'une excitation manifestement peu agréable.

"Eh bien ! Qu'en pensez-vous ?" » éclata-t-elle.

"C'est une mauvaise nouvelle. Mais tout ce qui nous arrive est mauvais", a déclaré Deleah, avec un découragement inhabituel.

"Mauvais?" répéta Bessie. "Cela dépend de la façon dont vous voyez les choses."

"Faillite ? Devoir plus que ce que nous pouvons payer ? J'aurais dû penser qu'il n'y avait qu'une seule façon de voir les choses."

Bessie se tourna vers sa mère. "Tu ne l'as pas dit à Deda !" cria-t-elle d'un ton accusateur. "Elle ne vous l'a pas dit ! Maman va épouser M. Boult, Deleah."

"Pour l' *épouser* !" Deleah a pleuré, comme si elle aurait pu crier « pour l' *assassiner*! et sauta de sa chaise pour se tenir devant sa mère. "Maman ! Maman !"

Mme Day, assise recroquevillée sur sa chaise comme si elle n'avait pas le courage de se tenir droite, et paraissant tout à coup une douzaine d'années plus âgée, secoua la tête découragée. "Je ne peux pas!" dit-elle. "Je ne pense pas *pouvoir* le faire."

"Eh bien, vous en avez l'occasion", dit Bessie, à peine. "Et c'est une bonne chose. Tant mieux pour nous tous. Il est riche. Il est assis ici, se vantant de son argent auprès de moi - et qu'il pourrait en dépenser quelques milliers par an s'il le voulait. Comme si je m'en souciais ! Mais si c'est ça va être à toi, maman – deux mille par an – je m'en soucie !

"Mais nous ne pouvons pas penser seulement à nous-mêmes, Bessie", ajouta Deleah,                                                                                                                horrifiée.
"Nous devons penser à maman. Elle ne pourrait jamais supporter ça."

"Elle aurait dû y penser avant", a déclaré Bessie. "Maman n'aurait pas dû être si sournoise et sournoise—"

"Bessie ! Bessie ! Tu ne peux pas penser ce que tu dis."

"Je pense chaque mot. Faire semblant de ne pas l'aimer ! Faire semblant de rester à l'écart !"

"Deleah, j'ai dit à ta sœur que j'avais failli mourir de stupeur lorsqu'il m'a parlé. L'idée ne m'était jamais venue à l'esprit." La pauvre Mme Day appuya la tête sur sa main et cacha son visage, dans sa misère.

"Bessie, tu ne dois pas intimider maman. Tais-toi. Ne fais pas attention à elle, maman. Que lui as-tu dit ?"

"Je n'ai pas dit dans un sens ou dans l'autre."

« Quelle absurdité ! s'écria l'irrépressible Bessie. "Il faudra le dire ! et il n'en doute pas. Il est venu vers moi et m'a dit qu'il allait être mon papa. J'aurais pu le faire tomber par terre quand il a dit ça ! Mais je l'ai fait. non. J'ai dit : « Tu peux être un papa pour moi cent fois, je ne serai jamais une fille pour toi ! Jamais !

« Mais si maman faisait cette chose horrible, tu devrais être sa fille – tu devrais vivre dans sa maison – »

"Je vivrais là-bas, mais je lui ferais chaud !" Bessie a pleuré ; puis ses sentiments devenant trop forts pour elle, elle se précipita hors de la pièce et claqua la porte derrière elle.

Deleah, restée seule avec sa mère, a fait de son mieux pour la fortifier. "Ne fais pas attention à elle, maman. Ne pense à aucun d'entre nous là-dedans ; pense à toi seule. Tu ne pourras jamais le faire."

"Bessie et lui se battraient comme un chat et un chien", a déclaré Mme Day. "Ils se battent toujours maintenant. Elle lui dit de telles choses, et lui à elle !

L'environnement a dénoncé Bessie. Elle dit des choses qu'aucune femme ne devrait dire. Ma vie serait insupportable."

"Il ne faut pas y penser un instant."

"Mais il y a les dettes que je ne peux pas payer. Il y a le pauvre Bernard. Je devrais le faire, Deleah. Je sais que je devrais le faire. Mais j'ai eu assez de misères."

Lorsque Deleah la quitta, Mme Day était toujours assise, recroquevillée sur le canapé. « J'ai eu assez de misères, répéta-t-elle ; et sur ce texte elle se parla, revenant fidèlement en détail sur les troubles qu'elle avait connus, occupation la plus vaine et la plus inutile à laquelle une femme puisse se livrer.

Son enfance orpheline et dépendante ; son mariage. Cela avait été sans amour de sa part, mais elle s'en était un peu souciée, croyant que l'amour de la part de son mari suffirait. Était-ce de l'amour, un jour ? L'amour est-il possible là où la tendresse, la courtoisie, la considération n'existent pas ? Le temps passait, chaque jour elle avait subi ses incivilités, malgré son sentiment de ce qui lui était dû en tant qu'épouse, mère de ses enfants, maîtresse de sa maison. L'habitude et l'amour pour ses enfants avaient rendu la vie tolérable. Mais depuis vingt ans, lui et elle avaient vécu côte à côte dans l'union extérieure d'esprits intérieurement divisés.

Puis vint son crime, son horrible expiation, la terreur, la disgrâce, l'amertume de la chute pour ses enfants et pour elle-même, le sel, le goût salé du pain de charité, la corvée qui avait été humiliante tout au long, avec l'échec à la fin. Le chagrin douloureux de la carrière brisée de Bernard, la mort cruelle de son innocent réconfort et consolateur, son petit garçon.

Ces choses ne suffisaient-elles pas ? Grand Dieu, était-il possible qu'elle ait encore à endurer d'indicibles angoisses mentales et des humiliations corporelles ? Ses yeux, si pathétiques dans leur regard contenu de patience, erraient dans la pièce qui avait été pour elle un havre de refuge contre sa vie sordide d'épicier. Un chapeau que Bessie venait de jeter gisait sur la table. Pauvre Bessie ! pauvre Bessie indisciplinée, indisciplinée, jamais complètement adulte ! À l'époque où elle cataloguait les misères de sa vie, elle était trop tristement honnête pour prétendre que Bessie pouvait la réconforter.

Un tableau de Bernard peint par un artiste local à une époque où père et mère étaient pour une fois unis dans l'opinion qu'il n'existait pas de garçon plus beau et plus prometteur, était accroché au mur. Pauvre Bernard, qui par son dernier courrier d'Inde avait écrit à sa mère que sa vie de caserne était un enfer.

Les yeux fatigués erraient de ce disque déchirant de promesse qui ne se réaliserait jamais à tout le reste, tenant les jouets de Franky. Était-ce de la poussière sur le couvercle de la boîte à peinture ?

Elle traversa la pièce, monta sur une chaise, décrocha le précieux coffret, l'épousseta tendrement avec son mouchoir, regarda à l'intérieur. Tels bric-à-brac de son gamboge, de son ocre jaune, de son encre de Chine dont il avait bavardé à son père, se demandant s'il fallait utiliser le carmin ou le vermillon pour les toits de ses maisons absurdes ; si le bleu de Prusse ou l'outremer devaient être pour ses mers et ses cieux. Elle revoyait l'homme énorme et le petit enfant penchés sur leurs photos les dimanches soirs d'autrefois, entendait le ton même de leurs voix. Ses larmes coulaient sur la vieille boîte délabrée, sur la petite palette de terre sur laquelle restaient encore les couleurs que Franky avait frottées. Toute l' amertume était éteinte de son cœur. Il ne restait que de la tristesse et un sentiment de perte irréparable.

# CHAPITRE XXVIII

À la Villa Laburnum

Deleah, alors qu'elle rentrait chez elle cet après-midi (car elle avait dépassé le temps qui lui était imparti à Bridge Street, et la voiture qui devait la chercher à un certain moment était partie sans elle) décida qu'elle devait quitter Cashelthorpe. Les mots résonnaient à ses propres oreilles comme si elle se condamnait à quitter le paradis.

Sa mère ne pouvait pas être autorisée à épouser George Boult ; elle ne pouvait pas rester dans la boutique. Comment allaient-elles vivre avec Bessie ? Avec la vanité de la jeunesse, qui se met toujours au premier plan, Deleah crut comprendre que c'était elle qui devait faire vivre chacun d'eux.

Dans sa petite tête distraite, elle décida en marchant qu'elle louerait une petite maison, ouvrirait une petite école. Peut-être que quelqu'un paierait le premier trimestre de loyer, et elle pourrait le rembourser lorsque les élèves viendraient.

« Quelqu'un » autrefois aurait signifié Sir Francis ; mais maintenant, vivant sous le même toit que lui, voyant dans quelle déférence il était tenu même par sa propre sœur, sentant sa réserve, son éloignement des basses préoccupations de ceux comme elle, elle était devenue extraordinairement timide envers ce grand homme. Par l'audace de l'ignorance, confiante dans cet air de sérénité et de noblesse sur son visage, elle s'était autrefois approchée de lui. Elle croyait en sa bonté comme elle croyait à la bonté de Dieu, mais la crainte qu'elle avait toujours ressentie envers lui était descendue, depuis qu'elle vivait sous son toit, dans une double mesure sur elle.

De sa sœur, elle n'avait aucune crainte. Elle parlerait à la gentille Miss Forcus. Miss
Forcus lui dirait quoi faire.

Simultanément avec la formation de cette résolution, elle arriva à la haie soigneusement taillée de Laburnum Villa. Pour l'instant, elle avait oublié que l'endroit avait pour elle un intérêt autre que celui des autres petites maisons aux jardins gais qu'elle avait croisés. Elle jeta un coup d'œil au vert vif de la façade en treillis, au minuscule saule pleureur dans un coin de la pelouse, aux rosiers destinés à couvrir les arches et à devenir un berceau, peu à peu. Près de la porte d'entrée, une clématite avait été plantée, et l'honorable Charles se penchait sur la plante et s'efforçait de diriger, conformément à sa propre idée de la manière dont elle devait pousser, l'adhérence des vrilles.

Son pas léger était peut-être le seul pas au monde dont la musique aurait pu détourner son attention de cette occupation absorbante. Il se releva en se retournant brusquement ; et comme elle lui souhaitait bonsoir, il se dirigea rapidement vers la porte et l'ouvrit.

"Entrez", dit-il. "J'attendais ça." Il avait en ce moment un air si autoritaire, que Deleah n'eut d'autre idée que de lui obéir.

"Je souhaite vous montrer ma petite maison", a-t-il expliqué.

Deleah était déjà en retard, et il lui restait encore un kilomètre et demi à parcourir, mais conclure, d'après les dimensions de l'endroit, qu'une détention très longue n'était pas menacée, ne s'y opposa pas. Il y a si longtemps, il lui semblait, qui avait depuis parcouru des kilomètres sur la route de l'expérience et du sentiment, que le pensionnaire de Bridge Street lui avait fait l'amour alors qu'il aurait dû faire l'amour avec Bessie. Il lui avait fait le plus grand compliment qu'il était en son pouvoir de lui faire, et dernièrement elle avait commencé à comprendre quelque chose de ce qu'il avait pu souffrir ; elle voulait être gentille avec lui et se faire pardonner.

Alors, doucement reconnaissante de tout ce qu'elle voyait, elle marchait à ses côtés, dans les petits sentiers, l'aidait à se souvenir des noms des annuelles, admirait la vue sur l'arrière-cour à travers une vue d'arches en treillis.

"Aimez-vous?" il lui a demandé.

Deleah, avec son désir naïf de plaire, a déclaré qu'elle aimait beaucoup.

Il se détourna avec un long soupir de contentement. « Entrez à l'intérieur », ordonna-t-il. Il marchait devant pour montrer le chemin, mais s'arrêta brusquement sur le petit chemin et se tourna pour lui demander si elle savait depuis combien de temps lui et elle n'avaient pas parlé ensemble.

"C'est assez long, n'est-ce pas ?" Deleah lui répondit. "Mais je n'ai pas vécu à la maison, vous savez ; je—"

Il l'interrompit brusquement. "Cela fait cinq mois, trois semaines et deux jours", a-t-il déclaré. "Mais le temps n'a pas été long pour moi. Avec le recul, il semble que le temps a presque passé vite."

Deleah n'aurait pas pu se sentir flattée qu'il en soit ainsi, mais elle lui a dit qu'elle était heureuse de savoir qu'il était si heureux.

"Pas heureux", a-t-il dit, "mais j'attends avec impatience le bonheur et j'y travaille." Sur ce, il reprit sa route, s'arrêtant à la porte du couloir. "Je pense que je me suis souvenu de vos goûts", dit-il en ouvrant la porte. "Je l'ai réalisé partout dans la mesure du possible."

À ce moment-là, Deleah recula. "Je visiterai votre maison une autre fois", dit-elle. "Il est tard. Je dois rentrer à la maison maintenant."

« Est-ce que vous appelez la maison des Forcus votre maison ?

"Pour le moment. Je pars bientôt."

"Le plus tôt sera le mieux. Entrez."

Il lui posa une main lourde et péremptoire sur le bras et l'entraîna par-dessus le seuil, à travers le petit passage appelé le hall, dans l'une des deux pièces aux bow-windows.

"C'est la salle à manger", dit-il. "Asseyez-vous."

Pour libérer son bras de sa main, elle lui obéit et, avec un effort pour paraître très à l'aise, regarda autour d'elle.

"Quelle jolie petite pièce !" dit-elle.

"Tu l'aimes ? Je pensais que tu l'aimerais. Regarde la photo au-dessus du buffet."

Il s'agissait d'un grand tirage – beaucoup trop grand pour la pièce – du « Dernier sommeil d' Argyle », auquel faisait face, sur le mur opposé, une reproduction de « L'Exécution de Montrose ».

"Ce sont des épreuves", lui dit-il fièrement. "Je me souviens que vous êtes allé voir ces photos, il y a des années, quand elles étaient exposées à Brockenham, et que vous les avez aimées. J'ai fait recouvrir les chaises de cuir rouge au lieu de crin de cheval. Cela coûte plus cher, mais vous disiez rouge était joyeux. »

"C'est vraiment très gentil, M. Gibbon."

"Dans le salon, il y a un piano. Venez voir."

Elle y alla, à cause de cette étrange nouvelle manière péremptoire à laquelle elle sentait qu'elle n'avait pas le courage moral de désobéir. Le salon avait des fleurs fraîches dans un vase sur la table centrale.

"Avez-vous mis les fleurs là, M. Gibbon ?"

"Je les y mets tous les jours. Pour toi. J'attendais que tu viennes les voir. Tout est toujours prêt. Tout te plaît ?"

"Oui en effet."

"C'est donc à vous. Tout est pour vous. Depuis le capuchon de la cheminée - la cheminée de la cuisine fumait, je pensais que ce serait gênant - jusqu'au bouquet de chèvrefeuille sur la table. Tout à vous."

"Oh non, M. Gibbon."

"Tout à vous. Chaque tapis a été posé pour vous, chaque chaise et table achetées. Chaque graine a été semée, chaque arbre planté. Pour vous."

Deleah, sans voix pour le moment, regarda l'homme avec des yeux écarquillés de consternation. Ce n'était pas un personnage tragique. Il portait le costume clair à larges carreaux, typique à cette époque des jeunes hommes qui s'échappaient temporairement de la livrée noire des magasins ou des bureaux, ses cheveux étaient brossés doucement en arrière et brillaient de brillantine, sa moustache était brillante avec la même préparation admirée. . Son visage était extrêmement pâle, mais Deleah savait qu'il avait le pouvoir de pâlir soudainement et pour une petite raison. Elle l'avait vu pâlir lors d'une rencontre fortuite avec elle dans la rue, ou d'un contact accidentel de sa main avec la sienne. Elle évitait de croiser ses yeux – on disait que ces yeux contenaient quelque chose dans leur expression qui rachetait son visage du lieu commun – et l'ardeur sauvage de leur regard se perdit sur elle.

"Tout est à toi, Deleah ; quand viendres-tu le reprendre ?"

"M. Gibbon, je vous l'ai déjà dit. Je n'ai pas changé."

"Moi non plus." Ses lèvres étaient couleur de plomb et tremblantes ; il tremblait en effet de partout. Il croisa les bras sur sa poitrine pour les maintenir immobiles. "Tu vas être ma femme ou celle de personne, Deleah", dit-il.

Elle se leva nerveusement de sa chaise ; elle essaya de parler légèrement. "Je ne appartiendra à personne, M. Gibbon", a-t-elle déclaré. "En marchant ce soir, j'ai décidé quoi faire. Je prendrai une petite maison pour nous tous et j'essaierai de garder une petite école. Vous verrez à quel point je garde mes élèves en ordre. Et , de temps en temps, tu m'apporteras un bouquet de fleurs de ton jardin... "

"Cela ne me conviendra pas", dit-il. "Je ne te donne plus de fleurs à moins que tu ne les prennes toutes. Les prendras-tu ? Réponds."

"Oh, M. Gibbon !"

"'Oh, M. Gibbon !'" et il l'a imité. « Est-ce ainsi que je peux me parler ? Après toutes ces années de culte, suis-je toujours « M. Gibbon » pour vous ?

"Je suppose que oui", fut tout ce que la pauvre Deleah put dire.

Il se tenait dos à la porte. Il se tourna rapidement et le verrouilla, puis, tenant la clé dans sa main tremblante, il croisa de nouveau les bras : « Maintenant ! dit-il en lui faisant face ; "Nous arrivons aux réalités maintenant. Fini les 'Oh, M. Gibbon !' ne parlez plus de fleurs. Écoutez. Moi, Charles Gibbon, je vous aime d'un amour passionné et désespéré avec lequel on ne joue pas. Est-ce que vous, Deleah Day, m'aimez, une fois pour toutes ? comme Dieu est au ciel pour l'entendre.

"Je ne t'aime pas."

"Me hais-tu?"

Deleah était effrayée, mais elle était aussi en colère : "Juste pour l'instant, je pense que oui."

"Tout de même, me détestant, veux-tu m'épouser et venir vivre dans la maison que je t'ai faite ?"

"Non", dit Deleah, pâle et soudain essoufflée. "Je ne le ferai pas!"

Il écoutait, haletant comme après une longue course ; sa poitrine peinait sous la poigne de ses bras croisés comme si elle devait éclater. Pendant une longue minute, il la regarda, sans voix ; et Deleah, le regardant en retour, se demandait si cet homme au visage cendré et travailleur était vraiment leur pensionnaire convenable, qui avait été si assidu à passer la moutarde et à verser l'eau ? Que lui était-il arrivé ? Avait-elle fait ça ? Avait-il l'intention de la tuer ?

Il s'approcha lentement d'elle, et il fallut tout le courage de la jeune fille pour relever la tête, lui faire face. "Je comprends enfin", dit-il. "Maintenant, je veux que tu comprennes aussi. Alors écoute-moi, et souviens-toi, et vois si je mens. Tu m'appartiens. Peu importe ce que tu ressens. Tu es à moi. Tu m'appartiens. M'entends-tu ? "

"Je vous entends, M. Gibbon."

"Dis-le après moi."

"Je ne vais pas."

"Tu m'appartiens. Appartiens-moi. Appartient à moi. Et tant que je vivrai, tu n'appartiendras à personne d'autre."

Il se retourna alors et déverrouilla la porte. Mais comme elle, avec une hâte peu digne, l'aurait dépassé là, il l'entoura de ses bras, l'attira violemment à lui et l'embrassa follement au visage.

Effrayée et indignée, elle s'est battue pour la liberté et, pour l'avoir obtenue, elle s'est enfuie. Elle descendit le petit chemin de gravier soigneusement roulé, sortit par le portail fraîchement repeint et, une fois sur la route, comme si plus que la vie était en danger à cause du retard, elle se précipita en avant à une vitesse vertigineuse.

Sir Francis Forcus, au visage solennel et serein, rentrant chez lui, avait son attention attirée sur une petite silhouette qui volait devant lui. En s'approchant d'elle, il découvrit que celle qui s'enfuyait ainsi seule alors que les ombres du soir tombaient sur la route déserte, était cette petite fille, la protégée de sa sœur, qui aurait dû être en sécurité sous l'abri de son propre toit.

Elle resta immobile, essoufflée et désordonnée, alors qu'il s'approchait d'elle. "Que s'est-il passé ? Où est ma sœur ? Pourquoi es-tu seule ?" » demanda-t-il en regardant avec une désapprobation étonnée son petit visage blanc et effrayé.

"J'étais en retard et j'ai raté la… voiture. Je… cours… chez moi", haletait-elle.

Il vit qu'il y en avait d'autres derrière et descendit de cheval. À cette époque, les filles n'étaient pas entraînées à l'effort physique, elles n'étaient pas nourries dans la conviction qu'elles ne devaient pas être des lâches. Deleah tremblait de terreur et d'épuisement.

"Asseyez-vous", dit-il, et elle s'affaissa sur la berge. Il resta silencieusement à côté d'elle pendant une minute, tirant ses conclusions. "Vous avez eu peur", dit-il. "Qui t'a fait peur ?"

"N-personne", haleta Deleah. "L'Iran."

"De quoi ? De qui ?" Et Deleah ne pouvait pas répondre, ne pouvait que ressentir la sécurité bénie de sa présence protectrice, ne pouvait que le regarder avec les yeux confiants et adorateurs d'un enfant.

Il regarda en arrière le chemin qu'ils étaient tous deux venus ; la lumière du jour n'avait pas encore disparu du ciel, bien que les ombres du soir commençaient à tomber ; au loin, là où elle s'incurvait vers la ville, les lampes étaient allumées. Près du portail de la dernière « villa-résidence » sur la route, un homme se tenait debout, regardant vers le couple près de la rive.

"Est-ce que c'est l'homme qui vous a fait peur ? Cet homme près de la porte ?"

"N-non."

Elle aurait pu sauver son âme du parjure. Sir Francis, menant son cheval par la bride, revint en direction de Laburnum Villa.

"Reviens ! Oh, s'il te plaît, reviens !" Deleah a pleuré ; mais Sir Francis, n'y prêtant aucune attention, continua son chemin, jusqu'à ce qu'il s'arrête, la bride dans une main, la cravache dans l'autre, devant l'homme qui se tenait sur le chemin devant sa porte.

"Vous avez effrayé cette dame."

"Cette dame ne vous regarde pas."

"Vous êtes mes affaires, espèce de canaille", dit Sir Francis en levant d'un geste menaçant la main qui tenait le fouet.

L'homme n'a pas bronché. Il n'était pas un lâche ; il était beaucoup plus petit des deux ; il n'était pas armé. "Non," dit Sir Francis. "Pas ce soir", et il laissa tomber son fouet. "Mais faites attention à vous, monsieur. Faites attention. Je vous surveillerai."

Pendant une minute, il resta face à l'homme, qui le regarda avec insistance. Ce qu'il avait à dire d'autre, il le dit par le regard de ses yeux, par la paire de ses lèvres, par sa tête portée avec mépris ; puis il tourna lentement le dos, conduisit son cheval du chemin au chemin et se mit en selle. Alors qu'il s'y installait, il trouva l'autre homme par son étrier.

"Heureusement pour vous, vous n'avez pas utilisé votre fouet contre moi, Sir Francis Forcus", dit-il. "Bien sûr que Dieu, si tu l'avais fait, j'aurais eu ta vie."

Sir Francis, le regardant de haut, frappa légèrement l'épaule de l'homme avec son fouet.

"Vous l'avez demandé et vous l'avez obtenu", a-t-il déclaré. « Écartez-vous, voulez-vous ? et, sans se soucier de savoir si l'autre prenait cette mesure pour sa propre conservation ou non, il poursuivit son chemin.

Deleah, incapable de voir distinctement ce qui se passait, fut soulagée de trouver l'entretien si court et Sir Francis si rapidement à nouveau à côté d'elle. Elle s'était levée de la berge et rentrait chez elle d'un pas vif lorsqu'il la rattrapa.

"J'espère que vous n'avez pas été méchant avec lui," dit-elle timidement. "M. Gibbon a vécu dans notre maison autrefois—"

« Était-ce M. Gibbon ? Cet homme aux yeux fous ?

"C'était notre pensionnaire. Il a toujours été très gentil."

"Tu es particulièrement gentil ?"

"À nous tous."

"Et dois-je savoir pourquoi, comme il est si gentil, tu l'as fui ce soir ?"

"Je préfère ne pas le dire."

Il était lui-même un homme tellement réservé qu'il respectait la sienne. « Très bien, » dit-il ; » et après une minute il ajouta : « Je suis sûr que vous n'êtes pas à blâmer.

"Je ne sais pas", dit Deleah en baissant la tête tout en marchant.

À blâmer ou non, elle avait horriblement honte. Elle se sentait toujours dans sa société aussi timide et *gauche* qu'une enfant maladroite, et elle était consciente que c'était sous cet angle qu'il la considérait. Elle serait morte plutôt qu'il n'ait eu connaissance de cette lutte frénétique dans les bras de Gibbon, de cette folle étreinte.

Deleah, qui ne bénéficiait d'aucune excellente formation, se trouvait être naturellement musicale. Elle ne jouait pas de musique difficile, mais son toucher au piano était bon. Sa voix, loin d'être puissante, était vraie, pure et agréable. Pour Miss Forcus, qui, malgré les avantages de l'éducation, aimait toujours les mauvaises choses dans la musique et aimait être émue jusqu'aux larmes par les chants plaintifs de Claribel, c'était un grand plaisir de s'allonger sur sa chaise, son livre ou son livre. des broderies tombées au sol et regarder les doigts de Deleah trébucher à travers les variations des chefs-d'œuvre de Brinsley Richards ; de l'entendre se plaindre mélodieusement qu'« elle ne pouvait pas chanter les vieilles chansons », ou, d'une humeur plus gaie, annoncer qu'elle pourrait « épouser le Laird » si elle le voulait – « le Laird de haut degré ».

En règle générale, les deux dames avaient le petit salon pour elles seules le soir, mais ce soir, l'envie a pris Sir Francis de les y rejoindre. Deleah, nerveuse à l'idée de jouer et de chanter devant lui, était trop timide pour demander à s'excuser. On lui avait dit que la défunte était une excellente interprète instrumentale et que chaque soir, elle offrait à son mari un véritable régal musical.

"J'ai peur de ne pas jouer de la bonne musique", a-t-elle déclaré. Mais Sir Francis, à vrai dire, partageait le goût lamentable de sa sœur, et si, tandis qu'il restait silencieux et pensif, sous l'abat-jour de la table ronde centrale, pendant que la jeune fille au piano parcourait son simple répertoire, son cœur était rempli. avec les souvenirs de sa femme disparue, il ne déplorait certainement pas les œuvres de Mozart et de Beethoven qu'elle avait si habilement interprétées.

Deleah, cependant, ne le savait pas, ne doutant jamais que son bienfaiteur était un connaisseur de tous les arts. Ses doigts tremblaient sur de fausses notes – sans qu'on les ait détectées, si elle l'avait su – sa douce voix vacillait à travers les chansons qu'elle avait l'habitude de chanter si agréablement. Elle se coucha, n'osant pas regarder le maître de maison en face, si choquée, bouleversée et lasse qu'elle sentit qu'il devait l'être.

"N'est-elle pas charmante et douce ?" lui demanda sa sœur. Elle n'entendrait jamais assez d'éloges sur sa nouvelle acquisition.

"Elle a de jolies manières et semble être une bonne jeune femme."

"Je ne lui permets pas de toucher à la musique de la pauvre Marion, Francis."

"Oh!" » a-t-il déclaré en désapprouvant de telles restrictions. "Quel mal cela ferait-il en jouant la musique de Marion ?"

"J'ai peur qu'elle nous quitte."

"En effet ? Je la considère comme un incontournable."

"Elle m'a dit que le magasin de la mère devait être abandonné."

"Il s'agit d'un cas où le magasin abandonne la mère, je le crains."

"Cette pauvre petite dit qu'elle ne peut pas être heureuse de vivre avec nous dans le luxe alors que la mère et la sœur sont en difficulté. Elle pense prendre une toute petite maison et fonder une école de petits enfants. Cela semble désespéré. dehors, Francis."

"C'est vrai", acquiesça-t-il et reprit le livre qu'il avait posé.

"Mais, Francis, j'aimerais que vous montriez un peu d'intérêt. Nous avons décidé que lorsque ce pauvre garçon a été tué, nous leur devions quelle réparation pouvait être faite. Je pense profondément que quelque chose devrait être fait pour cette fille. Elle est trop jolie, trop jeune, trop délicat et délicat pour mener seul un combat aussi dur.

"Elle a sa mère et sa sœur."

"Des femmes gentilles, j'en suis sûr, mais... impuissantes."

"Je ne dirais pas que la mère est impuissante. Elle a tenu bon et a fait de son mieux dans ce magasin désespéré."

"Vous verrez que tout sera mis sur les épaules de cette petite fille !"

"Eh bien-?" Il regarda d'un air interrogateur le visage aimable de sa sœur au-dessus du livre qu'il lisait. Puis ses yeux revinrent sur ses pages. "Je vais y réfléchir", a-t-il déclaré.

Après qu'Ada Forcus fut couché, il tint sa promesse : assis immobile sur sa chaise, le coude sur l'accoudoir, la tête sur la main, réfléchissant à tout cela.

# CHAPITRE XXIX

Une interdiction annulée

"Une lettre d'intérêt ?" » demanda Sir Francis à sa sœur qui, le petit-déjeuner terminé, parcourait de nouveau la correspondance que la poste du matin lui avait apportée.

"Un de Reggie."

"Il passe un bon moment ?"

"Il dit non. Il dit qu'il déteste voyager. Les montagnes, les églises et les galeries d'images, dit-il, l'ennuient jusqu'à ce qu'il pleure. Il parle de rentrer à la maison. Je lui écrirai et lui rappellerai qu'il y est allé pendant un an et qu'il n'y est allé que depuis un an. " Un jeune homme qui a de l'argent en poche et qui ne peut pas s'amuser quelque part sur le continent européen doit être déficient, Francis. "

"Le pauvre Reggie n'est pas une personne très cultivée. Et je suppose qu'il est... amoureux." Il s'arrêta là-dessus, semblant retourner quelque chose dans son esprit. "Autant qu'il revienne", a-t-il terminé. "J'ai décidé hier soir de lui dire qu'il peut revenir s'il le souhaite."

"S'il veut !" répéta Ada étonnée. "Alors, bien sûr, il viendra, et tout de suite ! Il vaut mieux qu'il s'en aille. Dites-lui de rester où il est."

"Je ne peux pas toujours m'attendre à ce que le garçon soit tenu en laisse. Il a toujours été très honnête en faisant les choses que je souhaitais; mais, en fait, je n'ai plus la moindre autorité sur lui, ni la moindre prise sur lui, et il le sait. »

"Alors, laisse tomber. Ne dis rien. N'écris pas pour qu'il vienne."

"J'ai décidé, hier soir, de lui écrire."

Miss Forcus garda le silence pour montrer qu'elle n'approuvait pas. Elle ne s'est jamais disputée avec son frère. "C'est donc une chance que le Deleah Day ait lieu", dit-elle à présent.

"Nous ne pouvions pas avoir Reggie ici avec elle. Cette stupide affaire recommencerait en un rien de temps."

"Sur ce point, je retire mon objection. Le garçon doit jouer son propre jeu."

"Francis!" un étonnement sans bornes se reflétait sur le visage bon et simple d'Ada
Forcus.

Son frère quitta sa place sur le tapis du foyer et se dirigea vers la large fenêtre au fond de la pièce. Il se tenait là, grand, fin et droit, lui tournant le dos, les mains légèrement jointes derrière lui.

"Deleah est une fille adorable, Francis ; mais dans un mariage, il y a plus que cela à considérer."

"Oui. Il y a beaucoup de choses à considérer, mais c'est à Reggie et à la fille d'y réfléchir, pas à moi."

"Mais sûrement toi aussi, Francis !"

"Eh bien, j'ai réfléchi."

"Ce n'est pas Reggie seul, mais nous tous. Vous devez penser pour nous tous, Francis. Vous l'avez toujours fait. Ce n'est pas un lien avec le désir."

"Je suis d'accord avec vous. Le dernier au monde à désirer. Mais cela les concerne avant tout tous les deux. Il est - il le croit sans doute - amoureux d'elle; et elle est, je suppose, amoureuse de lui. . Personne n'a le droit d'intervenir. »

"Pense à quel point ton mariage est différent, Francis ! Une fille riche de haute famille."

"Je ne me suis pas marié pour cela. C'est arrivé, c'est tout. J'ai épousé Marion pour la même raison qui pousse Reggie à épouser cette fille. Je me souviens à quel point de telles choses pesaient peu pour moi dans mon mariage; comment, une fois que j'ai ressenti l'envie pour l'épouser, j'aurais quand même épousé ma femme si elle avait été, disons, la fille de William Day. C'est parce que je me souviens que je refuse plus longtemps d'intervenir ou de prendre sur mes épaules une quelconque responsabilité dans cette affaire. ".

"Tu as tort, Francis. Reggie ne t'en remerciera pas plus tard."

"Oh, est-ce que je veux que quelqu'un me remercie !" » dit Sir Francis avec une pétulance soudaine et inhabituelle, en se tournant vers sa sœur étonnée, qui sursauta sur sa chaise à son ton, immédiatement repentante. Encourir la colère du chef de sa maison était la chose dont elle avait le plus peur sur terre.

"Fais ce que tu penses bien, bien sûr, Francis."

"Bien sûr, je ferai ce que je pense être juste."

Il se rendit dans sa chambre, s'installa sur sa chaise près de la fenêtre ouverte, déchira le journal du matin qu'il avait l'habitude d'y lire. La fenêtre ouvrait sur une longue pelouse rectangulaire bordée de fleurs, entourée sur deux côtés d'épaisses haies d'ifs coupées en carrés ; au fond, une série de maisons de verre cachaient la vue. Les yeux de Sir Francis s'égaraient des pages du journal vers le soleil et l'ombre de la pelouse fraîchement tondue. À la porte d'une des serres au-delà, Deleah, dans sa robe de mousseline noire et son large chapeau noir, discutait avec Jarvis, le jardinier en chef. Une partie de son devoir, lui avait-on dit, consistait à arracher à Jarvis les fleurs que Miss Forcus aimait voir dans ses appartements, mais dont il n'aimait pas qu'on les coupe.

Sir Francis regarda les deux hommes – ils étaient trop loin pour qu'il puisse lire sur leurs visages, mais il savait comment la jeune fille jouerait son rôle, souriant timidement, avec des yeux attrayants ; comment Jarvis la niait probablement, étant humain, pour le simple plaisir d'être interrogé. Bientôt, le journal lui tomba des mains, et il s'évanouit au soleil du matin et marcha sur le chemin dallé qui séparait la pelouse, les mousses devenant grises et vertes entre les pierres.

C'était une matinée au ciel dégagé, à l'air doux chargé du parfum des fleurs. Une matinée pour vivre – oui, pour être heureux, malgré les regrets, les doutes et les soucis ; malgré la mort, la perte et l'amour enfoui. Un tel matin, un homme pourrait peut-être penser à sa femme décédée. Il se dira peut-être « c'est dommage ! » mais il ne pouvait qu'être conscient que lui-même était encore en vie ; que chez lui, si solennel, responsable, si âgé qu'il fût, les feux de la jeunesse n'étaient pas encore éteints. Il devait sentir le vent odorant sur sa joue, le parfum des airs délicieux dans ses narines, il devait même, malgré lui, utiliser ses yeux dans sa tête pour voir ce qui était beau, doux et gracieux.

Jarvis, le doigt sur sa casquette, se retira dans sa maison aux œillets, dont il gardait l'entrée.

"Alors tu nous quittes ?" Sir Francis commença aussitôt, s'arrêtant devant Deleah. "Ma sœur me l'a dit. Tu vas beaucoup nous manquer."

"Je n'oublierai jamais à quel point vous avez été bons tous les deux avec moi", dit Deleah de sa voix timide en jouant avec les fleurs dans ses mains. "Mais je pense que je devrais y aller."

« Vous ferez ce que vous pensez devoir, j'en suis sûr, » dit-il ; et son cœur se serra devant la facilité avec laquelle il acquiesça.

Elle se tourna pour se diriger vers la maison et il marcha à côté d'elle. "Tu viendras vers moi si je peux t'aider ?" il a dit.

"Si je pouvais utiliser votre nom au cas où personne ne me louerait une maison ?"

"Bien sûr. Mais vous n'y allez pas aujourd'hui ?"

Elle n'avait pas eu l'intention de le faire, mais comme il semblait s'y attendre, elle se retrouva à dire que c'était le cas.

"Il y a une autre affaire", dit-il, "et c'est celle dont je suis venu parler. Mon frère Reginald rentre à la maison."

"Vraiment ? C'est vrai ?" Elle a parlé sans aucune manifestation d'intérêt. "Je pensais qu'il était parti depuis un an."

" C'était le plan initial. Mais il est parti parce que je le souhaitais — à ce moment-là. Il a toujours été pour moi un homme docile, mon cher, et je crains d'avoir présumé là-dessus. Je n'avais pas le droit d'ordonner ses allées et venues... pour ordonner sa vie.

"Je pense que c'était la mort de Franky. Je pense qu'il était content de partir..."

"C'est bien vrai. Je vais lui dire maintenant de revenir."

Deleah, estimant que cette affaire ne la concernait pas, continua son chemin sans rien dire.

"Et maintenant," continua Sir Francis, "je vais vous demander de changer d'avis quant à notre départ. Puisque Reggie revient vers nous, ne resterez-vous pas ?"

Deleah leva la tête et le regarda avec un étonnement silencieux.

Il continua. "Vous n'avez pas oublié ce que je vous ai dit sur un certain sujet il y a quelques mois, même si vous vous êtes gentiment tenu comme si vous ne vous en souveniez pas. Je souhaite maintenant rappeler les paroles que j'ai dites alors."

Il a attendu. Il était difficile d'engager une conversation à laquelle elle ne voulait pas prendre part.

"Je vois que j'avais tort. Ce que je craignais pourrait être pour la perte de Reggie, je crois maintenant que ce serait pour son bien. Me ferez-vous la grande gentillesse d'oublier cette conversation précédente que nous avons eue; ou si vous ne pouvez pas l'oublier, d'agir comme si cela n'avait pas eu lieu ? »

Leur promenade les avait amenés devant la fenêtre de la chambre du matin devant laquelle Miss Forcus se tenait maintenant en train de regarder dehors, se demandant ce que Francis avait trouvé à dire à la jeune fille à qui il parlait si rarement.

Deleah, avec un effort, retrouva sa voix. "Cette fois-là, quand tu m'as parlé de ton frère, je ne lui avais pas promis de l'épouser."

"Je sais," dit-il très doucement, car sa voix lui montrait qu'elle était affligée. "Mais Reggie le souhaitait beaucoup. Et, peut-être, si je n'avais pas agi, vous l'auriez fait ?"

"Je ne sais pas", dit Deleah, la tête penchée sur les fleurs dans ses mains. Son chapeau était grand, il ne pourrait pas, s'il le voulait, voir son visage. "Maman et Bessie le souhaitaient..."

« Et… sans moi… vous l'auriez souhaité ?

"Je ne sais pas."

Elle lui lança un instant un regard implorant. Il doit sûrement comprendre à quel point il lui était difficile de lui expliquer ce qu'elle ressentait pour Reggie ! Le Reggie qu'il lui offrait si noblement. Le Reggie, que non seulement sa mère et Bessie, mais maintenant Sir Francis lui-même souhaitait qu'elle se marie, et que par conséquent, elle devrait sans aucun doute se marier. Elle ne pouvait pas lui dire cela, elle pouvait seulement se tenir devant lui (car ils s'étaient arrêtés au milieu du gravier devant la grande porte du hall), la tête baissée, tirant nerveusement sur les tiges de ses fleurs, et répétait avec un l'enfantillage qu'il doit mépriser, "Je ne sais pas".

"Eh bien, nous verrons", dit-il d'un ton encourageant. "Mais au moins, tu ne vas pas te dépêcher ? Tu resteras avec nous jusqu'à ce que Reggie rentre à la maison ? Va voir ma sœur et dis-le-lui. Veux-tu ?"

"Si vous le souhaitez", dit Deleah.

Miss Forcus, qui en aucun cas n'aurait pu être froide ou inhospitalière, reçut l'information que Deleah devait rester jusqu'à ce que Reginald rentre à la maison avec une chaleur moins que d'habitude.

"Bien sûr, ma chère ! Vous savez que je détestais l'idée de votre départ ; mais pourquoi est-ce pour Reggie en particulier ? Reggie et vous étiez-vous de tels amis ?"

Deleah a admis sans enthousiasme qu'ils étaient certainement amis.

"Alors, il sera sans aucun doute heureux de vous voir", dit Miss Forcus, et elle pensa que maintenant elle allait avoir la fille d'un criminel pour sa belle-sœur.

Pour réconforter sa fierté familiale, elle s'est détournée du mariage désastreux et imminent de son demi-frère pour se tourner vers cette alliance satisfaisante que son propre frère avait conclue. La fille d'un baronnet avait été sa femme, la belle-sœur d'un pair. Le baronnet était banquier et riche. Si le petit fils avait vécu, il aurait hérité de la fortune de son grand-père, qui était désormais revenue au fils de Lord Brace. Lord Brace, qui était un pair irlandais, avait certainement plus besoin de cet argent que Francis, qui possédait une fortune propre suffisante, même sans celle considérable que sa femme avait reçue de sa mère et lui avait léguée.

Tous ces faits, qu'Ada Forcus acceptait généralement comme allant de soi, elle les présentait maintenant au profit de Deleah, comptant docilement les points du lys de la Madone, qui, une fois travaillés en perles, fondés dans de la soie ambrée et encadrés d'or, seraient transformé en paravent, à accrocher sur la cheminée en marbre du salon Cashelthorpe.

À propos de l'épouse que Sir Francis avait aimé et perdue, qui avait vécu deux ans dans cette belle maison, assise pour lire, manger et coudre, en compagnie de son mari, parcourant les jardins à ses côtés, soignée, entretenue et surveillée. à côté de lui, Deleah avait fait de nombreux rêves. Belle comme un ange, elle l'avait imaginée, et avec une nature angélique, pour être si aimée, si inexprimablement pleurée par lui. Elle avait fait des rêves, mais n'avait posé aucune question. Elle leur a demandé maintenant.

« Était-elle si belle, Lady Forcus ?

Pour ne pas dire strictement beau ; ce qui les avait tous surpris, Francis ayant toujours été un amoureux de la beauté. Elle avait ce qu'on appelait un visage *cher*. Et quelles manières ! Quelle dignité ! Quel air de noblesse ! "Je me disais : 'Il n'est pas étonnant que Francis soit ton esclave.'"

"Et il l'était ?"

"Il l'était, en effet. Lié à elle, mains et pieds ; sans autre pensée que de lui plaire, sans autre souhait que ce qui était le sien."

Deleah soupira de plénitude de cœur.

"Mais seulement à cause de son amour pour elle, comprends. Pas parce qu'elle l'avait le moins du monde sous sa coupe."

Deleah secoua la tête avec sympathie. "Je suis sûr qu'il ne pourrait pas être ça."

"Il n'a plus jamais été le même depuis sa mort. Jamais ! Et ne le sera plus jamais."

"On ne souhaiterait pas qu'il le soit. Cela gâcherait tout", soupira Deleah.

Miss Forcus fit écho au soupir. "Eh bien, je ne sais pas", a-t-elle admis. " Les gens meurent, mais le monde doit continuer, Deleah. Si l'enfant avait vécu, cela aurait été différent ; mais il me semble dommage qu'il n'y ait personne pour venir après François, pour porter son nom et hériter de son la fortune. Bien sûr, il y a Reggie mais… »

Elle s'arrêta là, se rappelant que selon toute probabilité, le fils de Reggie serait le petit-fils de William et Lydia Day, criminel et épicier en faillite. Cette pensée l'étranglait. Francis s'en était-il souvenu ? "Celui qui épousera Reggie épousera un roseau pourri", dit-elle impétueusement. "Je plains de tout mon cœur la fille qui fait ça."

"Moi aussi", dit doucement Deleah, et elle fronça les sourcils, poursuivant une petite perle fugitive avec la pointe de son aiguille.

Miss Forcus entendit avec surprise et satisfaction, mais avait peur d'y croire. Quelle jeune fille sans le sou, dont elle pouvait donner la main, refuserait le jeune et riche Forcus ? Désireuse d'avoir davantage d'assurance et très audacieuse, elle risqua la question : « Vous connaissiez si bien Reggie, alors, et pourtant vous n'êtes pas tombé amoureux de lui ?

"Je ? Oh, non !" Dit Deléah. Elle releva la tête du cadre sur lequel elle était penchée et regarda calmement le visage de l'autre femme ; et Miss Forcus fut frappée de la perception de la douce dignité de la jeune fille. Une dignité moins saisissante, peut-être, que celle qu'elle avait tant admirée chez l'épouse de Francis, mais tout aussi efficace.

"Et bien!" elle sourit, immensément soulagée et ravie de constater qu'elle pourrait à nouveau prendre sa protégée dans son cœur. "Nous verrons qui sera assez bon et assez grand pour toi, Deleah. Il devra être les deux pour te mériter."

"Il devra être les deux avant que je l'aime", dit Deleah calmement, mais avec la couleur de ses joues. Elle pencha la tête de côté pour contempler le lys qui poussait si lentement sous ses doigts. "'J'ai besoin d'aimer le plus haut quand je le vois'", dit-elle, à moitié pour elle-même.

Car pendant qu'elle parlait et écoutait, elle pensait à ce sacrifice qu'elle pensait tout juste maintenant qu'on lui demandait ; et elle avait décidé de ne pas y arriver.

Lorsque Sir Francis entra ce soir-là, il trouva sur son bureau un petit billet portant la signature « Deleah Day ». "J'espère que vous m'excuserez d'avoir changé d'avis et décidé de rentrer chez moi immédiatement", disait-il. "Je pense que je suis recherché là-bas. J'espère que vous ne penserez pas que je ne ressens pas toute votre gentillesse. Je la ressens de tout mon cœur."

Portant cette maigre missive ouverte dans sa main, Sir Francis chercha sa sœur.

"Oui, elle est partie", dit cette dame. "Elle le souhaitait évidemment, et je l'ai reconduite aujourd'hui."

"Alors et Reggie ?"

"Vous avez été assez trompé à propos de Reggie, Francis. Vous l'êtes en effet. Deleah n'épousera jamais Reggie. Elle me l'a presque dit. Je n'ai jamais été plus reconnaissante. Cela aurait été si terriblement inapproprié. Elle m'a dit qu'elle écrivait à toi. Que dit-elle ?

Sir Francis n'a pas choisi de voir la main tendue pour le petit mot de Deleah. Il la plia et se dirigea vers la fenêtre, regardant pensivement le jardin, les mains derrière le dos, la lettre, tenue par son coin dans l'une d'elles, remuant de haut en bas.

"Elle m'a dit qu'elle avait écrit", répéta Miss Forcus, en guise de rappel.

"Elle dit simplement qu'elle est partie."

"Elle me manquera terriblement. C'est la fille la plus chère. Je n'en ai jamais vu une si belle et si peu vaniteuse."

"Elle est trop belle pour être vaniteuse", dit Sir Francis.

Et au ton plutôt qu'aux mots, Miss Forcus leva une tête surprise, et regarda et regarda le dos majestueux de son frère, les mains jointes derrière lui, tenant la lettre, remuant de haut en bas, qu'il ne voulait pas lâcher de sa garde.

Sur une autre lettre que Sir Francis reçut le lendemain matin, il rit en lisant. Il le lança à sa sœur par-dessus la table. "Quel gars!" il a dit.

"De Reggie ? J'aurais aimé que tu ne lui écrives pas pour qu'il rentre à la maison, Francis."

"Il ne vient pas. Ne vous inquiétez pas. Il dit que les Worradykes sont arrivés à Nice..."

"Ils l'ont suivi ! Ils ont sans aucun doute pris Daisy. Je mettrais ma vie en jeu, ils ont pris Daisy !"

"Vous avez tout à fait raison. Daisy est là. Reggie a promis de les accompagner à Rome."

" *Maintenant,* elle va l'attraper !" prophétisa la dame. "Bon Dieu ! Supposons que les choses se soient passées comme vous le pensiez et que Deleah ait attendu pour l'accueillir à la maison ! Dans quel dilemme nous aurions dû nous trouver alors, Francis !"

# CHAPITRE XXX

Deleah grandit

C'était jeudi après-midi : le jour où les magasins de Brockenham fermaient à deux heures. George Boult, qui avait pris l'habitude de visiter Bridge Street le jeudi et le dimanche, doit être attendu cet après-midi. D'une manière ou d'une autre, Mme Day devrait répondre à cette proposition qui l'avait remplie de tant de misères de doute.

Très peu de choses ont été dites de sa part au moment de l'offre. Il serait plus heureux d'avoir une dame au bout de sa table, avait-il dit ; elle et ses filles voulaient un foyer. Tous deux étaient peut-être trop vieux pour ressentir des sentiments, tous deux assez vieux pour saisir les chances de bonheur et de confort que la vie leur offrait encore. "Réfléchissez-y, madame", avait-il dit. "Je viendrai jeudi. Je ne pense pas que vous aurez pensé à un meilleur plan."

Elle ne l'avait pas fait, à moins que se noyer soit un meilleur plan.

Elle n'avait aucune envie de se suicider, mais c'était une femme d'un altruisme illimité qui, croyant que sa mort faciliterait la vie de ses enfants, s'y serait lancée sans problème.

Parfois, avec le petit Franky, un dimanche après-midi, elle s'était promenée au bord de la rivière où elle s'enfuyait des vilains quais noirs sur ses rives vers les prairies où Franky aimait voir les crapauds glisser à travers les herbes jusqu'au clair. l'eau, aimait mouiller ses bottes en essayant d'attraper les vairons qui s'élançaient dans ses mains, aimait ramasser les myosotis, la menthe des rivières et les merles en lambeaux, pour les rapporter à Deleah. Elle connaissait exactement l'endroit où, si seulement elle était sûre que ce serait le mieux pour Bessie, pour Deleah, pour le pauvre, pauvre Bernard, elle glisserait le long des étagères et irait patauger, patauger, jusqu'à sortir de son profondeur et alourdie. à cause de ses vêtements, elle disparaîtrait des regards, des ennuis, de la vie. Elle ne se faisait aucune illusion quant au fait d'être enfermée dans les « bras frais et réconfortants de la mort ». Elle en connaissait très bien l'horreur, l'étranglement, avec la rivière puante et nauséabonde dans son embouchure, ses mauvaises herbes et ses abats qui lui enroulaient les membres. Mais cela passerait et elle s'en sortirait. Elle préférerait de loin être morte au fond de la rivière plutôt que mariée à son bienfaiteur, M. George Boult. Si seulement elle était sûre que ce serait mieux pour les enfants.

"Je me demande ce que je vais devenir pendant que tu as ton intéressant entretien avec Scrooge ?" » dit Bessie à l'heure du dîner. "Il pleut, donc je ne peux pas sortir me promener."

"J'en opte pour un", a déclaré Mme Day, ayant décidé de cette voie au moment d'annoncer son intention.

"Mais je pensais que Scrooge allait venir ?"

"Je sais. Je ne peux pas le voir. Je ne peux vraiment pas. Tu le vois pour moi, Bessie."

"Vraiment, maman, comme c'est absurde ! Est-ce que le vieux veut m'épouser ? Est-ce que tu dois avoir la facturation et les roucoulements par procuration ?"

Il n'y avait aucune erreur à ce sujet, l'adversité n'avait pas amélioré Bessie ; sa mère devait admettre qu'elle était même parfois vulgaire. "Vous auriez pu m'épargner ça, je pense, Bessie", dit la pauvre Mme Day. Elle a été profondément offensée et blessée. Elle n'attendit pas de finir son dîner, mais descendit dans la boutique et s'y occupa jusqu'à ce que M. Pretty ait fermé les volets. Puis elle s'habilla avec le bonnet de veuve qu'elle portait encore, le manteau de soie miteux avec sa profonde bordure de crêpe, les gants noirs tellement abimés, et ne disant plus un mot à Bessie sortit.

"Bien sûr que je sais où elle est allée", dit Bessie à Emily, sa confidente sans faille. "Sur la tombe de Franky. Ce n'est pas l'endroit pour en faire une compagne animée quand elle reviendra ; et ce n'est pas très joyeux pour moi de devoir rester à la maison et penser à elle là-bas."

"C'est comme une mère, Miss Bessie." La tombe de Franky attirait également Emily, qui la visitait tous les dimanches de sa vie.

"Oui, mais, Emily, maman ne devrait-elle pas penser à moi aussi bien qu'à Franky ? Et je n'ai aucune patience avec elle. Je pense qu'elle devrait se décider et en finir avec ça. De très jeunes filles, avec toute leur vie devant eux, faire des mariages pour de l'argent, pourquoi devrait-elle faire autant d'histoires ? »

"Les jeunes ne savent peut-être pas ce qu'ils font, et votre mère le sait", hasarda la sage Emily.

"Et si le vieil homme vient aujourd'hui, que crois-tu que je dois lui dire ?"

"Il n'y a jamais eu un moment où vous ne saviez pas quoi dire, Miss Bessie."

"Tout cela est très bien. Pourquoi devrais-je m'en mêler ? Je ne dirai rien."

"Alors il peut s'asseoir et te regarder, et c'est ce qu'il aime."

Les yeux de Bessie brillèrent : « Mais s'il aime ça – et il a toujours agi comme si c'était le cas – alors pourquoi ? pourquoi ? pourquoi… ? Elle étendit les paumes de ses petites mains dodues et blanches, interrogeant dramatiquement Emily, qui, avec un chiffon noir trempé dans du blanchiment, polissait les « brillants », comme elle appelait ses ustensiles en étain et en étain.

"Ah," dit Emily; "C'est l'un de vos plus prudents, Boult. Ceux qui sont jeunes et fascinants ne sont peut-être pas les meilleurs parmi les femmes de ménage."

Bessie resta silencieuse pendant une minute, observant le frottement vigoureux d'un couvercle de vaisselle. "Tu vas changer de robe," dit Emily en la regardant. « Mettez cette mousseline noire et blanche dans laquelle vous êtes la plus belle… »

"Je devrais porter du noir pendant un an, Emily."

"Tu as mis ton noir et blanc", a persuadé Emily.

Mme Day se rendit à la tombe de Franky comme cela avait été prédit, mais fit un long chemin pour s'y rendre, commençant par cette promenade au bord de la rivière, que l'enfant et elle avaient l'habitude de faire ensemble. Ayant trouvé cet endroit particulier sur la rive qui l'avait tant préoccupée depuis que M. Boult lui avait fait son offre, elle s'y assit avec l'intention délibérée de décider quelle voie prendre, parmi les trois qui s'offraient à elle. Être tournée, avec ses enfants, sans abri et sans le sou dans le monde ; devenir la femme de Boult; se noyer dans la rivière.

Un effort qu'elle faisait pour garder son esprit sur ces questions, mais ne pouvait penser qu'à Franky. Non pas de Franky tel qu'il avait joué au bord de la rivière, peint joyeusement ses tableaux, s'était précipité bruyamment avec le fils du coutelier à l'école, mais de Franky assis pour manger son pain et son beurre et ses radis, un après-midi de printemps, son assiette sur les genoux. , éloigné de la table à thé, parce que Bessie avait déclaré qu'il sentait le mastic.

Ce fut un petit incident absurde, oublié jusqu'à présent, lorsqu'il se réveilla dans sa mémoire pour tordre le cœur de la mère sans douleur presque intolérable. Banni ! Pas assez bien pour s'asseoir à table avec Bessie – son Franky, son bébé, son ange ! Dans son cœur, elle savait que le garçon s'en fichait, que, quelques larmes versées, son repas lui était aussi bienvenu dans une partie de la pièce que dans l'autre. Pourtant, cette image de lui, assis seul, grignotant dans son coin, l'envahissait d'une douleur trop profonde pour pleurer ; la petite silhouette sans plainte l'accusait amèrement, les yeux sans reproche lui faisaient des reproches.

Alors elle s'est assise au bord de la rivière et a pleuré là, incapable de penser aux enfants vivants ; à Bessie, si dur parfois, mais seulement parce qu'elle n'était pas éveillée, qu'elle ne comprenait pas ; à la jolie, jolie Deleah, avec ses attraits innocents, ses manières gagnantes ; à Bernard, qui avait écrit dans sa dernière misérable lettre d'Inde qu'il l'aimait le plus au monde. Elle n'y pensait pas du tout ; mais seulement de l'enfant mangeant ses radis dans un coin, en la regardant solennellement de ses grands yeux noirs.

Il l'appela de sa tombe, et bientôt elle se leva et s'y rendit.

Deleah, déposée par la voiture Forcus devant la porte privée de Bridge Street, monta les escaliers en courant et entra dans le salon. Bessie et M. Boult, assis côte à côte sur le canapé de cet appartement, s'est séparé assez violemment à l'interruption de son entrée.

"Eh bien, Deleah ! Quelle façon de se précipiter dans la pièce !" Bessie a dit : une Bessie agitée, aux joues rouges, éclatant d'un ton réprimandant, pour cacher son embarras évident.

"Où est maman ?" Deleah, haletante d'étonnement, sortit ; et Bessie, dans l'agitation et la perturbation du moment, lui lança le conseil fraternel de le découvrir.

Deleah, le visage pâle, les yeux fixes, regardait sans voix Bessie sur le canapé, dans la mousseline noire et blanche recommandée par Emily, à M. Boult, maintenant occupé à scruter avec un intérêt soudain la rue. Puis, fermant précipitamment la porte aux deux hommes, elle se dirigea vers Emily, dans la cuisine.

"Depuis combien de temps M. Boult est-il ici ?"

Emily n'avait pas regardé l'horloge.

"Est-ce qu'il va rester prendre le thé ?"

Emily préparerait une tasse supplémentaire, si l'occasion se présentait. "Vous feriez mieux d'aller retrouver votre mère, Miss Deleah ; elle est allée au cimetière et n'a pas le droit d'y être seule."

"Je m'en vais ; et, Emily, je ne viendrai plus dans la maison tant que cet homme sera là ; et maman ne le fera pas."

"Maintenant, *tu vas* faire tout un plat !" dit Emily inquiète. "Je n'ai jamais vu une telle situation se dérouler comme c'est le cas aujourd'hui. Pas de paix nulle part."

"Je ne fais pas d'histoires. Seulement, vous devez dire à Bessie de se débarrasser                                de                                M. Boult avant de rentrer à la maison."

Il n'y partit que lorsque Bessie, dodue et jolie, une rose rose dans le sein, lui eût servi du thé, mais il était parti depuis une demi-heure lorsque la mère et la fille revinrent. Mme Day, fatiguée par sa longue marche, était réconfortée par le jeune bras chaud de Deleah, renforcée par le discours courageux de Deleah. Il y aurait un autre dur combat, mais Deleah ne s'en irait plus, ils se battraient ensemble.

"Nous pouvons vivre de presque rien, maman, toi et moi."

Il y aurait Bessie, lui rappela sa mère ; mais Deleah semblait peu disposée à prendre Bessie dans ses calculs. Elle déploya son projet de petite maison et de petite école d'assez petits enfants telle qu'elle pouvait enseigner.

"Nous serons bien plus heureux que nous ne l'avons jamais été dans le magasin. Des œufs et du lait pour toi et moi, et de temps en temps un peu de viande de boucherie pour Emily. Qu'est-ce que ça coûtera ! Nous pouvons sûrement y arriver, maman."

"Vous oubliez qu'il y a M. Boult avec qui régler. Il faut répondre d'une manière ou d'une autre à son horrible proposition, Deleah."

"Nous y répondrons ce soir. Je vous aiderai à écrire la lettre", promit Deleah.

Ils l'écrivirent entre eux, après que Bessie se fut couchée, où elle se rendit rapidement à leur retour. La composition était en grande partie celle de Deleah, et une fois terminée, elle disait :

> "Je ne me sentais pas à la hauteur d'un entretien avec vous, et je suis sûr que vous excuserez mon manquement au rendez-vous. Après réflexion, j'ai décidé que l'arrangement que vous m'aviez proposé l'autre jour était tout à fait inadapté. , et j'écris donc pour refuser. Ayant eu le temps de réfléchir, je ne doute pas que vous soyez d'accord sur la sagesse de cette décision.

"C'est tout, maman."

"Ma chérie, non ! Il fait tellement froid."

"Eh bien, nous avons froid, toi et moi."

"Mais nous ne devons pas oublier ce qu'il a fait pour nous. Nous devons toujours lui être reconnaissants."

"Je sais. Maman, je suis tellement fatiguée d'être reconnaissante." Mme Day soupira ; elle en avait marre aussi, à vrai dire. "Il nous jette toujours ce qu'il a fait à la figure, nous le frotte sur la peau. C'est notre gratitude qui l'a rendu si détestable."

"C'était gentil de sa part de donner ces cinquante livres, et—"

"Nous le rembourserons. Nous le rembourserons jusqu'au dernier sou, maman. Sir Francis Forcus est *mon* ami; il a dit qu'il le serait; j'irai vers lui et lui demanderai son avis. Seulement, je déteste… je déteste… le déranger. »

"Alors essayons de nous débrouiller seuls."

"Non. Je suis sûr qu'il me le souhaiterait." Elle attendit, la tête sur la main, assise à table, baissant les yeux, mais ne voyant pas la lettre qu'elle avait écrite pour que sa mère la copie. "C'est un homme tellement triste, maman", dit-elle à présent. "Il pleure toujours, et pleure, et pleure, pour sa femme."

"Mais il a été gentil avec toi, Deleah ?"

"Oui. Quand il s'est souvenu. Quand il a su que j'étais là. Il l'aimait tellement. Miss Forcus m'a dit combien il l'aimait. Elle était si belle, si grandiose dans ses manières et son apparence, avec un si beau caractère, si belle. grand et bon. Il y a un joli monument en son honneur dans le cimetière de Cashelthrope. Je suis allé le voir ce matin, après que Miss Forcus ait parlé d'elle. Un ange en marbre blanc avec un visage *céleste* se tient au-dessus de la tombe, regardant vers le haut. dans sa main. Sais-tu ce que j'ai ressenti, maman, j'avais l'impression que j'allais mourir si je pouvais la lui rendre.

« Déléah ! »

"Je le ferais", dit Deleah, toute pâle et avec une lèvre qui tremblait ; "Je mourrais volontiers si cela pouvait la ramener à lui et le rendre à nouveau heureux."

Mme Day regarda sa fille avec une attention plutôt surprise, et Deleah, levant les yeux et croisant le regard de sa mère, sourit vivement. "Viens, envoyons maintenant cette lettre", dit-elle.

Quand il fut prêt, elle courut elle-même avec lui jusqu'au pilier rouge, en face de la porte du magasin. "Cette affaire est réglée", dit-elle tandis que la lettre disparaissait dans la boîte, et elle se retournait pour rentrer. La lumière du réverbère tombait sur le nom de sa mère, en lettres noires sur fond blanc, au-dessus de la porte du magasin. "Lydia Day, autorisée à vendre du tabac et du tabac à priser." "Et tout cela est presque terminé", a-t-elle ajouté, "et quoi qu'il arrive, je ne suis pas désolée."

Elle se sentait curieusement forte et capable ; compétente pour travailler à sa manière, n'ayant peur de aucune difficulté. « Il est plus que temps que je grandisse, et enfin, je l'ai fait », se dit-elle. Elle traversa le petit passage mal éclairé et monta les escaliers raides et étroits, les épaules renforcées et la tête haute. C'était le fait d'avoir pris, ce jour-là, une décision que toute personne sage du monde aurait condamnée, mais le fait qu'elle sentait dans chaque fibre de son être être la bonne, qui lui avait donné ce sentiment de confiance en elle qui lui manquait jusqu'alors. . Elle avait choisi entre le confort, le luxe, l'approbation et l'adulation du monde, avec Reggie Forcus, et le dur combat pour la simple existence, avec la liberté et le respect de soi ; et en choisissant, comme elle le savait, eh bien, elle avait senti qu'elle avait grandi en stature mentale et spirituelle.

"Qu'est-ce qui m'est arrivé ?" se demanda-t-elle. "J'ai envie de sortir pour me battre, ce soir."

« Maman, dit-elle en retournant dans le salon où sa mère l'attendait, voici, je ne suis plus une enfant. Je suis grande.



« Maman, dit-elle en retournant dans le salon où sa mère l'attendait, voici, je ne suis plus une enfant. Je suis grande.

# CHAPITRE XXXI

L'heure de Bessie

Pendant la majeure partie de la semaine, Mme Day, s'occupant de ses quelques clients avec la manière vague et préoccupée qui était la sienne depuis la mort de Franky, s'émerveillait grandement et avec un suprême malaise d'esprit au sujet de M. Boult. Il n'a pas prêté attention à sa lettre, il n'est pas venu à la maison. « Il est trop offensé », se dit-elle, se demandant quelle forme prendrait la vengeance qu'elle envisageait.

Enfin, ne pouvant plus garder le silence à ce sujet, elle interrogea Bessie.

« J'espère que M. Boult n'a pas été très ennuyé que je l'ai quitté jeudi, Bessie ?

"Il n'a pas dit qu'il l'était", a déclaré Bessie avec perspicacité.

"Mais l'était-il ? Vous pourriez sûrement en juger par ses manières ?"

"Si vous me demandez, alors, je ne pense pas qu'il s'en soucie un centime."

"Je lui ai écrit, tu sais, Bessie."

"C'est fini, je suppose ?"

"Eh bien, je dois dire que j'attendais une réponse."

"M. Boult est allé à Londres récemment. Peut-être que cela lui a échappé."

"Londres ? Cela explique tout. Mais comment le sais-tu, ma chère ?"

"Il se trouve que je le sais", a déclaré Bessie, avant d'échapper à d'autres interrogatoires.

Le matin du jour où Deleah et sa mère devaient visiter la maison que Deleah avait choisie pour le théâtre de leur nouveau départ dans la vie, la jeune fille descendit dans la boutique pour aider sa mère à faire le point sur ses réserves de thés et sucres et savons. L'entreprenant Coman, ayant fait de son mieux pour ruiner le commerce de la veuve, avait laissé entendre qu'il était prêt à reprendre l'affaire telle qu'elle était, et immédiatement ; laissant la famille libre de continuer à vivre dans la maison jusqu'à Noël.

Avoir sa plus jeune fille avec elle derrière le comptoir faisait de sa matinée au magasin une chose différente de celle de Mme Day. Elle avait perdu l'air las et désespéré qu'elle portait depuis la mort de Franky, parlait gaiement à ses clients, était vive et alerte sur les affaires qu'elle et Deleah avaient à faire.

"Il est surprenant que M. Boult, qui a toujours insisté pour avoir la main sur tout, nous laisse tout cela entre ses mains", a-t-elle dit un jour. "Notre lettre a dû l'offenser mortellement, Deleah."

"Peu importe, maman, nous nous débrouillerons sans lui", promit Deleah. Elle ressentait une si heureuse confiance en elle. "Nous allons travailler", a-t-elle déclaré. "Il n'y a jamais eu deux personnes qui ont travaillé comme toi et je travaillerai."

"Et je suis sûre qu'à sa manière, Bessie aidera", a loyalement ajouté Mme Day ; mais Deleah n'a pas été prompte à admettre Bessie à son projet.

"Vingt-cinq citrons", dit Mme Day, après avoir compté le stock de cette marchandise. "Deux d'entre eux vont mal. Dis vingt-trois, chérie."

"Vingt-trois citrons", répéta Deleah en inscrivant ce chiffre dans le livre d'inventaire.

"Trois boîtes entières et une demi-boîte de noix de gingembre, à huit pence la livre."

"Trois boîtes et demie… Oh, attends une minute, maman." Elle tenait son stylo suspendu pour regarder à travers la vitrine. Elle a d'abord regardé avec insouciance, puis avec attention. Une voiture fermée passait dans la rue étroite, le grincement des roues contre le trottoir lui avait fait lever les yeux. "Il y a quelqu'un, tout en blanc, dans cette voiture", dit-elle.

"Tout en blanc ? As-tu enlevé les noix de gingembre, chérie ? Trois boîtes et demie—"

"C'était quelqu'un qui ressemblait tellement à Bessie. Je crois que c'était *Bessie*, maman."

"Bessie ne sera probablement pas assise dans une voiture, toute en blanc. Dites 'bien' quand vous avez déposé les articles, Deleah. Des éponges pour vitres à six pence. Posez dix-neuf éponges à six pence, Deleah."

"Attends une minute. J'aimerais juste courir voir ce que fait Bessie. Je n'ai qu'un aperçu, mais... je serai de retour dans une minute, maman."

Peu après, elle était de retour, un air effrayé sur le visage : "Bessie n'est pas dans la maison, maman." Mme Day leva les yeux avec une légère surprise. "Et Emily est partie aussi."

"Emily ? Partie ?"

"La porte de la rue est verrouillée, la clé prise, et ils sont tous deux partis."

"Emily n'a pas le droit de partir comme ça en pleine matinée. Bessie ne devrait pas le permettre. Il faudra que je leur parle à tous les deux quand ils rentreront à la maison. Nous sommes arrivés jusqu'aux éponges..."

"Maman, c'était *Bessie* en blanc dans cette voiture - son visage était détourné, mais j'en étais presque sûr. Quelqu'un était avec elle sur le côté plus loin ; c'était Emily." Deleah regarda sa mère, comme si elle se demandait dans son esprit quelle part de vérité elle pouvait supporter, avant de continuer. " Ne vous inquiétez pas, maman. J'allais vous dire quelque chose. Je suis sûr que Bessie est partie se marier aujourd'hui ; et Emily est partie avec elle. "

« Déléah ! »

"Asseyez-vous une minute. Ils ont été si mystérieux toute la semaine - vous ne l'avez pas remarqué ? - et si occupés ; personne ne savait quoi -"

"Mariée ! Mariée ! Comment peut-elle être mariée ? Il n'y a personne avec qui elle puisse se marier."

"Asseyez-vous. Il n'y a rien qui ait l'air si blanc. N'avez-vous pas deviné ? J'ai toujours deviné. C'est M. Boult."

« Boult ! M. George Boult ?

"Oui."

"M. George Boult!"

"Oui. M. George Boult. Je n'arrête pas de vous le répéter, maman. Le jour où nous avons écrit la lettre, j'ai couru à l'étage à l'improviste, et ils étaient assis sur le canapé, et ce vieil homme avait passé son bras autour de la taille de Bessie."

"Le bras de George Boult ? Bessie ? *Notre* Bessie ?"

"Oui. Maintenant, ne vous évanouissez pas et ne commencez pas à pleurer. Je suis certain qu'ils sont allés se marier."

"Bessie ne le ferait jamais ! Elle ne le ferait jamais ! C'est *horrible* de sa part ! Ce             n'est             pas             possible             ! Ce n'est pas possible !"

"C'est *vrai* . J'en suis sûr comme si j'étais dans l'église et que je le voyais faire. Oh, maman, *ne cède pas* . *Ne cède pas !* Je te l'ai dit, pour que quand ils reviendront, ici comme ils ils le feront ! dans une demi-heure, vous pouvez être très courageux et ne pas céder devant eux.

Deleah appela M. Pretty de la cave au magasin et, prenant le bras de sa mère, la conduisit au salon. "Maintenant, si tu sens que tu *dois* t'effondrer ou pleurer, maman", adjura-t-elle son parent avec une touche de mépris que la jeune génération éprouvait pour les aînés habitués, à cette époque, à faire face à toutes les crises avec des larmes et des évanouissements, ou pour le moins sauvagement. gesticulation - "s'il *le faut* , faites-le maintenant et ici; afin que quand ils viendront, vous puissiez être calme et digne."

" *Notre* Bessie!" répétait Mme Day en se tordant les mains et en levant les yeux avec des yeux attrayants baignés de larmes. "Notre Bessie ! Notre jolie et séduisante Bessie ! Et cet homme ! Ce *vieil* homme !"

"Ça ne servira à rien de continuer comme ça quand ils viendront, maman", la prévint Deleah. "Tu ne peux pas lui dire qu'il est vieux. Tu ne dois même pas le dire à Bessie, maintenant. Bessie n'est pas comme toi et moi, souviens-toi, qui aurait été misérable et honteuse. Elle pense à son argent et à sa voiture. Elle ne pense pas qu'elle a joué un jeu sournois. Elle pense qu'elle a été plus intelligente que le reste d'entre nous. Elle est contente d'elle-même et fière, et Emily est fière d'elle. Eh bien, si tu dois pleurer, pleure, maman. tout ce que vous pouvez maintenant, alors, sous aucun prétexte, vous ne versez une larme devant *eux* . »

Au moment où Bessie apparut – elle était venue sans son époux, qui pensait qu'une rencontre avec la mère de sa fiancée serait, dans ces circonstances, gênante – les exhortations de Deleah avaient eu leur effet.

Bessie – qui aimait les « scènes » et les faisait elle-même, en toute occasion – s'attendait à en avoir une maintenant était déçue. Elle entra, dans sa robe blanche et son bonnet, son visage blond et potelé rougi, ses yeux pétillants en prévision de la sensation qu'elle allait créer, et trouva mère et sœur qui l'attendaient gravement.

"Me voici ! Je suis mariée, maman", annonça-t-elle.

Au lieu de l'éclat auquel elle s'attendait : « Oui, ma chère, c'est ce que j'ai entendu », a déclaré Mme Day. "Je ne sais pas pourquoi tu as dû me le cacher, mais maintenant que c'est fait, tout ce que je peux faire c'est te souhaiter tout le bonheur possible, Bessie."

C'était décevant : très plat et docile. Mme Day s'est levée et a embrassé sa fille, et Deleah a emboîté le pas.

"Ça aurait été plus sympa pour toi d'avoir maman et moi avec toi à ton mariage, j'aurais dû penser", a déclaré Deleah. "Est-ce que M. Boult ne vient pas nous parler ?"

"Non", dit Bessie légèrement découragée. "Il pensait qu'il y aurait du tapage."

"Il est trop tard pour faire des histoires, Bessie."

"Eh bien, nous le pensions, et qu'il ne servait à rien de le déranger; alors il est allé directement à la gare pour m'attendre. Nous montons en ville par 1 h 20. Je le rejoins dans une demi-heure. La voiture attendra."

"Tout va bien, chérie. Tu ferais mieux de manger quelque chose avant de partir."

Emily fut convoquée pour apporter des rafraîchissements. Le plateau était déjà là, préparé avant leur départ pour l'église, et dessus se trouvait un petit gâteau de mariage acheté avec les économies d'Emily et une bouteille de porto achetée sur le même maigre fonds.

Le gâteau au sucre blanc devait être une surprise pour Bessie :

"Un petit cadeau de ma part," dit Emily en le posant sur la table.

"Oh, mon cher vieux ! Tu dois t'arrêter pour en manger. Coupe le gâteau, Deleah."

Deleah n'a pas voulu usurper le privilège de la mariée, et Bessie, tentant l'opération sans retirer son gant, l'a fendu dans la paume ! "Voilà, j'ai abîmé mon gant !" cria-t-elle et se tourna vers sa sœur. "C'est ta faute, Deleah. Tu aurais dû couper le gâteau quand je te l'ai demandé." Puis elle s'est mise à pleurer. «Je me marie», sanglotait-elle; "Maman et Deda ne s'en soucient pas plus que si j'étais sortie se promener. Personne ne s'en soucie. Ils restent assis là et regardent, et ne disent rien ; personne ne s'en soucie."

"Oh, Bessie, ma pauvre fille, Dieu sait que je m'en soucie !" dit la mère. "Mais que dire ? C'est fait ; que dire ?"

"Dis quelque chose ! Ne reste pas assis là !" Bessie sanglotait. "Deda pourrait recoudre mon gant, au lieu de rester assis là."

Deleah avait déjà trouvé des aiguilles et du coton. "Enlève ton gant, Bessie."

Bessie a essayé de l'arracher de sa main. Ses larmes tombèrent sur l'enfant blanc. "C'est serré. Je ne le remettrai plus jamais. Oh, que dois-je faire, maman ? Je dois être là dans une demi-heure. Quelle heure est-il maintenant ? Non. Je ne peux pas manger le gâteau, Emily. Tu Je peux en manger, et Deleah, quand je serai parti, Little Franky en aurait aimé. Pauvre petit Franky, j'ai toujours aimé Franky, maman, je pleure maintenant à cause de Franky.

Ils pleurèrent alors tous, la firent taire, la caressèrent et lui firent boire un verre du vin de la pauvre Emily, ce qui lui fit encore rougir les joues et la fit rire à travers ses larmes. Ensuite, ils devaient être sévères avec elle et la gronder, de peur qu'elle ne devienne hystérique. Et pendant tout cela, elle ne cessait de regarder l'horloge sur la cheminée. "Seulement cinq minutes de plus, maman ! Deda, Emily, seulement cinq minutes de plus !"

"Chérie, tu vas visiter les sites touristiques de Londres," la réconforta Emily, les larmes coulant sur ses propres joues couleur cuir. "Et votre propre kerridge, et tout ! Et votre homme en livrée qui attend à la porte ! Et votre gentleman qui vous aime, il pourrait presque vous manger !"

Mais, malgré ces considérations, Bessie passa les cinq dernières minutes dans la chambre où elle s'était tant plaint de devoir vivre sur le canapé, la tête enfouie dans l'oreiller, ses pieds frappant, à l'ancienne mode incontrôlée, sur le crin de cheval. couverture.

Deleah alla chercher elle-même son chapeau et le manteau qui devait couvrir la mousseline blanche de Bessie pour le voyage, ainsi que de l'eau de Cologne pour tamponner les joues tachées de larmes. "Je viens avec toi, Bessie, à la gare", promit-elle. "Emily doit venir aussi."

"J'arrive", lui assura Emily, toujours avec son bonnet et son châle. "Ne pensez jamais que je vais vous quitter, ma chère, jusqu'à ce que j'y sois obligé. Et autant vous le dire, madame," continua-t-elle en se tournant vers Mme. Jour, "que lorsque ma jeune femme et son mari reviendront de leur lune de miel, je vais vivre avec eux. Désolé de devoir me séparer de vous et de Miss Deleah, mais Bessie est toujours passée en premier avec moi. , et cela fera toujours l'affaire."

Puis les cinq minutes furent écoulées : « Au revoir, maman chérie.

"Au revoir, ma précieuse Bessie."

« J'ai trois nouvelles robes, en plus de ça ; et j'en aurai d'autres plus tard. Les bagages ont été tellement pénibles à faire, sans que vous et Deleah le sachiez ! J'espère que j'ai tout.

"Tu vas écrire, Bessie ?"

"Et tu viendras rester avec moi, maman ? Il y aura la voiture pour partir. Cela fera un joli changement."

"Ce sera effectivement le cas, ma chère."

"Mon bonnet est-il droit ? J'ai fait mettre une couronne de myosotis parce que tu disais toujours que le bleu était ma couleur."

"Vas-y maintenant, chérie. Il n'y a plus une minute."

"Oh, maman ! Maman ! Maman !"

"Vas-y immédiatement, Bessie. Deleah, emmène-la en bas—"

Le marié, vêtu pour le personnage d'une redingote bleue, d'un pantalon lavande, avec des gants et une cravate assorties, et une fleur à la boutonnière, attendait pour aider sa fiancée à descendre. Lui, qui ne lui avait jamais semblé aussi beau auparavant, apparut soudain à Deleah assez vieux, malgré sa tenue soignée et ses moustaches huilées et bouclées. Bessie, avec les myosotis entourant son visage rebondi à la peau claire, ressemblait presque à une enfant en comparaison.

"En retard!" dit-il en souriant aux dames. "Mais mieux vaut tard que jamais, hein,
sœur Deleah ?"

"Cela dépend de la façon dont vous voyez ces choses", a déclaré Deleah, ressentant pour la première fois de sa vie le désir d'être désagréable.

"Nous vous avons fait une surprise, hein ?"

"Nous n'avons pas été du tout surpris, M. Boult."

"Il faudra que ce soit 'George' maintenant, n'est-ce pas ? Nous ne pouvons pas laisser Sœur Deleah me 'M. Boult'. Hein, Bess ?"

"Vous pouvez l'appeler 'George', Deda", a déclaré Bessie magnanime.

"Merci", dit Deleah, sur le ton de quelqu'un qui n'est pas du tout reconnaissant. Elle suivit l'heureux couple jusqu'à la plate-forme. Tous deux étaient trop élégamment habillés pour les voyageurs ordinaires, et les gens, devinant qu'il s'agissait des mariés, les regardaient avec intérêt.

"Comme ils nous regardent tous ! J'espère qu'ils nous trouveront intéressants à regarder."

"J'ai toujours pensé que c'était le cas, ma chère," dit galamment M. Boult.

Une petite foule s'est rassemblée pour voir Bessie monter dans la voiture de première classe, sur laquelle le mot « fiancés » avait été collé : « Nous serons seuls. J'ai veillé à cela », dit le marié, fier de son homme de compagnie. -les voies du monde.

Deleah monta dans la voiture avec sa sœur. "Tu aurais aimé venir avec nous ?" M. Boult s'enquit facétieusement.

"Pas du tout!"

" Votre tour viendra. Et M. Gibbon ? Maintenant que Bessie est partie, vous pouvez avoir votre chance. "

"Au revoir, Bessie. J'espère que tu seras heureuse."

"Vous êtes une jeune femme chanceuse, c'est ce que vous êtes !" » dit Emily en mettant la tête dans la voiture. "Tu ne pouvais pas épouser tous ceux qui étaient amoureux de toi, Bessie ; mais tu as fait un sage choix..."

Le garde coupa court à son éloquence en claquant la porte. M. Boult, inconscient du fait que Bessie aurait pu aussi aimer se montrer, remplit la vitrine. Emily, déterminée à ne négliger aucun élément du rituel propre à de telles cérémonies, lui jeta aussitôt une poignée de riz au visage. Cela le piquait, l'aveuglait à moitié, mais avait pour effet de le chasser de sa position, de sorte que Bessie pouvait apparaître pendant une minute. Le pauvre visage en tulle blanc et en myosotis avait l'air anxieux, effrayé, attirant ; et tandis que le train, s'élançant, l'emportait loin d'eux, les femmes restées sur le quai se regardaient avec des yeux aveuglés de larmes.

"Pauvre Bessie ! Elle est toujours une telle enfant", a déclaré Deleah.

"C'est elle, Miss Deleah. Je vous dis à quel point cela se passe entre moi et Bessie - malgré ses relations avec les messieurs et sa propre volonté - j'ai toujours senti que je n'avais jamais perdu. la petite fille que j'ai dû servir quand je suis arrivé au service avec ta mère.

# CHAPITRE XXXII

L'homme aux yeux fous

Les autres femmes étant employées pendant la journée, le salon était plus spécialement le domaine de Bessie. Comme c'était étrange et effrayant de penser qu'il serait à jamais vide de Bessie. Son panier à ouvrage en désordre dépassait de dessous le canapé où elle le poussait toujours à l'apparition d'un visiteur ; l'hebdomadaire à un sou dans lequel elle lisait les modes et les amours romantiques dont elle avait rêvé en faisant elle-même un mariage absolument sordide, était caché derrière le coussin de sa chaise. Deleah resta debout sur le seuil de la porte pendant une minute, sans entrer, se sentant étrangement endeuillée et désespérée. Il n'y avait pas beaucoup de sympathie entre les deux hommes, mais les liens du sang sont plus forts qu'on ne le pense jusqu'à ce que "le mariage, la mort ou la division" rompe le cordon.

D'un pas en retard, Deleah s'avança dans la pièce si pathétiquement vide. Sur la table il y avait des fleurs. Deux fleurs de clématites violet foncé. La plante grimpante si soigneusement dressée pour grimper à côté d'une certaine porte de couloir lui vint à l'esprit. Elle avait remarqué à une occasion qu'elle aurait voulu oublier, sans le savoir, qu'elle portait deux boutons. Deleah regardait les fleurs avec un étrange sentiment de répulsion. Elle fit le tour de la table du côté le plus éloigné d'eux. Puis levant les yeux, elle vit que Charles Gibbon se tenait près du mur opposé. La porte ouverte l'avait caché en entrant.

« M. Gibbon ! » » dit-elle, et sa voix faiblissait de consternation ; seule l'appréhension était dans ses yeux.

Il la regardait sans parler. C'était curieusement troublant de le voir debout, dos au mur, sans rien dire ; la silhouette large et courte, autrefois si familière dans cette pièce, maintenant si étrangère et étrange, le visage banal, aux traits simples, tragiques avec sa nouvelle teinte grise, les yeux - Deleah se souvint avec un frisson de quelques mots récemment prononcés à propos de l'enfant. yeux! Ils étaient fixés sur son visage.

"Voulez-vous venir vous asseoir, M. Gibbon ?"

Il fit quelques pas et se plaça à table en face d'elle.

Elle regarda les fleurs. "Tu as apporté ça ?"

"Pour toi", dit-il d'une voix épaisse. "Ce sont les deux seules que possédait la clématite. Si elle en avait dix mille, elles auraient été pour toi."

Deleah gardait les yeux fixés sur les fleurs. Elle sentait qu'elle ne pouvait pas les toucher. "Vous êtes très gentil", dit-elle.

"Vous diriez autant cela à n'importe quel étranger dans la rue qui aurait jeté une pierre sur votre chemin, et je—je—." Il balbutiait curieusement de sa voix épaissie. Il semblait que les mots qu'il voulait prononcer ne viendraient pas. "Et moi, après tout ce que je souffre, ce n'est que gentil ?" il est enfin sorti.

Avec une expression de créature piégée dans les yeux, Deleah regarda vers la porte. Il se retourna aussitôt, la ferma et revint à sa place en face d'elle à table.

"Votre sœur est mariée à M. Boult aujourd'hui", dit-il. "Une fois, tu ne pouvais pas m'épouser à cause de ta sœur. Cet obstacle a disparu. Une autre fois, tu avais une autre excuse. Encore une autre. Voyons, quelle excuse as-tu aujourd'hui ?" Il se pencha par-dessus la table pour rapprocher son visage du sien. "Tu n'as pas l'intention de m'épouser, n'est-ce pas ?"

Elle le regardait avec la peur dans les yeux, mais ne parlait pas. "Tu m'as laissé vivre à tes côtés, mettre mon cœur sur toi, jusqu'à ce qu'il n'y ait plus rien d'autre sur terre ou au ciel pour moi que toi. Tu m'as laissé esclave pour servir un homme que je détestais comme moyen de t'avoir. Tu m'as laissé me préparer. ma maison - chaque brique qu'elle contient, chaque livre de peinture posée dessus, pour toi - "

"M. Gibbon, attendez ! Je pense que vous en dites trop. Je ne vous ai jamais trompé. Je n'ai jamais dit que je vous épouserais. J'ai essayé de vous faire comprendre."

"Écoute ! M'as-tu toujours détesté ? Quand tu m'as pris mes fleurs et mes fruits, tous les cadeaux que je t'ai prodigués, dis-moi, est-ce que tu m'as détesté alors ?"

"Certainement pas. Je vous ai trouvé très gentil et généreux."

"Me détestes-tu maintenant?" Lorsqu'elle lui dit « non », il lui tendit une main tremblante par-dessus la table. "Alors-?"

Deleah recula et secoua la tête.

"Pourquoi?"

Pas de réponse.

"Pourquoi?"

"Oh, à quoi ça servirait que je te le dise !"

"Mais tu me le diras."

"Non."

"Alors je vais te le dire. Tu penses que tu vas épouser quelqu'un d'autre."

Deleah leva la tête et le regarda avec fierté et offense. "Vous ne devez pas dire cela, M. Gibbon. Ce n'est pas vrai."

"Vous le pensez", a-t-il insisté. "Mais ce n'est pas le cas. Savez-vous pourquoi ? Parce que je vais vous arrêter. Je sais ! je sais ! je sais !" Il frappa impitoyablement une de ses mains tremblantes sur la table. "Et je t'arrêterai."

Il se détourna, se dirigea vers la porte, la regarda un moment, lui tournant le dos, puis soudain lui fit de nouveau face : « Sir Francis Forcus », dit-il. Il se dirigea vers la table, les yeux fixés sur les siens. "Sir Francis Forcus", répéta-t-il. Et encore une fois, se penchant par-dessus la table pour rapprocher son visage du sien, "Sir Francis Forcus".

Puis il rit au visage effrayé de la jeune fille et sortit de la pièce.

Emily passa une tête interrogatrice à la porte.

"Il n'est pas parti ? M. Gibbon n'est pas parti, Miss Deleah ? Eh bien, quand la maîtresse m'a dit qu'il était à vos côtés, j'espérais que c'était un autre mariage qui approchait. Vous n'auriez pas dû laissez-le partir si vite, ma chère.

Deleah avait un regard hébété. "Il était horrible ! Je crois qu'il est fou", a-t-elle déclaré.

Emily frappa dans ses mains. "Le mariage de Bessie a fait ça ! J'ai toujours dit à Bessie qu'elle enverrait certains d'entre eux à l'asile d'aliénés, ou dans leurs tombes."

"Je crois qu'il est fou. Par où est-il allé, Emily ?" Elle se précipita dans le magasin où Mme Day, si ses filles étaient mariées ou si ses filles étaient menacées, ne devait jamais oublier qu'elle était autorisée à vendre du tabac et du tabac à priser et qu'elle était toujours en train de faire son inventaire. "Maman, as-tu vu M. Gibbon partir ?"

"Non. Est-il parti, ma chérie ?"

Deleah se précipita vers la porte, toujours ouverte, même si les fenêtres étaient fermées, et regarda la rue de haut en bas.

"Voulez-vous le rappeler?" lui demanda sa mère, légèrement surprise.

"Je crois qu'il est fou." Deleah était essoufflée, tremblante d'excitation ou de peur. "Il était dans le salon, caché derrière la porte, et il m'attendait."

"M. Gibbon ! Ma chérie, il n'aurait pas pu l'être. Pourquoi devrait-il faire ça ?"

"Il le faisait. Comment est-il arrivé là ?"

"Il est venu comme d'habitude - il n'a vraiment rien de grave, Deleah - pour me demander si je savais où se trouvait son pistolet avec lequel lui et Franky tiraient sur des bouteilles lorsqu'il est arrivé pour la première fois, par la fenêtre de sa chambre. Vous vous souvenez ? Je lui ai dit qu'il était toujours dans sa chambre, pour autant que je sache, je lui ai dit de courir le chercher ?

"L'a-t-il compris ? Avait-il un pistolet dans sa poche pendant qu'il me parlait ?"

Emily avait suivi Deleah dans le magasin. "Il n'avait pas de pistolet", ajouta-t-elle avec assurance. "Il ne le trouverait jamais. Je n'avais jamais aimé ce truc dangereux et méchant, avec Franky dans tous les méfaits, et je l'ai caché sur le dessus de l'armoire. Il ne le trouverait jamais!"

"Courez et voyez", a déclaré Mme Day. Elle commença à être impressionnée par l'expression de peur sur le visage de Deleah ; la jeune fille tremblait violemment, maintenant, ses dents claquaient comme par un froid extrême.

En moins d'une minute, Emily était de retour. "Il l'a eu", l'entendirent-ils appeler alors qu'elle arrivait. "Le pistolet n'est plus là. Il l'a. Bien sûr que nous vivons, il va se tirer une balle, à cause de Bessie !"

"Absurdité!" Mme Day a pleuré vivement. "Deleah, il n'y a vraiment aucune raison d'avoir peur, ma chère. Le pistolet appartenait à M. Gibbon. Il le voulait naturellement."

Deleah se tenait au milieu du magasin, éclairée par la porte entrouverte et le jet de gaz au-dessus du bureau de Mme Day. Elle serrait ses mains, ses bras tendus contre sa poitrine comme pour essayer désespérément d'arrêter son tremblement. "Puis-je y arriver?" dit-elle à sa mère. « Pourrais-je y arriver en premier ? Son corps était penché en avant comme s'il avait envie de courir, mais elle attendait, se serrant dans ses bras, les sourcils froncés, essayant de calmer sa pensée. "Si je peux y arriver en premier—!" dit-elle.

"Où, chérie ? Arriver où ? Qu'est-ce que tu veux faire, Deleah ?"

Elle semblait ne pas entendre : « Si je peux y arriver en premier ! se dit-elle ; puis, trébuchant, il atteignit la porte et s'en alla.

Les deux femmes partirent, se regardant le visage vide dans les lumières mêlées de la boutique. « Elle ne court pas après M. Gibbon, sûrement ! » dit Mme Day, impuissante et perplexe.

"Ça ne sert à rien qu'elle fasse ça. Le cœur de Gibbon est tourné vers Bessie", a déclaré Emily.

« Poursuivez-la et ramenez-la, Emily.

La grande cour de la brasserie Hope était presque vide. Un jeune employé, la plume enfoncée dans les cheveux touffus au-dessus des oreilles, les mains dans les poches de son pantalon, sifflait en le traversant, passant avec légèreté de l'ombre projetée par les immenses immeubles au soleil des grands espaces. Un énorme charretier soutenait une paire de chevaux puissants, pour amener son chariot sous la partie du mur au-dessus de laquelle pendait un tonneau ; deux autres hommes également aux proportions gigantesques, avec des visages rougeoyants et des tabliers noués sur leurs corps amples, se tenaient debout pour observer les manœuvres. Un palefrenier en charge d'un cheval de selle près de l'entrée du bâtiment principal tapota l'encolure de son cheval tandis qu'il regardait également.

Deleah, se jetant par la porte du quatre-roues qui l'avait amenée, se précipita à travers la cour, ne voyant consciemment aucune de ces choses, qui pourtant se photographiaient dans son cerveau et y restaient imprimées de manière indélébile jusqu'à son dernier jour. Elle connaissait le chemin jusqu'à la chambre privée de Sir Francis et s'y dirigea sans s'arrêter pour prêter attention aux un ou deux hommes qui essayaient de l'arrêter et de l'interroger. Dans l'antichambre du sanctuaire intérieur, un employé de confiance qui y était toujours assis s'est envolé de son bureau.

"Excusez-moi, mademoiselle. Un instant, s'il vous plaît. Vous ne pouvez pas entrer là-dedans. Sir Francis est particulièrement occupé."

Comme elle n'y prêtait pas attention, il essaya d'atteindre la porte devant elle ; mais Deleah, trop rapide pour lui, se précipita, l'ouvrit et la lui ferma au nez.

Sir Francis se tenait dans sa position préférée, dos à la cheminée, en tenue d'équitation, ses gants et son fouet à la main. Deleah, se précipitant dans la chambre et retombant sur la porte pour mieux la fermer à l'employé de confiance, eut une vision instantanée de lui dans son calme inattaquable, dans cette perfection imperturbable de son apparence qui, tout en l'ayant toujours éveillé. son admiration de jeune fille semblait toujours l'éloigner à une distance incommensurable. Sa vue, même dans ce qui était pour elle un moment suprême, avait pour effet habituel de verser des eaux froides de découragement sur son humeur, de la faire douter d'elle-même et de toute réclamation qu'elle pourrait éventuellement faire valoir à son attention. Elle avait été présomptueuse en se mettant en présence de lui. Bien sûr, il était en sécurité. Bien entendu, rien ne pouvait lui faire du mal. Le pauvre honorable Charles, l'ancien drapier, avec sa taille commune et trapue, sa voix rauque, son accent grossier, c'était une offense même de le penser dans le même souffle avec cet élégant gentleman. Comment celui-ci, sur sa haute éminence de distance et de sécurité, pourrait-il être mis en danger par un tel homme ?

Voir et ressentir tout cela fut l'œuvre d'un instant. Le moment où elle a claqué la porte au greffier qui protestait, le moment où elle a également ressenti le choc de se réveiller de son zèle frénétique qui aurait abattu tous les obstacles pour sauver la vie de cet homme, à la perception que son zèle le ferait les yeux semblent une absurdité ; que sa présence y était superflue, sinon impertinente ; qu'elle s'était ridiculisée pour rien.

Sir Francis a subi cette inexplicable invasion bruyante de son intimité avec un air d'agacement et de surprise brisant le calme de son visage. Puis, voyant qui était celui qui s'était ainsi précipité sur lui, qui s'appuyait sur la porte qu'elle avait claquée, haletant comme poursuivie, tournant vers lui des yeux effrayés et suppliants, l'expression de sa figure changea, l'homme tout entier parut changer. Avec un look tel que Deleah n'aurait jamais imaginé pouvoir le porter, il s'avança vers elle ; sur un ton qu'elle ne savait pas prendre dans sa voix, il prononça son nom.

« Déléah ! » il a dit.

Elle le regarda ; mais dans un émerveillement ravi devant la lumière dans ses yeux, écoutant avec fascination le plaisir de son nom ainsi prononcé, oubliant qui elle était, où elle était, dans le tourbillon de bonheur où ses sens nageaient momentanément. Puis il tendit les mains, prit les siennes et les serra contre sa poitrine.

"Mon cher enfant, je venais vers toi", dit-il. « C'est à moi que tu es venue, ma petite Deleah !

# CHAPITRE XXXIII

Le moment du triomphe

"Pendant que tu étais chez moi, j'ai compté les années à plusieurs reprises." Il sourit un peu tristement et secoua la tête, la regardant. "Ils n'ont jamais diminué, Deleah. Il y en a vingt-cinq entre toi et moi. C'est trop ! Trop !"

"Non!" souffla Deleah, les yeux levés et adorateurs.

" Et, chérie, ce ne sont pas les seules choses qui nous séparent de toi. Un amour que j'ai ressenti – un grand amour que je pensais ne plus jamais ressentir – dans le passé… " Il détourna le regard d'elle, par-dessus sa tête, vers le ciel. des années qui se sont écoulées. Puis ses yeux revinrent vers ceux qui étaient levés vers lui, et il serra plus fort ses mains contre sa poitrine.

"Il y avait Reggie aussi", dit-il. "Pauvre Reggie ! Mais j'ai fait toutes les réparations

possibles. Je lui ai donné sa chance. A-t-il déjà eu une chance, Deleah ?"

Elle secoua la tête. "Jamais!"

« Que va-t-il nous dire ?

On frappa à la porte, et Sir Francis laissa tomber les mains qu'il tenait et partit en arrière. "Je suis particulièrement engagé, Rogers", a-t-il déclaré.

La porte s'ouvrit discrètement pour laisser entrer non pas Rogers, mais la voix de Rogers : « Je vous demande pardon, monsieur, mais il y a une question d'une certaine importance ; si vous pouviez venir quelques minutes.

"Je vous ai dit que j'étais fiancé", protesta la voix de l'autorité. Avec une sorte de réticence discrète, la porte se referma, et Sir Francis, avec l'impatience d'un amant dont l'ardeur a été momentanément freinée, prit la jeune fille dans ses bras. Avec une main poussée contre sa poitrine, elle s'éloigna de lui.

"Pourquoi?" il lui a demandé. "Tu n'as pas peur de moi, Deleah ?"

"Oui. Très peur."

"Dis-moi pourquoi, mon enfant le plus cher ?"

"Oh, tu sais," dit Deleah en détournant la tête.

"Non ! C'est moi qui devrais avoir peur de toi ; toi, avec ta jeunesse et ta beauté, et ta douce et douce bonté. Je l'avoue : pendant tous ces mois que tu as vécu dans ma maison, j'ai eu peur."

"Tu as dit qu'il y avait des choses entre nous, qui nous divisaient. Tu n'as pas dit ce qui existe réellement. Ce que papa a fait..."

Alors qu'elle hésitait sur ces mots, on frappa plus fort à la porte, qui s'ouvrit presque à la même minute. Le visage désapprobateur de M. Rogers y apparut, et derrière lui le visage d'un policier.

« Une minute, monsieur. Je ne vous retiendrai pas une minute », dit le greffier ; et Sir Francis se dirigea vers la porte d'un pas impatient et la referma derrière lui.

Deleah, livrée à elle-même, était-ce pour une heure ? était-ce pour une minute ? — regardait avec des yeux hébétés de bonheur les mains écrasées dans les siennes.

"Je pensais qu'être aimée par lui serait le paradis", a-t-elle déclaré. "Et maintenant... maintenant, je ne ressens rien. Je suis engourdi."

Il revint très grave, le visage inhabituellement pâle. "Votre taxi vous attend. Je vais vous ramener à la maison, mon cher enfant", dit-il.

Elle traversa de nouveau la grande cour à ses côtés. Le dessinateur était toujours à la tête de ses chevaux, le palefrenier conduisait le cheval de selle aux écuries. De l'autre côté de la cour, sous l'une des arches d'une lourde colonnade, se tenaient deux policiers. L'un d'eux prenait des notes dans un livre. Un groupe d'ouvriers se tenait à proximité ; et Deleah se souvint ensuite qu'il y avait autour d'eux et des autres l'air de suspendre quelque chose qu'ils disaient ou faisaient pendant que leur chef et la jeune fille à ses côtés se dirigeaient vers les grandes portes d'entrée.

"Un taxi attendait, par chance", dit Sir Francis en la mettant dedans, et Deleah se réveilla, lui sembla-t-il, pour la première fois depuis qu'il l'avait appelée alors qu'elle s'appuyait contre sa porte, en pleine conscience. .

"C'était le mien", dit-elle. "Je l'ai pris pour vous rejoindre rapidement, avant que vous ne repartiez pour la maison. J'avais peur que vous puissiez être blessé. Un homme, celui qui logeait chez nous, est venu me voir cet après-midi et il vous a menacé. J'étais tellement stupide – je croyais qu'il le pensait. J'avais peur. Je pensais que, alors que vous passiez devant sa maison en direction de Cashelthorpe, il vous attendrait là, derrière la haie, et vous tirerait dessus. J'avais l'impression de le voir faire cela. Bien sûr, il me faisait simplement peur ; il n'oserait pas... » Elle leva ses yeux adorateurs vers son visage alors qu'il s'asseyait à côté d'elle. Qui oserait en effet nuire à cette Excellence ! "J'avais peur qu'il soit devenu fou", dit-elle, excusant la folie de sa pensée.

"Pauvre garçon, je pense que oui", a déclaré Sir Francis. Il tenait son visage tourné vers lui, son ovale pur dans sa main. "Est-ce que c'est l'amour pour toi qui l'a rendu fou, Deleah ?"

Elle était encore trop timide avec lui et trop modeste pour répondre à la question de bouche à oreille ; mais il connaissait la réponse.

"Il ne te dérangera plus, Deleah," dit-il très doucement. "Il ne me fera pas de mal. Il est mort."

Elle ne le croirait pas. C'était impossible. "Il ne peut pas l'être ! Il était avec moi il y a une demi-heure. Il allait bien comme moi et très fort. Il ne peut pas être mort !"

"Il semble être venu dans la cour de la Brasserie... pourquoi nous ne le saurons jamais. Peut-être avec une intention folle à mon égard. Peut-être... Mais tout cela n'est que conjecture. Tout ce que nous savons, c'est qu'il est là maintenant. Mort."

« Était-il là avant moi ? M'a-t-il vu courir dans la cour vers vous ?

"Personne ne le sait. Personne ne l'a remarqué jusqu'à ce qu'on le trouve allongé derrière un des piliers de la colonnade, touché à la tête. J'y retourne maintenant. Ils me veulent."

Il la souleva du taxi et se tint à côté d'elle jusqu'à ce qu'Emily ouvre la porte : « Je serai de nouveau avec toi dès que je pourrai, mon enfant chéri, » promit-il ; et je suis remonté dans le taxi et je suis parti.

Deleah, grimpant les escaliers, ferma la porte du salon sur Emily, volubile de questions mais n'obtenant aucune réponse satisfaisante. Secouée par l'émotion, faible et frissonnante, elle regardait autour de la pièce vide, la peuplant de son cercle familier. Il y avait la maison de Bessie, et là la chaise spéciale de Franky. Là, près de la petite table d'un côté du feu, le pensionnaire s'était assis tous les soirs, un livre à la main, mais les yeux erraient toujours dans la direction de Deleah. Elle parlait, ou riait, ou soupirait, et le changement de son visage montrait qu'il écoutait. Bessie dut l'appeler brusquement deux fois avant d'attirer son attention. Franky posait des questions sur le mélange de ses peintures. L'homme répondait avec une sorte de politesse anxieuse, en se levant pour regarder par-dessus l'épaule de l'enfant. En passant devant Deleah, il se penchait pour récupérer le livre qu'il avait volontairement laissé tomber près de sa chaise. "Je t'aime!" elle entendrait son murmure féroce à son oreille.

Elle s'était trop dévalorisée elle-même, trop innocente des rouages de la passion, pour avoir ressenti autre chose qu'irritation et contrariété devant les signes chez lui d'une souffrance à laquelle elle ne pouvait ni croire ni comprendre. Était-il possible, après tout, qu'elle, Deleah, dont le cœur était si tendre, dont les manières étaient si pitoyables, qui sauva les mouches qui se noyaient et n'aurait pas volontairement affligé la plus basse des créatures de Dieu, au moyen d'un seul visage pâle et joli, avait fait ces ravages ?

Avec un sanglot dans la gorge, elle s'avança dans la pièce. Sur la table se trouvaient les deux fleurs de clématites violettes, soutenues par une gerbe de leur propre feuillage et attachées aux vrilles de la plante. Deleah se souvenait de la répulsion avec laquelle elle les avait vus allongés là. Elle tendit la main vers eux, mais la retira. Elle ne pouvait même pas les toucher.

Pour chacun de nous, quelle que soit la signification de notre vie et l'obscurcissement de notre histoire, vivant ou mort, vient le moment du triomphe. Le sien vint à Charles Gibbon, quand Deleah, oubliant son nouveau bonheur et le ciel du bonheur qui s'ouvrait devant elle, posa sa tête sur la table à côté des pauvres fleurs de la clématite, et comme si son cœur était brisé, s'écria : pour le sort de l'honorable Charles.